중학교 1학년 공부습관 평생진로 결정한다

중학교 1학년

공부습관 평생진로 결정한다

메가스터디 엠베스트 · 와이즈멘토 지음

한국경제신문

[일러두기]

1 이 책은 전국성적 3% 이내에 있는 중학생 132명과 성적을 올리고자 열심히 공부하는 보통학생 715명에 대한 심층 인터뷰 및 설문조사를 통해 중학생의 학습습관과 공부방법을 실제적이고 객관적으로 조사한 기록이다.

2 심층 인터뷰 및 설문조사는 2006년 4월 한 달간 실시했으며 주로 인터넷과 실제 대면을 병행, 진행했다. 인터뷰 및 설문조사의 대상은 중학교 2~3학년 학생들이다.

3 심층 인터뷰 대상 학생의 경우 이름을 공개하는 데 동의한 학생들은 실명을 게재했으며 동의하지 않은 학생이나 실명 기재가 불필요한 경우 삭제했다.

4 이 책에서 '공부벌레'는 전국성적 3% 이내에 있는 중학생 132명을 의미하며, 학급 등수가 2등이라도 전국성적 3% 이내에 들지 않는 학생은 '보통학생'이라 일괄 통칭했음을 밝힌다.

| 서문 |

중학교 시절이 잘못된 공부습관을 바꾸는 마지막 기회입니다

'열심히 공부할걸….'

'무엇을 하고 싶은지 진지하게 생각해 볼걸….'

학창시절을 회상할 때 우리가 흔히 하는 후회입니다. 학창시절에서 학업성취와 진로설정은 인생을 좌우하는 중요한 일이라고 할 수 있습니다. 그런데 일반적으로 '공부' 하면 고등학교를 먼저 떠올립니다. 물론 우리네 학교 교육이 대학입시로 귀결되는 것이 현실이지만 대학진학이 단지 고교 3년의 결과일까요?

중학교는 초등학교와 고등학교의 중간 단계로서 부모님의 관심 밖인 경우가 많습니다. 초등학교의 경우 부모가 일일이 따라다니면서 아이를 챙겨야 하고 고등학교는 대학입시라는 명확한 목표가 있지만, 중학생은 이것도 저것도 아니어서 자칫 방심하기 십상입니다. 저 역시 중학교 3학년을 적당히 시간만 보내고 실력을 제대로 쌓지 못한 결과, 고등학교 입학 후 그것을 만회하느라 고생했던 경험을 가지고 있습니다.

중학교 시절은 짧게는 고교성적과 대학입학을 좌우하고 길게는 사회적인 성공 여부를 가늠하는 중요한 시기입니다. 하지만 올바른 학습방법을 모르고서는 노력한 만큼의 결과를 기대하기가 힘든 것이 또한 이 시기 중학생들의 고민입니다. 잘못된 공부습관을 들이면 오히려 공부에 대한 흥미마저 잃게 됩니다. 또한 진로에 대한 방향 설정이 잘못되면 엉뚱한 길로 나아갈 수 있습니다.

교육이야말로 한 사람의 인생을 책임지는 일입니다. 엠베스트가 공부 잘 하는, 우등생을 길러주는 사이트로 소문나면서 곧잘 이런 질문을 받곤 합니다.

"우리 아이는 머리가 좋은데 도무지 성적이 안 올라요. 좋은 비법이 없을까요?"

"공부 잘 하는 방법 좀 알려주세요."

사실 공부를 잘 하기 위한 기적의 비법은 없습니다. 하지만 따지고 보면 방법이 전혀 없는 것도 아닙니다. 대한민국에서 공부를 제일 잘 하는, 전국에서 3%에 드는 최상위권 학생과 학부모님들을 접하면서 한 가지 공통점을 발견할 수 있었습니다. 그 학생들은 스스로 알아서 하는 공부, 즉 자가 학습습관이 형성된 시기이자 가장 크게 성적이 오른 시점으로 중학교 1학년을 꼽는다는 것입니다.

이 책은 본격적으로 공부습관이 형성되는 가장 중요한 시기인 중학생에게 초점을 두고 아이들이 올바른 학습방법을 익히고 현명한 진로 선택을 할 수 있도록 했습니다. 특히 와이즈멘토와 엠베스트가 보유한 최고의 선생님들이 이 책의 집필에 참여했습니다. 엠베스트는 중학 교육사업의 노하우를 바탕으로 올바른 학습법을, 진로지도 컨설팅으로 유명한 와이즈멘토는 진로지도 방법론에 대해 구체적으로 언급했습니다.

시중의 수많은 학습 관련 서적들이 주로 고등학생을 다루고 있는데,

사실 고등학생이 되어 잘못된 공부습관을 바로잡거나 진로를 선택하는 것은 다소 늦은 감이 있습니다. 그런 점에서 이 책은 중학생 자녀를 둔 학부모와 진로를 놓고 고민하는 중학생들에게 현명한 조언자가 될 것이라 믿습니다.

중학교 진학을 앞둔 초등학교 5, 6학년 자녀를 둔 학부모에게도 이 책은 더없이 좋은 지침서가 될 것입니다. 중학교 1학년은 공부의 차원이 달라지는 첫 관문입니다. 이 시기를 슬기롭게 보내지 못하면 초등학교에서 반장을 하던 학생이 한순간에 꼴찌로 전락하는 시발점이 될 수도 있습니다. 본격적인 공부가 시작되는 이때 올바른 공부습관을 들이고 올바른 학습방법에 따라 공부하는 것은 매우 중요합니다. 그러기 위해서는 학부모가 먼저 경각심을 갖고 올바른 학습습관을 길러주도록 노력해야 하며, 이 책은 중학교 학습을 위한 유용한 길잡이가 될 것입니다.

이 책에서는 좀더 객관적이고 실제적인 접근을 위해 2006년 4월 대한민국 중학생 2, 3학년 847명과 학부모 100명을 대상으로 설문조사를 실시했습니다. 조사방법은 주로 인터넷을 활용했으며 부분적으로는 인터뷰 조사를 병행했습니다. 조사 대상 학생 847명 중 공부벌레는 132명, 보통학생은 715명입니다. 공부벌레는 전교 성적 3% 이내, 학급에서 1등의 성적을 기록하는 최상위권이며, 보통학생은 성적을 올리고자 열심히 공부하는 중상위권 학생입니다. 이번 조사에서는 학급에서 2등만 되어도 보통학생으로 분류했는데, 이 점에 오해가 없기를 바랍니다.

학습 사이트를 운영하면서 늘 학생들을 접하지만 이번 조사를 통해 다른 어느 때보다 많은 것을 알 수 있었습니다. 중학생임에도 공부벌레와 보통학생의 격차는 뚜렷하게 나타났습니다. 학습에 임하는 태도, 학습습관, 공부방법, 진로에 관한 생각까지 엄청난 차이가 있음을 확인하면서 실로 놀라움을 금치 못했습니다.

사실 1등과 2등은 겨우 한 등수 차이에 불과합니다. 하지만 이 한 등수 안에는 보이지 않는 많은 차이가 있습니다. 이 책은 바로 그 차이에 주목합니다. 최상위권과 상위권, 상위권과 중하위권의 비교, 학생과 학부모의 생각 등 구체적인 차이를 생생하게 분석하고 학습방법과 진로지도 두 가지 측면에서 함께 고민하고 방법을 찾아나갈 것입니다.

시중에는 공부법과 진로를 다룬 많은 책들이 있습니다. 그 중 일부는 다 아는 사실을 그럴 듯하게 포장하거나 몇몇 입시 성공담이 모범답안으로 둔갑해 수많은 학생과 학부모의 눈을 가리기도 합니다. 이 책에서는 학생들의 생생한 목소리를 더하거나 빼는 것 없이 있는 그대로 얘기하려 합니다.

약사 출신인 제가 마산에서 약국을 경영하던 시절의 이야기입니다. 언젠가 한번은 앳된 얼굴의 여학생이 '잠 안 오는 약'을 사러 왔습니다. 왜 그러냐고 하니까 성적이 많이 떨어져 밤샘을 해야 하는데 도저히 맨정신으로 버틸 수가 없다고 사정을 합니다. 진지한 얼굴의 여학생을 돌려보내면서 혹시나 성적을 비관해 극단적인 방법을 취하지 않을까 걱정되어 잠을 이루지 못했던 기억이 납니다.

이 책이 당시의 그 여학생처럼 성적 때문에 고민하고 좌절하는 대한민국 예비 중학생과 중학생, 그리고 오늘도 자식 걱정에 밤잠을 설치며 애쓰시는 학부모님께 유용한 거름이 되었으면 합니다. 감사합니다.

2006년 10월

엠베스트 대표이사

김 성 오

차 례

PART 3 인생을 바꾸는 중학생의 진로 선택

1

특별한 중학생 3%를 만드는 차이

CHAPTER 1

공부벌레는 목표가 분명하다

:: 공부벌레는 대학을 좀더 가깝게 느낀다

중학생들에게 "공부를 왜 하느냐?"고 묻는다면 어떤 대답을 할까? 공부와 관련, 중학생의 고민은 뚜렷한 목표점이 없다는 데 있다. 5~6년 후의 대학입시를 보고 달리자니 너무 이른 것 같고, 학교시험을 목표로 하자니 중학내신은 대학입시에 반영이 안 된다. 그렇다고 특수목적고등학교(이하 특목고)를 목표로 하자니 상위 3%의 문턱이 높아만 보인다. 초등학교에서 고등학교로 넘어가는, 중간자로서의 고민은 대한민국 중학생과 학부모라면 누구나 한번쯤 해보았을 것이다.

중학생에게 묻는 질문의 첫 항목으로 '중학학습의 최종 목표'를 설정한 이유도 바로 여기에 있다. 조사결과 학부모를 비롯해 많은 학생들이

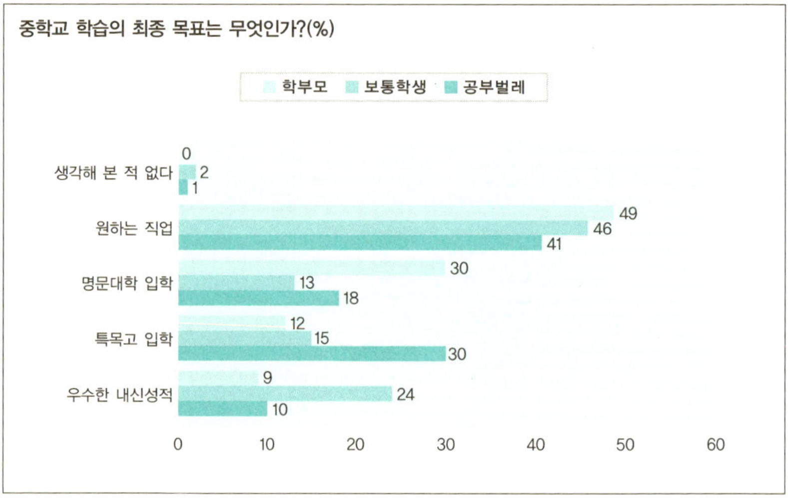

진로, 즉 '원하는 직업'을 꼽았다. 그러나 더욱 흥미로운 사실은 학생들과 학부모, 또 공부벌레와 보통학생이 생각하는 중학학습의 최종 목표가 서로 다르다는 점이다.

학부모는 원하는 직업을 제외하면 중학공부의 최종 목표로 단연 대학입시를 꼽았다. 중학교를 고등학교의 연장선상으로 생각하고 있으며, 중학 3년을 대학입시의 1단계, 고등학교 1~2학년을 2단계로 보고 있었다. 반면에 중학학습의 목표로서 중학내신을 꼽은 학부모는 가장 낮은 응답률을 보였는데, 이는 현재의 학교등수가 중요하지 않아서라기보다는 더욱 큰 목표가 대학에 있기 때문으로 보인다. 즉 학부모가 생각하는 중학교를 포함한 학교교육의 최종 도착지는 바로 '대학'이고 중학교는 그 출발지 또는 기착지인 셈이다.

표에서 보듯 보통학생은 우수한 내신성적(24%)을 목표로 둔다는 대답이 상대적으로 높은 데 반해, 공부벌레는 특목고 입학(30%)과 명문대학 입학(18%)을 꼽는 학생이 많았으며, 내신성적을 얘기한 공부벌레는 10%에 지나지 않았다. 그렇다면 상위 3%의 공부벌레에게 특목고는 어떤 의미이기에 많은 공부벌레가 중학학습의 목표로 특목고 입학을 얘기하는 것일까?

"처음 외고 얘기를 들은 건 초등학교 6학년 때입니다. 아빠가 공부 잘 하는 중학생은 다 그곳에 가고 외고 졸업하면 명문대학에도 진학할 수 있고 유학도 갈 수 있다고 하셨어요. 그때는 아빠 얘기를 실감하지 못했는데, 중학교에 와보니 정말로 그런 거 같아요. 외고가 목표라고 얘기하면 멋있어 보이는 거 같구요, 부러워하는 친구들도 많아요. 갈 수 있는 실력이 될지 들어가서 버틸 수 있을지 여부는 잘 모르지만 열심히 공부해서 외고에 꼭 가고 싶어요."

현재 특목고를 준비하고 있는 중학 2~3학년 학생들을 심층 인터뷰한 결과 공부벌레들은 '실력 있는 학생, 실력 있는 선생님, 좋은 시설'로 대변되는 특목고를 '명문대학으로 가는 보증수표'로 생각하고 있었다.

중학교 교육을 보는 시각은 학부모와 학생, 공부벌레와 보통학생 간 큰 차이를 보였는데, 그 차이의 중심에는 대학이 있었다. 이 같은 생각은 학생보다 학부모가 더욱 절실했다. 그렇다면 입시 전문가조차 최신 버전을 관리하지 못한다는 대학입시에 대해 중학생들은 얼마나 알고 있을까? 대학입시에 관한 중학생들의 관심도를 파악하고자 2008학년도 대입제도 개선안을 얼마나 알고 있는지 질문해 보았다. 그 결과 공부벌레 가운데 65%가 "알고 있다"고 답했으며, 그 중 27%는 "구체적인 학습계획을 세우고 있다"고 답했다. 그에 반해 보통학생은 51%가 알고는 있으나 학습계획을 세우는 비율은 12%에 지나지 않았다.

공부벌레는 대학입시제도의 관심도가 상대적으로 높다. 비록 세부 내용에 대해서는 잘 모르지만 '내신 비중이 높아진다', '논술이 중요하다', '특목고 특별전형이 생겼다' 등등 개략적인 흐름 정도는 알고 있었다.

중학 과정에서 나타나는 목표의식의 차이는 학습 형태에서도 나타났다. 보통학생들은 중간, 기말고사로 대변되는 학교시험 위주의 전과목을 공부하고 있었다. 공부벌레의 경우 전과목 학교시험은 기본이고 여기에 국어, 영어, 수학과 같은 핵심 과목과 논술 등 대학입시 핵심 과목에 집중해서 공부하고 있었다.

"초등학교 때만 해도 우리 애가 이렇게 뒤지는지 몰랐어요. 중학교를 대비해서 영어 · 수학도 남들 하는 만큼 시켰구요. 그런데 1학년 중간고사 성적이 평균밖에 안 되더라고요. 학교 생활에 적응이 안 되어 그러겠지 싶었는데, 글쎄 그 성적이 3학년까지 이어지더라구요. 중학교 1학년 첫 시험 성적이 3년을 간다는 얘기를 듣고도 무시했는데, 그 말이 딱 맞더군요."

진로 상담을 하다 보면 이 같은 학부모의 푸념을 종종 듣곤 한다. 중학교 1학년은 4번씩의 중간, 기말시험만으로 중3을 맞게 되고 곧 고등학생이 되어 치열한 대학입시 시장에 내몰린다. 내신등급과 수능점수로 평가받는, 절대강자만 살아남는다는 대학입시 시장의 가격은 중학교 1학년 첫 시험에서 매겨지는지도 모른다.

중학교 1학년 3월, 같은 출발점에서 시작했는데, 불과 1년 뒤 누구는 최상위 3% 이내의 '공부벌레' 라 불리고, 누구는 그저 그런 '보통학생' 이라고 불리는 일이 비일비재하게 일어난다. 도대체 중학교에서는 무슨 일이 벌어지고 있으며, 중학 과정은 초등 과정과 무엇이 다른 것일까?

:: 공부벌레는 계획을 잘 실천한다

중학교 2학년 기훈이가 학교에서 집으로 돌아오는 시간은 오후 3시 반이다. 책가방을 내려놓은 기훈이는 책상머리에 있는 시간표를 들여다본다. 수요일인 오늘은 영어학원에 가는 날, 아직 5시 반까지는 2시간 남았다. 식탁에 차려진 과일(엄마는 기훈이의 간식을 매일 차려놓고 가신다)을 갖고 와서 다시 책상에 앉은 기훈이. 이윽고 책장에서 뭔가를 꺼낸다. 거기에는 깨알 같은 글씨로 1일 공부 내용이 적혀 있다. 오늘 할 일은 영어 시제 문법정리, 단어 20개, 수학 정석 5장, 국어 사설정리….

학습계획표는 나침반과 같다. 길고 힘든 사막을 횡단하는 데 나침반이 생명줄이듯 이번 달과 이번 주, 그리고 오늘 어떤 과목을 어디까지 공부할 것인지에 관한 학습계획표야말로 공부에 꼭 필요한 나침반이다.

학습계획을 실천하고 그에 따른 효과의 정도는 공부벌레와 보통학생 간에 많은 차이를 보였다. 학습계획표를 세우는지에 대해 질문해 보았는데, 그 결과 공부벌레 대부분은 학습계획표를 짠다고 응답한 반면, 보통학생은 그 비율이 현격히 떨어졌다. 몇몇 보통학생은 학습계획의 필요성조차 느끼지 않는다고 답했다.

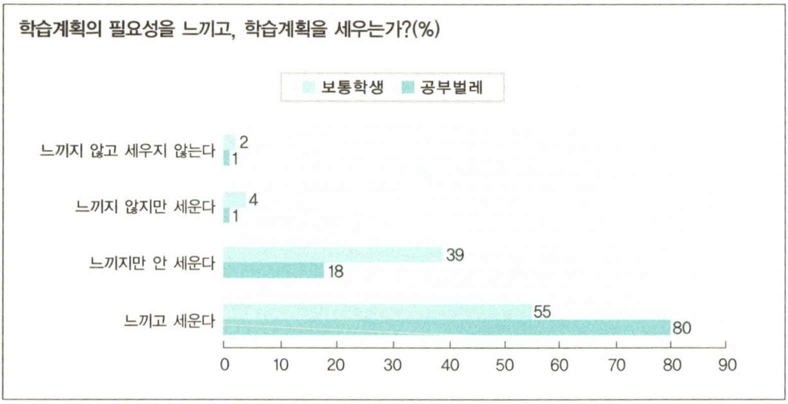

중학생들이 하루를 어떻게 보내는지 알아보기 위해 20명의 학생에게 하루 일과표를 작성토록 했다. 그 결과 공부벌레들은 하루 일과와 공부 시간을 꼼꼼히 적어 내려갔다. 일부 학생들은 요일별로 학습과목과 분량을 분 단위까지 세세히 나열했다. 그에 반해 보통학생의 일과표는 매우 엉성했다. 작성하는 데도 꽤 많은 시간이 걸렸다. 습관이 안 되어 있다는 얘기다.

왜 보통학생들은 학습계획을 세우지 않는 것일까? 그 이유는 아직 학습계획의 효과를 체험하지 못한 데서 찾을 수 있다. 학습계획을 세웠을 때, 성적 향상 등 효과가 있는지 물었더니 공부벌레의 83%가 효과가 있었다고 대답했다(그 중 46%는 높은 효과가 있었다고 답했다). 그러나 보통학생들은 대체로 효과가 있었다는 의견이 63%였고 높은 효과가 있었다는 의견은 21%에 불과했다. '그저 그렇다', '보통이다' 라고 대답한 학생도 34%나 되었다.

왜 보통학생들은 학습계획을 세워도 효과가 없는 것일까? 그 이유를 알아보기 위해 "언제부터 학습계획을 세웠는가?"와 "얼마나 실천했는가?" 두 가지 질문을 던져보았다. 결론적으로 말해 평상시 학습계획과 이를 실천하는 정도에서 차이를 발견할 수 있었다.

중학생의 학기 중 학습계획은 중간, 기말고사와 같은 학교시험을 기준으로 세워진다. 보통학생들보다 공부벌레들이 좀더 일찍 시험계획을 세우지만 큰 차이는 없었다. 공부벌레의 40%는 적어도 1개월 이전에 계획을 세우며, 8% 정도는 2개월 이전에 계획에 들어간다. 대부분의 중학생들은 시험계획이 발표되는 2~3주 전에 시험준비에 돌입하는 것으로 나타났다.

학습계획의 좀더 큰 차이는 시험 기간이 아닌 평상시나 방학 기간에서 두드러진다. "국어, 영어, 수학 등 주요 과목 학습을 매일 꾸준히 공부하는가?"란 질문에 공부벌레는 82%가 '그렇다' 고 답했다. 보통학생은 매일 한다' 58%, '1~2주 간격으로 한다' 31%로 나타나 큰 차이를 보였다. 즉 공부벌레는 주요 과목 학습을 중심으로 학습계획을 세우고 있으며, 매일 규칙적인 시간대를 정해두고 학습하는 것이다. 주요 과목은 평소에, 암기과목은 시험 기간에 공부한다는 것을 공부벌레는 이미 터득하고 있으며, 한발 더 나아가 시험 기간에도 주요 과목 학습을 놓지 않음으로써 항상 주요 과목 학습의 감각을 유지하고 있었다.

학습계획을 세우는 것 못지않게 중요한 게 있다면 이를 실천하는 일이다. 학습계획 실천율에서도 공부벌레와 보통학생은 큰 차이를 보였다. 공부벌레의 71%는 계획한 양의 70% 이상을 실천한다고 답했으며, 36%의 공부벌레는 80% 이상 실천한다고 답해 높은 실천율을 보였다. 그에 반해 보통학생의 43%가 학습계획의 60%를 실천한다고 답했으며, 80% 이상 실천한다고 답한 비율은 12%에 지나지 않았다.

즉 공부벌레는 학습목표를 세우고 이를 도달하기 위해 노력하며, 5

개 계획 중 4개를 행동으로 옮기는 데 반해, 대다수의 보통학생들은 5개 중 3개를 실천하는 데 그쳤다.

"실천할 수 있는 목표량을 세우는 일이 중요한 것 같아요. 저도 처음에는 의욕만 높아서 많은 분량을 계획해 두고 제풀에 지쳐버린 경우가 종종 있었죠. 처음 1~2주 동안은 너끈히 실천할 수 있는 계획을 세우고, 매일 익숙해지면 그때 조금씩 양을 늘려가는 게 좋을 거 같아요. 그리고 습관이 될 때까지는 컴퓨터나 TV를 아예 없애버리세요. 눈 앞에 보이는데, 어떻게 안 보고 안 해요? 아예 없으면 포기하고 말죠."

전교 5등의 성적을 유지하고 있는 이수빈 양(중3)은 일일계획표는 물론 월간, 주간, 학습계획표까지 짠다. 어디를 가든 늘 학습계획표를 갖고 다니면서 모든 공부 내역을 기록하는 이수빈 양은 스스로를 자랑스럽게 생각한다. 그의 학습계획표는 지난 3년 동안 자기 자신과의 싸움을 기록한 생생한 증거물이기 때문이다. 그렇다면 학생들이 꼽는 작심삼일의 이유, 학습계획 실천의 방해꾼은 무엇일까?

첫번째는 졸음과 뚜렷한 신념 부족 등 스스로의 실천 의지 부족을 꼽는 학생들이 많았다. 공부벌레(64%)보다 보통학생(67%)이 약간 높은 비율이었지만 큰 차이는 없었으며, 2학년(62%)보다 3학년(70%)이 실천 의지 부족을 더 많이 꼽았다. 학년이 올라갈수록 자신의 한계를 느끼면서 고민하는 모습을 엿볼 수 있는 대목이다.

두번째 이유에 대한 답은 보통학생과 공부벌레가 서로 달랐는데, 보통학생은 게임, 채팅 등 컴퓨터의 유혹(21%)을, 공부벌레는 야간학습, 집안행사 등 외부적인 환경 요인(20%)을 꼽았다. 또한 성별에서도 답변에 차이를 보였다. 컴퓨터를 학습의 장애물로 지목한 남학생은 30%, 여학생은 16%로 남학생이 컴퓨터의 유혹을 더욱 강하게 느끼는 것으로 나타났으며, 여학생은 TV 시청, 친구와 수다떨기 등에 많은 시간을 보내는 것으로 조사됐다.

CHAPTER 2

공부벌레는 학습방법이 다르다

:: 학습습관이 성적을 결정한다

청소년기의 학습습관은 평생을 간다. 그래서 중학교 때 자발적으로 공부하는 습관을 키우고 제대로 된 공부방법을 익히는 것은 인생을 좌우하는 중요한 일이다.

공부벌레와 보통학생의 공부방법 간에 어떤 차이를 보이는지 살펴보기 전에 우선 학습습관이 몸에 배어 있는지를 아래의 항목으로 조사했다.

- 학교 수업 외 공부시간이 규칙적인가?
- 주요 과목 학습을 꾸준히 하는가?
- 나의 학습습관 중 잘못된 점을 알고 있는가?

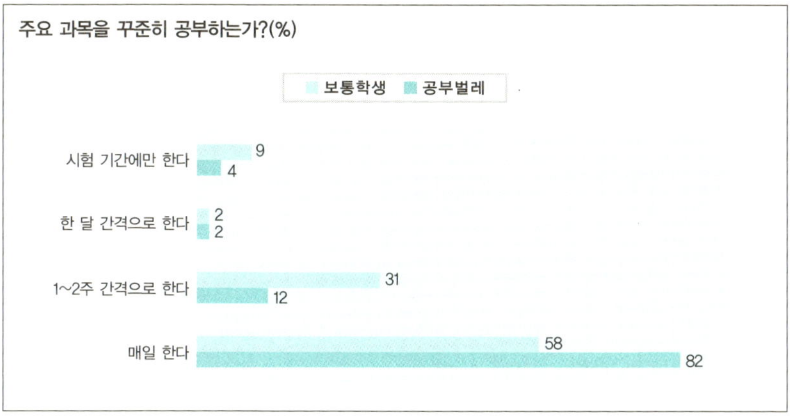

주요 과목을 꾸준히 공부하는가?(%)

조사결과, 다른 어떤 질문보다 공부벌레와 보통학생 간 큰 차이를 발견할 수 있었다. 우선 공부시간이 규칙적이라고 답한 공부벌레의 비율은 62%인 데 반해, 보통학생은 40%에 그쳤다. 전체적으로 볼 때 남학생(40%)보다 여학생(51%)이 규칙적으로 공부하는 것으로 나타났다.

"주요 과목을 얼마나 자주 학습하는가?"란 질문에 '매일 한다' 고 응답한 비율은 공부벌레 82%, 보통학생 58%였다. 보통학생의 31%는 1~2주 간격으로 학습한다고 답했으며, 9%는 시험 기간에만 공부한다고 답해 주요 과목의 규칙적인 학습습관이 크게 떨어지는 것을 알 수 있다.

한 가지 주목할 만한 사실은, "자신의 학습습관이 잘못된 점을 알고 있는가?"란 질문에 보통학생의 80%가 '그렇다' 고 답했다는 점이다. 보통학생은 스스로 공부하는 습관이 배어 있지 않았다. 그리고 그것이 성적은 물론 기초 학업에 도움이 되지 않음을 알고 있었다. 학습습관을 길러야 한다는 필요성은 알지만 실천율이 떨어지는 것이다. 그러나 공부벌레는 자신의 학습습관을 잘 파악하고 있었으며 일정한 시간을 정해 공부하고, 스스로 알아서 공부하는 자율적 관리에 강한 것으로 나타났다.

그렇다면 스스로 공부하는 습관이 길러지는 시기는 언제쯤일까? 보통학생은 중학교 2학년을 꼽았다. 1학년을 지내면서 공부할 필요성을 느끼게 되고 이런 생각이 규칙적인 공부로 이어진다는 얘기다.

공부벌레의 자율적인 학습습관이 형성되는 시기는 보통학생보다 평균 1년~1년 6개월 정도 빠르다. 대다수의 공부벌레들이 중학교 1학년 이전을 학습습관 형성 시기로 꼽았다. 일부 공부벌레는 초등 5학년 이전의 시기를 들기도 했다.

이처럼 공부벌레는 보통학생보다 평균 1~2년 빠른 시기에 규칙적인 공부습관을 형성한 것으로 나타난다. 여기에는 얼마나 앞섰냐는 의미보다 더 중요한 것이 있다. 그것은 중학교 과정은 고등학교 과정의 축소판이라는 점이다. 국어, 영어, 수학 등 주요 과목을 포함한 대부분의 교과과정은 고등학교까지 이어진다. 즉 중학교 1학년은 고등학교 과정의 입문 단계이자 기초공사에 해당되는 시기로서, 이 시기를 준비된 자세로 보내는 일은 집을 지을 때 기둥을 세우는 것과 같다. 기초공사가 탄탄한 건물이 오래 가듯 중학 기초를 제대로 잡은 효과는 중학교 시절 내내 이어지고 대학입시까지 연결된다. 반대로 중학교 1학년 첫 시험을 제대로 치르지 못한 학생은 자신감을 잃고 공부에 대한 의욕을 상실해 결국 중학교 생활 내내 중하위권 성적에 머물게 된다.

중학교 1학년의 성적이 곧 대학입시를 결정한다고 감히 말하지 않을 수 없는데, 실제 명문대학 입학생의 중학교 성적을 조사한 결과 그들은 3년 내내 최상위권을 유지한 것으로 나타났다.

:: 나만의 학습방법을 개발하라

지피지기(知彼知己)면 백전백승(百戰百勝)이라고 했던가?

학습습관을 잘 갖추고 있는 공부벌레는 스스로를 잘 파악하고 있으며, 자기만의 학습방법을 갖고 있다. "나만의 학습방법을 갖고 있는가?"란 질문에 대부분의 공부벌레가 '그렇다'고 답했는데, 보통학생의 경우 절반만 '그렇다'고 응답해 큰 차이를 보였다. 그렇다면 공부벌레들은 어떤 학습방법을 사용할까? 또 어디서 어떻게 공부할까?

이를 알아보고자 최상위권 학생 서너 명에게 장시간에 걸쳐 질문을 던졌다. 그러나 돌아오는 대답은 허무 그 자체였다. 특별한 대답을 기대했건만 아이들의 대답은 특별할 것이 없었다. 오히려 '공부하는 방법은 사람마다 다른 거 아니냐'는 반응을 보였다. 실제 아이들의 학습형태는 저마다 달라 공부 잘 되는 시간대에 따라 아침형, 저녁형, 새벽형 등 다양했다. 장소 또한 학교형, 학원형, 과외형, 온라인형 등 각기 달랐다.

한 가지 주목할 만한 이들의 공통점은 적어도 책상 앞에서는 딴 생각

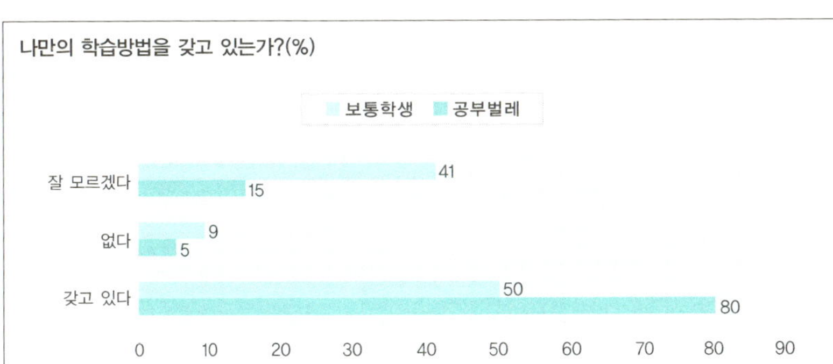

안 하는 집중력이 좋다는 사실이다. 주위를 둘러보면 '하루종일 공부해도 성적이 좋지 않은' 아이들을 쉽게 발견할 수 있다. 이런 학생들은 집중력이 부족한 것이다.

공부벌레들은 공부시간 내내 집중력이 뛰어난 것일까? 성격과 집중력이 서로 다른 두 학생의 자율학습 관찰을 통해 집중 학습법의 원리를 찾아보도록 하자.

A	B
김하늘(2학년, 여)	한미정(2학년, 여)
성 격	
감성적이다. 쉽게 싫증을 낸다.	이성적이다. 감정의 변화가 크지 않다
공부습관	
너무 조용하면 오히려 공부가 안 된다. 학교에서는 귀에 이어폰을 꽂거나 집에서는 라디오를 들으면서 공부한다.	한자리에 오래 앉아 있다. 집에서 공부가 잘 된다. 주위가 조용해야 공부가 잘 된다.

A타입 하늘이는 이른바 '냄비형'이다. 싫증을 잘 내고 집중하지 못하는 성격이다. 하늘이는 좋아하는 과목, 하고 싶은 공부부터 시작한다. 하기 싫은 공부부터 시작하면 집중이 안 되고 오랫동안 자리에 앉아 있지 못한다. 그래서 하늘이는 영어부터 시작해 흐름을 탄다 싶으면 수학, 과학으로 옮겨간다. 하늘이는 한 과목당 공부시간이 길지 않아 1시간 정도가 최고다. 그렇다고 대충하는 것은 아니다. 성적도 최상위권에 속한다. 1시간 공부한 후에는 꼭 10분씩 쉬면서 지루하지 않도록 공부하는 것이 하늘이의 공부비법이다.

미정이는 하늘이와 반대의 경우다. 이른바 '뚝배기형'. 미정이는 책상에 앉는 초반부에 집중력이 높은 편이다. 따라서 싫어하는 과목을 가장 먼저 공부한다. 반면 미정이의 학습계획표는 단순하다. 그날 공부할 과목이 무엇인지 정할 뿐, 시간계획이나 공부 분량을 구체적으로 정하지는 않는다. 꼼꼼하게 계획을 세우면 시간에 쫓겨 오히려 능률이 오르지 않을 수도 있다. 대신 한번 흐름을 타면 시간에 관계 없이 끝장을 본다. 수학을 잘 하는 미정이는 새벽 3시까지 꼼짝 않고 수학과 씨름한 적도 있다.

흔히 공부벌레는 미정이처럼 뚝배기형이라고 생각하기 쉬운데 그렇지 않다. 하늘이와 같은 타입의 공부벌레도 흔히 볼 수 있다. 다만 공부벌레들은 자신이 어떤 유형인지 스스로 잘 알고 있으며, 자신만의 공부방법을 적용하고 있다는 것이 조사를 통해 확인되었다.

집중력은 공부하는 장소에 따라 달라지기도 한다. 그렇다면 중학생들이 꼽는 공부가 가장 잘 되는 장소는 어디일까? 요즘 중학생들 사이에서는 '학교는 친구를 만나러 가는 곳이고, 학원은 공부하러 가는 곳'이라는 의식이 팽배하다. 공교육이 제기능을 못하고 있는 현실을 극명하게 보여주는 안타까운 사례다. 실제로 만나본 중학생들 대다수는 공부가 잘 되는 곳으로 학교 대신 학원을 꼽았다.

학원은 중학생의 대표적 사교육 기관이다. 한국교육개발원 조사에 따르면, 중학생들의 사교육 참여율에서 학원이 70%로 나타나 과외 27%, 학습지 21%보다 훨씬 높았다. 웬만한 중학생이라면 학원 한두 곳은 다니고 있는 셈이다. 우리가 만난 몇몇 보통학생들은 '집에 있으면 노는 게 뻔하니까 차라리 학원이라도 다니는 게 마음 편하다'고 털어놓기도 했다.

공부벌레들도 학원을 선호한다. 하지만 그 정도와 이유는 보통학생들과 달랐다. 우선 공부벌레들은 교과서를 개념 파악의 최적 교재로 삼고 학교 수업시간을 100% 활용한다. 그들은 학교 수업만으로 부족하다고 판단되는 심화학습, 경시대회 준비, 특목고 입시 등 실전 대비 학습을 위해 학원을 수강한다고 응답했다. 학원 외에도 과외, 공부방, 학습지, 인터넷 동영상 등 학습매체가 다양했으며 공부가 가장 잘 되는 장소로는 집과 독서실을 꼽았다.

:: 공부벌레는 1년~1년 반을 선행학습한다

선행학습이 효과가 있는지에 대해서는 의견이 분분하다. 그러나 많은 공부벌레들이 교과 진도보다 앞선, 선행학습 위주의 공부를 하고 있었다. 과연 얼마나 선행하는지, 어떤 과목을 선행학습하는지 알아보았다.

대다수 학생들은 선행학습이 가장 필요한 과목으로 수학과 영어를 꼽았다. 이는 공부벌레도 마찬가지였다. 수학이나 영어는 다른 과목보다 많은 시간을 투자해야 하는데, 선행학습이 안 되어 있으면 진도조차 따라가기 힘들다.

그렇다면 공부벌레들은 영어와 수학을 얼마나 선행학습하고 있을까? 학교 진도를 기준으로 평상시 자가학습 진도를 알아보았더니 보통학생이 1개월 내지 2개월 정도 앞서서 공부하고 있는 반면, 공부벌레는 1년 내지 1년 6개월 이상 선행학습하는 것으로 나타났다. 선행학습 진도가 최고 10배 이상 차이가 나는데 과연 그 차이는 언제부터 생기는 것일까?

초등학교 시절로 거슬러 올라가서 언제부터 중학교 진학을 위해 준비했는지 질문했다. 그 결과 보통학생이 중학학습 준비에 들어가는 시기는 대략 초등학교 6학년 여름방학에서 겨울방학이었다. 공부벌레는

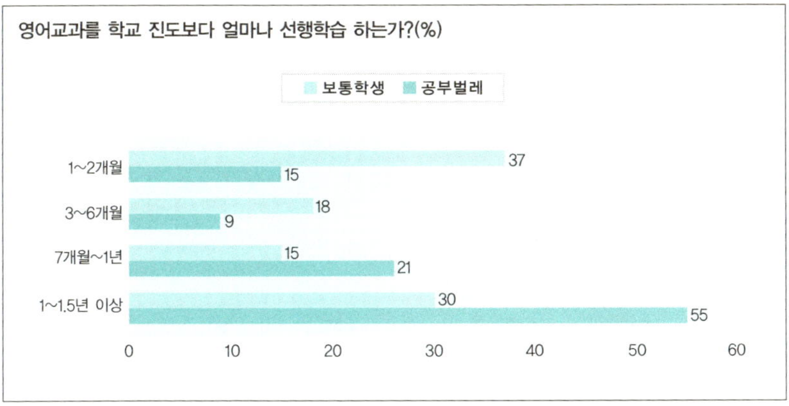

그보다 6개월 정도 앞선 초등학교 5학년 겨울방학과 6학년 여름방학을 꼽았다. 영어의 경우 처음 접한 시기는 초등학교 저학년 때이지만 본격적으로 학습한 시기는 초등학교 4~5학년 때라고 답했다.

즉 공부벌레는 영어, 수학의 경우 적어도 중등입학 시점에 이미 1학년 말 실력을 보유하고 있으며, 1학년 겨울방학 시점에는 2학년 내지 3학년 과정의 학력 수준을 갖추는 것으로 생각된다. 학원이 밀집된 서울 대치동 학원가에서는 특목고를 준비하는 중학생의 경우 1학년 때 중학 3년 과정을 모두 끝내며, 중학 3학년 말 시점에는 고등학교 1~2학년 과정을 끝내고, 영어와 수학의 경우 수능시험 수준을 보유해야 입학원서라도 쓸 수 있다는 것이 공공연한 얘기다.

공부벌레의 학습 진도는 1년에서 1년 반 이상 선행되는데, 사실상 그 차이는 중학 입학 이전부터 시작되는 셈이다.

CHAPTER 3

공부벌레는 과목별 학습법을 적용한다

:: 과목마다 올바른 학습법이 따로 있다

수려는 시험 기간에 밤새기를 밥 먹듯이 하지만 성적은 늘 하위권에서 맴돈다. 한때 우울증치료까지 받을 정도로 성적에 관해 고민하던 수려는 어느 날 깜짝 놀랐다. 같은 반 친구 소형이와 함께 밤을 새며 공부하다가 소형이의 공부방법을 지켜보게 되었는데, 자신과는 너무 달랐던 것이다. 수려는 암기를 원칙으로 한다. 국어, 영어는 물론이고 심지어 수학도 풀기 어려운 문제는 정답과 풀이과정을 외운다. 그래서 운 좋게 문제가 시험에 나오면 맞고 운이 나빠 안 나오거나 조금이라도 변형되어 나오면 틀린다. 공부 잘 하는 것은 운이 크게 작용하는 것이고 자신만은 늘 운이 없다고 생각했다. 그런데 친구 소형이는 도무지 외우는 일이 없었다. 심지어 수학이라면 두번째 가라면 서러워할 실력이건만 공식마저 외우지 않는 것처럼 보였다. 소형이는 "수학은 개념 이해가 중요하다"면서 공식과 풀이과정을 하나씩 머릿속에 그린다고 한다. 소형이를 보면서 수려는 자신의 성적이 뒤지는 이유가 공부방법을 모르기 때문이라는 사실을 깨달았다.

중학학습의 기본은 공부방법을 익히는 것에서부터 출발한다. 중학생들이 학습방법을 알고 있는지, 실제로 과목별 학습법을 적용해서 공부하는지 살펴보았다. 그 결과 공부벌레와 보통학생을 가늠하는 중요한 잣대는 학습방법의 차이였다.

공부벌레의 73%는 '과목별 학습법을 알고 있으며 이를 적용한다'고 답했다. 그러나 보통학생의 경우 58%가 '적용한다'고 대답했고 25%는 '잘 모르겠다'고 답했다. 즉 보통학생 네 명 중 한 명꼴로 과목별 학습방법을 모르고 있었다.

학습방법의 인지 차이가 어떤 효과를 초래하는지 알아보고자 몇 가

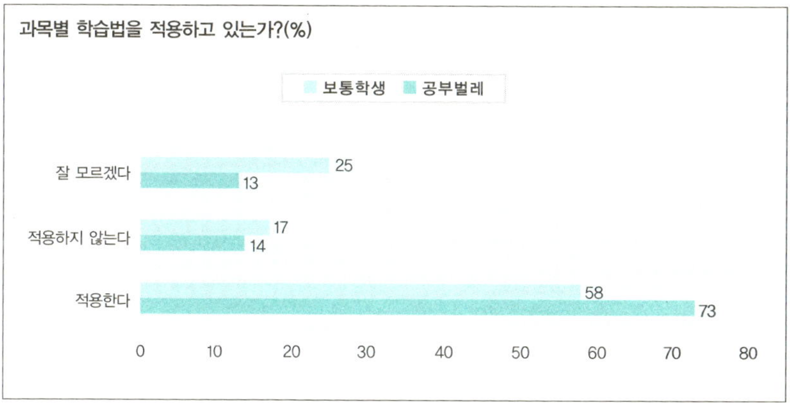

지 질문을 더 해보았다. "시험볼 때 매번 같은 유형의 문제를 틀리는가?"라는 질문에 공부벌레 중 23%가 '그렇다' 고 답한 반면, 보통학생은 반 수 이상인 52%가 '실수를 한다' 고 답했다.

공부벌레들이 실수를 줄이기 위해 흔히 사용하는 방법이 오답노트다. 오답노트는 자신의 취약점을 파악하고 자주 틀리는 문제를 자신의 것으로 만드는 데 도움이 된다. 보통학생의 오답노트 활용률은 매우 저조했는데, 22%만이 활용한다고 응답했다. 보통학생은 구체적인 과목별 학습법이 체계적으로 자리잡히지 않은 상태에서 같은 실수를 되풀이하고 있음을 알 수 있다. 국어, 영어, 수학 등 주요 과목을 공부할 때 공부벌레와 보통학생의 학습법의 차이를 좀더 자세히 알아보자.

:: 국어, 독서량이 성적을 판가름한다

국어는 깊이 있는 이해와 폭넓은 사고를 기반한 과목이다. 초등 학습의 전부가 독서라고 할 만큼 어릴 때부터 많은 책을 접하는 것이 국어 성적 향상의 지름길이다. 단기간 동안 절대 따라잡을 수 없는 대표적인 과목이기도 하다. 공부벌레 중 40%가 성적이 가장 안 나오는 과목으로 국어를 꼽았는데, 이는 영어 8%, 수학 12%보다 월등히 높은 비율로서 국어공부의 어려움을 단적으로 보여준다. 보통학생과 공부벌레를 결정하는 과목이 수학이라면, 공부벌레 간 우열을 가늠하는 과목이 '국어'인 셈이다.

중학생이 말하는 국어성적 관리를 위한 효과적인 학습법은 무엇일까? 많은 학생들이 학교시험을 위해 '교과서를 열심히 본다'고 대답했

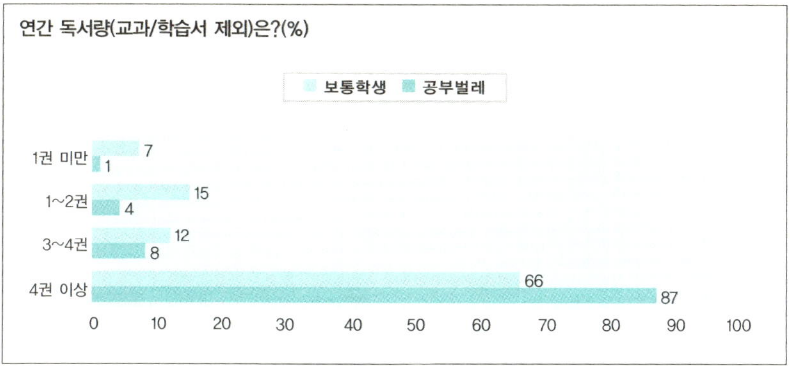

다(공부벌레 중 55%, 보통학생 중 48%가 교과서를 꼽았다). 교과서 다음으로는 문제집을 푼다고 답했는데, 교과서와 참고서로 시험에 대비하는 것을 알 수 있다. 평소 많은 책을 읽는다고 답한 경우는 공부벌레 16%, 보통학생 12%로 나타나 아이들은 대체로 책 읽는 일이 국어성적과는 무관한 것으로 생각하고 있었다.

그렇다면 학생들의 연간 독서량은 어느 정도일까? 4권 이상 읽는다는 공부벌레가 87%로 보통학생 66%보다 월등히 높았다. 보통학생의 7%는 1권 미만이라고 응답해 보통학생의 독서습관이 시급하다는 점을 알 수 있다.

:: 영어, 흥미와 감각을 유지한다

"못 알아 들으면 무조건 외워요."

외국어를 공부하는 사람들로부터 가장 많이 듣는 말이다. 그런데 마냥 외운다고 영어에 능통할 수 있을까? 공부벌레와 보통학생 간의 차이

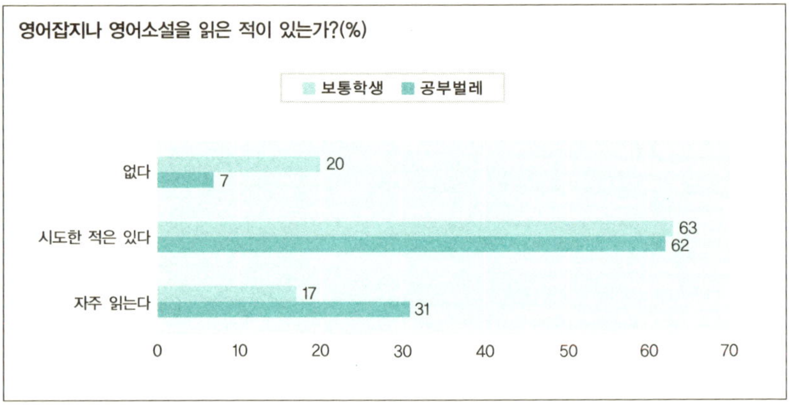

는 영어과목을 어떻게 보는가에서부터 발견할 수 있었다. '이해를 우선으로 하는가, 암기를 우선으로 하는가?'라는 질문에서 공부벌레의 72%가 '이해를 우선으로 한다'고 응답한 반면, 보통학생 42%는 "암기를 우선으로 한다"고 답해 공부벌레들과 다른 양상을 보였다.

많은 교육 전문가들이 "영어는 언어과목인 만큼 언어에 대한 감각을 익히고 장기간 투자해야 한다"고 충고한다. 즉 단어와 문법 암기도 중요하지만 문장의 흐름과 이해를 통해 언어영역의 한 과목으로 익숙해지는 것이 중요하다. 또 좋은 학습방법으로 영어잡지나 소설 읽기를 권장한다. 실제 많은 학생들이 문고판 도서 등을 통해 영어소설이나 잡지 읽기를 시도하지만 중도에 포기하는 일이 많은데, 기초가 완벽하지 않는 상태에서 끝까지 읽어내기란 꾸준한 인내가 없으면 쉽지 않은 일이다. 그러나 공부벌레의 31% 정도는 자주 읽는다고 답해 쉽게 포기하고 흥미를 잃어버리는 보통학생들과 대조를 보였다.

하나 더 눈여겨볼 일은 균형적인 학습이다. 영어공부는 문법, 독해, 듣기, 말하기 등 크게 4대 영역으로 나눌 수 있다. "영역별로 골고루 공부하는가?"란 질문에 공부벌레는 49%가, 보통학생은 38%가 "그렇다"고 대답했다. 보통학생 46%는 두세 가지 정도만 학습하며, 16%는 한 가지만 주로 학습한다. 이러한 영어 편식은 학년이 올라갈수록 심해지는 것으로 나타나, 보통학생의 일부가 3학년이 되면 듣기나 말하기와 같은 한 가지 영역을 아예 포기하는 일이 빚어진다.

:: 수학, 끈기가 남다르다

수학만큼 좋고 싫음이 분명한 과목도 없다. 잘 하는 사람은 항상 잘 하고 못 하는 사람은 늘 성적이 낮은 과목이 수학이다. 또한 학년이 올라갈수록 점수 차이가 점점 심해지는 과목이기도 하다.

"다른 과목보다 탁월하게 잘 하는 과목이 있는가, 만약 있다면 어떤 과목인가?"라는 질문을 던져 공부벌레들의 반응에 주목했다. 그 결과 잘 하는 과목이 국어라고 응답한 비율은 21%, 영어는 36%로 나타나 절반에도 못 미쳤다. 그러나 수학은 52%가 탁월하게 잘 한다고 대답할 정도로 많은 공부벌레들이 수학만큼은 자신감을 내보였다. 반면 보통학생의 경우 가장 싫어하는 과목과 가장 어려운 과목의 1순위가 수학인 것으로 나타났다.

그렇다면 공부벌레는 수학적 사고를 타고난 것일까? 학부모들은 하나같이 그렇지 않다고 말한다. 오히려 그들은 유 · 소년기 시절, 수에 관한 감각이 너무 부족해 부모의 걱정을 불러일으킬 정도였다.

공부벌레는 타고 나는 것이 아니라 끈기 있는 자세를 보이는 게 특징이다. 문제가 안 풀릴 때의 반응을 조사한 결과 공부벌레는 문제가 풀

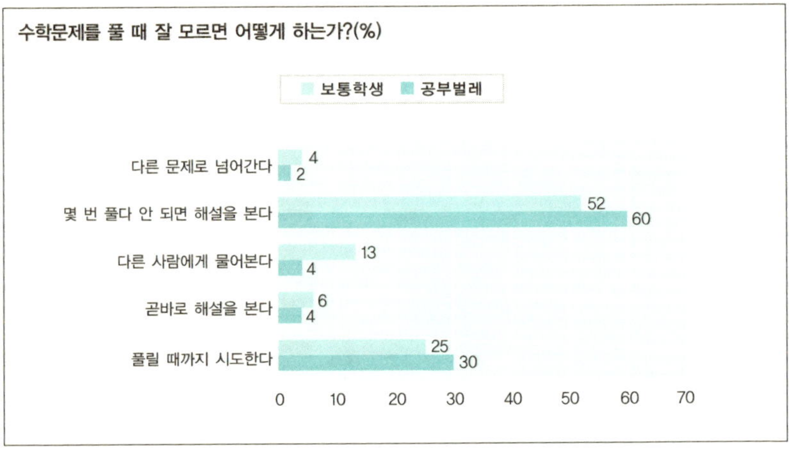

릴 때까지 시도한다는 데 반해 보통학생은 해설을 본다는 비율이 더 높게 나타났다. 일부 보통학생은 오히려 문제를 건너뛴다거나 대신 풀어줄 사람에게 의존함으로써 스스로 해결하는 연습이 크게 부족한 것으로 나타났다.

공부벌레들이 수학을 잘 하는 비법 중 하나는 오답노트다. 사실 많은 공부벌레들이 과목마다 오답노트를 작성하지는 않지만 수학만큼은 오답노트가 중요하다고 입을 모아 얘기한다. 공부벌레들이 말하는 오답노트란 잘 모르거나 확실하게 이해하지 못해서 자주 틀리는 문제를 개념원리와 함께 정리한 노트다. 자신만 알아볼 수 있는 (0), 《 》, 〈 〉 등의 기호를 적절히 활용해 오답노트를 100% 활용하는 공부벌레도 있었다.

CHAPTER 4

중학 공부는 심리전이다

:: 공부 잘 하는 친구를 닮는다

질풍노도의 시기, 주변인, 사춘기 등의 용어는 정서적으로 불안한 청소년기를 일컫는 말들이다. 청소년의 학습은 심리 상태에 크게 좌우되는데, "공부가 잘 되는가?"라는 질문에 다음과 같은 반응은 그리 낯설지 않다.

"기분 좋은 날은 머리에 쏙쏙 들어와요. 그럴 땐 쉬지 않고 3시간씩 공부하기도 하죠. 그러나 공부가 안 되는 날은 30분 앉아 있기도 힘들어요."

그날의 기분에 따라 학습시간과 집중력의 깊이가 결정되는 것은 감

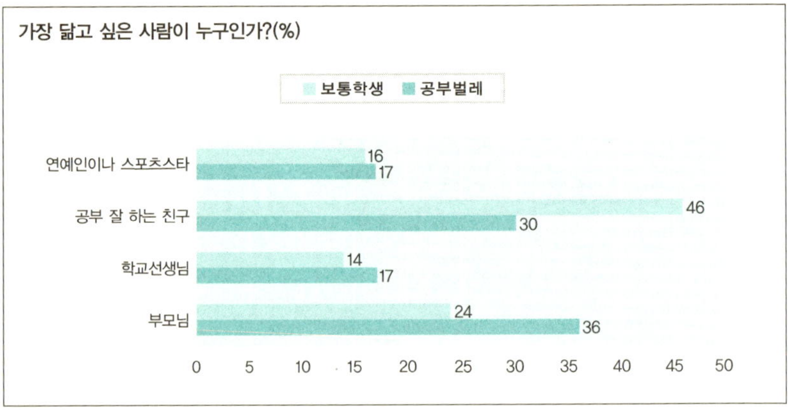

정의 기복이 심한 사춘기에 당연한 일일 것이다. 이러한 감정의 변화는 학습의 방해꾼으로 등장하기도 하고 때로는 경쟁심리를 자극하여 강한 동기부여를 제공하기도 한다. 1316 세대의 학습에 가장 많은 영향을 미치는 대상이 누군지, 그리고 어떤 계기로든 학습동기가 부여된 이후 실제로 성적에 변화가 생겼는지를 조사해 보았다.

감수성이 예민한 중학생일수록 또래 친구의 영향력이 '절대적'인 것으로 나타났다. "가장 닮고 싶은 사람이 누구인가?"라는 질문에 많은 중학생이 '공부 잘 하는 친구' 라고 답했다.

"반에서 인기투표를 하면 일등과 꼴찌 모두 우등생들이 차지할 거예요. 가장 인기 있는 애는 공부 잘 하면서도 잘 어울리는 친구고, 가장 밥맛(?)인 애는 자기 혼자만 공부 잘 하려는 애죠."

공부를 잘 하는 친구는 연예인보다도 관심의 초점이 된다. 어느 학원을 다니는지, 어떤 참고서를 보는지 하다못해 어떤 가수를 좋아하고 어떤 옷을 입는지도 선망의 대상이 된다. 그래서 '공부 잘 하고 성격 좋은 친구는 100점, 공부는 잘 하지만 대인관계가 원만하지 않는 친구는 0점'이라는 극단적 방식이 중학 시절에 성립된다.

"나는 그 애를 진짜 친구로 알았어요. 근데 시험 기간이 되어 사회 노트 필기한 것 좀 빌려달랬더니, 이 핑계 저 핑계 대며 안 빌려주지 뭐예요. 저는 시험을 망쳤고 배신감은 이루 말할 수 없었어요. 그래서 며칠 동안 그 녀석을 피해 다녔어요. 그러다 보니 지금은 통학버스 안에서도 서로 아는 체 안 한답니다. 마음이 불편해서 밤에 잠도 안 와요. 말을 걸자니 자존심도 상하구요. 근데 정말이지 용서가 안 돼요. 어떻게 친구끼리 그럴 수 있죠? 그 녀석이 다른 친구들하고 즐겁게 얘기하는 모습만 봐도 미칠 것 같아요. 저 어쩌면 좋은가요? 제발 도와주세요."

엠베스트 상담게시판을 살펴보면 성적과 친구 때문에 고민하는 중학생들의 글을 쉽게 찾을 수 있다. 이런 글들을 자세히 들여다보면 문제의 발단은 항상 지나친 경쟁에 따른 사소한 오해에서 시작됨을 알 수 있다. 하지만 경쟁의식이 항상 부정적인 결과만 초래하는 것일까? 많은 공부벌레들은 공부를 잘 하게 된 배경으로 '친구와의 경쟁심리'를 꼽는다. 외고 입시 설명회에서 만난 양준혁군(가명, 중3학년)이 대표적인 경우다.

"1학년 1학기 중간고사를 마친 후에 친구와 답안을 맞춰보다가 제가 2개나 더 틀린 것을 알았죠. 갑자기 얼굴이 화끈거리더라구요. 그때부터 기말고사까지 하루 5시간 이상 자본 적이 없어요. 정말 열심히 공부했어요.

결국 1학기 기말고사에서 전교 5등을 했고 지금까지 그 수준을 유지하고 있어요. 친구에게 말한 적은 없지만 매우 고맙게 생각해요."

공부벌레들은 처음부터 공부를 잘 했다기보다는 어떤 계기로든 잘 할 수 있는 동기가 있었다. 동기부여의 계기가 된 대상은 부모님, 선생님, 친구 등 다양하다. 그러나 많은 공부벌레들이 최상위권으로 진입하게 된 동기로 또래 친구를 꼽았다. 또래 친구가 부모님이나 선생님보다 더 강한 자극을 준다는 것이다.

공부벌레는 친구와의 경쟁심리를 더욱 적극적으로 활용해 학습 성취욕을 높이는 터닝포인트로 삼고 있었다. 주로 중학교 1학년을 터닝포인트 시점으로 꼽았다.

:: 공부벌레의 힘은 부모로부터 나온다

중학생이 가장 닮고 싶은 사람이 '공부 잘 하는 친구'라면, 공부에 가장 많은 영향을 미치는 사람은 누구일까? 아래와 같은 세 가지 질문을 던져보았는데, 공통적으로 '부모님'의 강한 영향력을 확인할 수 있었다.

- 성적에 가장 많은 영향을 미치는 사람은 누구인가?
- 평소 학습과 관련된 대화를 누구와 나누는가?
- 학습과 관련해 누구의 이야기가 가장 도움이 되는가?

많은 중학생들이 성적에 가장 큰 영향을 미치는 사람이 '부모'라고 대답했다. 성적이나 공부와 관련해 평소 부모님과 가장 많은 이야기를 나누고 있으며, 부모의 이야기를 친구, 학원선생님, 심지어 학교선생님보다 더 신뢰했다. 부모의 영향력은 보통학생보다 공부벌레에게서 더욱 뚜렷하고 강하게 나타났다. 우선 공부벌레의 67%가 학습 관련 대화상대로 부모를 꼽았는데, 이는 보통학생의 52%보다 높은 비율이다. 학습에 관련된 이야기 중 부모의 이야기가 가장 도움이 된다는 비율도 48%로 나타나 보통학생 38%보다 높았으며, 존경하는 인물로 부모를 꼽은 비율은 36%였다.

왜 공부벌레들은 부모의 영향력 아래 놓이는 것일까? 중학생들이 생각하는 부모의 위상과 역할이 어떻게 차이 나는지 심층 인터뷰를 통해 알아보았다.

"엄마는 저의 든든한 매니저예요. 학습계획표를 짤 때도 엄마와 함께 하죠. 물론 그것이 제게 족쇄가 되어 잔소리를 불러오기도 하지만 엄마가 꼼꼼히 짜주시는 계획표 덕분에 제가 우수한 성적을 유지할 수 있지 않나 싶어요."

"엄마는 잔소리꾼이에요. '이거 해라 저거 해라 그래서 뭐가 되려구 그러니!' 저도 이제 중학생인데 말이죠. 잔소리 들으면 더 하기 싫어진다는 것을 왜 모르실까요?"

매니저와 잔소리꾼의 차이. 사실 부모 입장에서야 한숨부터 나올 얘기지만 아이들이 생각하는 부모의 위상은 이 두 단어에서 줄다리기를 하고 있다. 감정의 기복이 심한 학생이라면 요령 있는 부모의 역할이

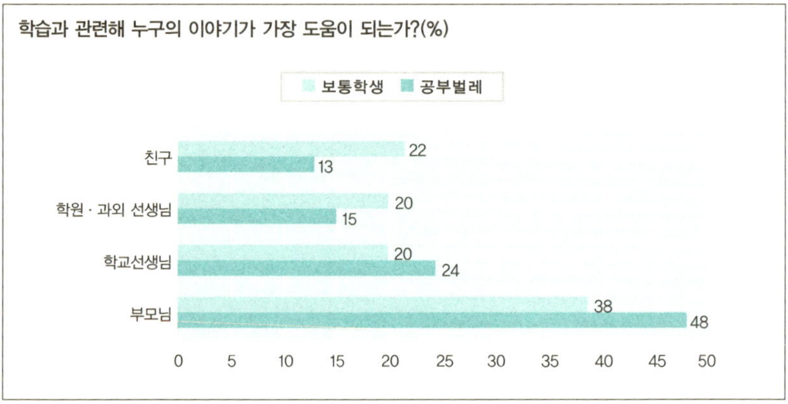

중요하다. 아이들은 감정적인 말보다는 대화를, 간섭이나 참견보다는 자신의 미래를 함께 고민하고 설계하는 파트너로서의 부모 역할을 기대하고 있었다.

실제로 대부분의 공부벌레들이 부모에 대해 강한 신뢰를 갖고 있었는데, 신뢰는 학교선생님과 과외선생님을 능가했다. 심지어 공부마저 교사보다 비전문가인 부모를 믿는 이유는 무엇일까?

스스로를 '영원한 마마보이'라고 자청하는 이준철군(중2)은 이렇게 얘기한다.

"부모님은 제가 원하는 것과 싫어하는 것, 잘 하는 것과 못 하는 것을 저보다 더 잘 아세요. 물론 담임선생님도 계시지만 선생님이 저만을 위해 존재하는 분은 아니잖아요. 부모님만큼 저를 파악하지도 못하구요. 시험 때 TV도 못 켜시는 모습이나, 피곤하실 텐데도 지방에 있는 과학고등학교 입시설명회에 다녀오시는 모습을 뵐 때면 저도 모르게 가슴이 아려옵니다. 부모님을 위해서라도 열심히 공부해야겠다고 마음을 다잡

게 된답니다. 부모님은 제가 기댈 수 있는 세상에서 유일한 저의 후원자 입니다."

준철군의 얘기를 들으면서 신뢰의 원천은 바로 부모의 '사랑'이라는 사실을 확인할 수 있었다. 아이들은 부모의 애정이 강한 학습동기가 된다고 여겼다.

CHAPTER 5

공부벌레에 관한 공공연한 진실 네 가지

:: 공부벌레는 공부를 즐긴다

흔히 학생은 공부를 싫어할 것이라고 생각하기 쉽다. 과연 그럴까? 조사에 따르면 상당수의 공부벌레가 공부 자체를 즐기는 것으로 나타났다. 물론 그날의 기분에 따라 다르다고 답한 학생도 없지 않았으나 이는 앞서 말한 바와 같이 청소년기의 심리적 특성으로 생각할 수 있다.

"공부가 싫다고 말하는 아이들이 많지만 저는 공부가 재미있고 즐거워요. 마음 같아서는 식사시간이나 잠 자는 시간에도 공부만 했으면 좋겠어요. 저는 특히 수학을 좋아해요. 어려운 문제를 풀었을 때 제가 살아 있다는 것을 느끼죠."

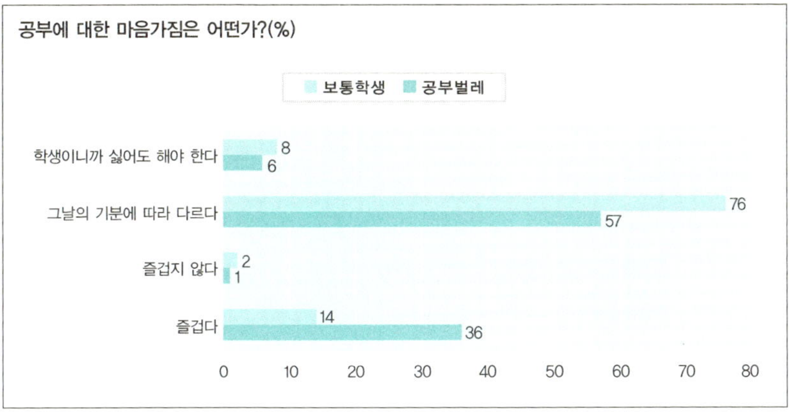

실제 많은 공부벌레들이 공부 자체가 즐겁다고 대답했다. 특히 난이도가 높은 문제를 풀었을 때, 몰랐던 개념이 이해되었을 때, 성적이 올랐을 때 공부가 즐겁다고 답했다. "피할 수 없으면 즐겨라"는 말처럼 공부벌레들은 공부를 즐기는 것으로 조사되었다.

:: 공부벌레는 하루 4시간 이상 공부한다

머리가 좋아 공부를 안 했는데도 우등생이다? 천만의 말씀이다.

공부벌레와 보통학생 간 공부시간을 비교하면 많은 차이가 있다. 학교 수업시간을 제외하고 1일 평균 공부시간을 조사한 결과, 공부벌레는 4시간, 보통학생은 2시간 30분으로 나타났다. 집중도와 학습방법 등 여러 부분에서 차이가 드러나지만 기본적으로 평균 공부시간에서 이렇게 격차가 크다면 학력 수준이 다른 건 당연한 일이다.

그렇다면 공부벌레는 언제 공부할까? 잠을 줄여 새벽까지 공부하는

하루 공부시간(학교수업 제외)은 얼마나 되는가?(%)

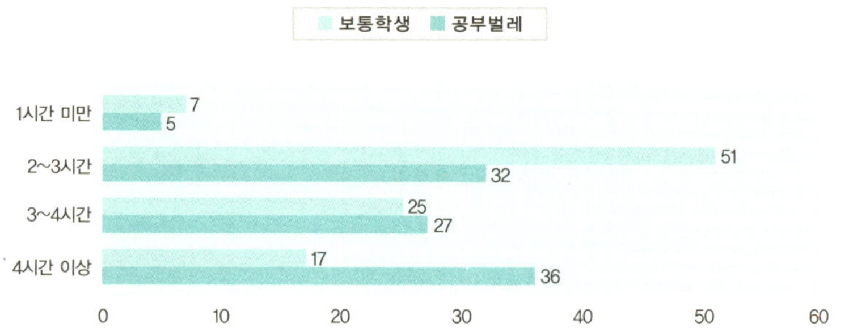

것일까? 아니다. 공부벌레의 평균 수면시간은 7시간으로 보통학생과 별다른 차이가 없었다. 많지는 않으나 8시간 이상을 잔다는 공부벌레도 있었다.

공부벌레가 공부하는 시간대는 평일 저녁 8~10시에 집중되었고 주말에는 오전 10시에서 오후 4시에 집중되었다. 혹시 이 글을 읽는 보통학생이나 학부모가 있다면, 한번쯤 뒤돌아볼 일이다. 과연 나는 이 시간대에 무엇을 하고 있는가? 혹시 인기 드라마 시청에 목을 빼고 있지는 않았는지, 주말이라고 들뜬 기분에 하루종일 컴퓨터 앞에 앉아 있지는 않았는지 생각해 보기 바란다.

:: 공부벌레도 잔소리를 듣는다

공부벌레들은 집에서나 학교에서 우등생으로 통한다. 공부를 잘할 뿐 아니라 생활 전반에 걸쳐 모범생으로 통한다. 보통학생들의 부모는 "공부만 잘 해봐라, 내가 잔소리를 하나?"라며 별일 아닌 것도 곧잘 성적으로 연결시켜 아이들에게 더욱 심한 스트레스를 준다. 그렇다면 공부벌레들은 잔소리를 안 들을까? 정답은 "No"다. 우리가 만난 공부벌레의 학부모는 잔소리를 자주하며, 공부와 관련해서는 거의 매일 한다고 털어놓았다. 여기서 한 가지 재미있는 사실은 공부벌레들이 잔소리에 시달리는 비율이 보통학생보다 훨씬 낮다는 사실이다. 그렇다면 문제는 어디에 있는 것일까? 그 해답은 대화, 즉 커뮤니케이션이란 상호작용이다. 잔소리하는 사람의 의도와 상관없이 받아들이는 입장에서 그것이 듣기 싫은 소리가 될 수도 있고, 진심으로 자신을 걱정하는 꾸중이 될 수도 있다.

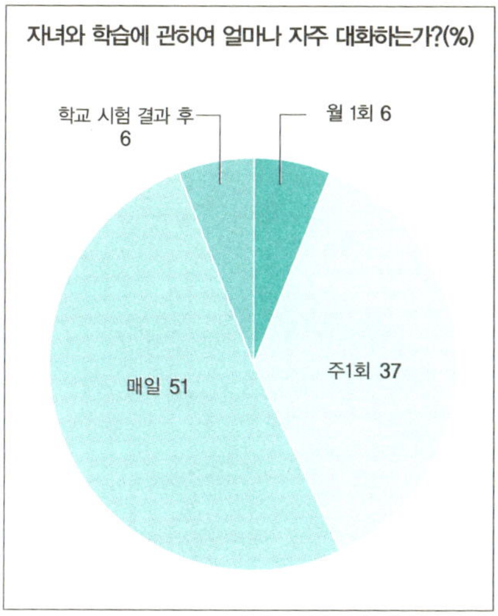

전문가들은 아이를 야단칠 때 다음과 같은 수칙을 정해 실천하라고 조언한다.

첫째, 감정적이지 않을 것.
둘째, 한 번에 한 가지만 얘기할 것.
셋째, 물리적 폭력은 절대 쓰지 말 것.
넷째, 또래 친구와 절대 비교하지 말 것.

:: 공부벌레도 놀 땐 논다

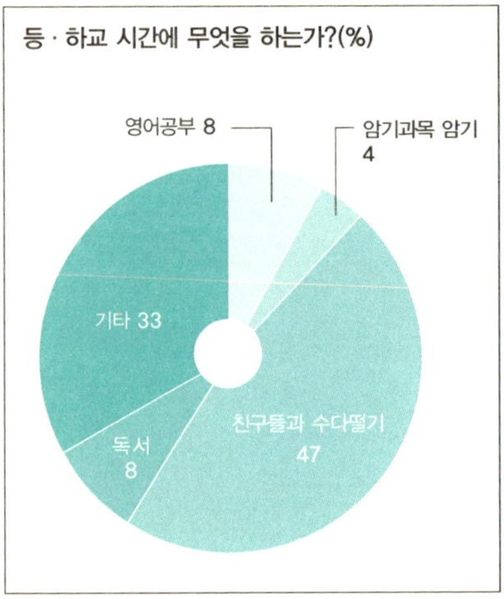

흔히 공부벌레는 등하교 시간, 점심시간 등 자투리 시간까지 공부한다고 생각하기 쉽다. 그러나 대부분의 공부벌레가 놀 때는 놀고 쉴 때는 쉰다.

"쉬는 시간에 이어폰을 꽂고 책상에 누워 있으면 아이들이 자꾸 이어폰을 빼앗아 들어봐요. 영어 듣기 공부하는 줄 아나봐요. 사실은 음악을 듣고 있는 건데요. 저는 시끄럽고 집중이 안 되는 시간에는 푹 쉬는 편이에요. 어떻게 늘 공부만 하겠어요. 쉴 땐 쉬어야 에너지가 충전되죠."

자투리 시간 활용에 관해 많은 공부벌레들이 친구와 수다를 떤다고 답해 공부한다고 응답한 비율보다 훨씬 높았다.

CHAPTER 6

공부벌레의 부모는 뭔가 다르다

:: 공부벌레의 부모도 공부벌레다

최근 몇 년 사이 교육컨설팅 업체에는 중 · 고등학생 자녀를 둔 학부모의 발길이 끊이지 않는다고 한다. 일명 학부모 증후군이라고 불릴 정도로 학부모는 매년 바뀌는 교육정책에 관해 혼란스러워하고 있으며, 그에 따라 자녀교육에 관한 지식과 정보를 다루는 전문 업체를 필요로 하고 있다.

사실 대부분의 어머니, 아버지들은 자녀교육에 관해서는 모두 뚜렷한 소신을 지니고 있었다. 교육정책에 대한 비판에서 사교육 선택 이유까지 내용도 가지각색이다. 아이의 학습을 가장 잘 관리해 주는 사람으로 부모를 꼽을 정도로 타인보다는 부모 스스로의 능력을 믿고 있었다.

그렇다면 부모들은 자녀교육의 구체적인 정보를 어디서 얻는 것일

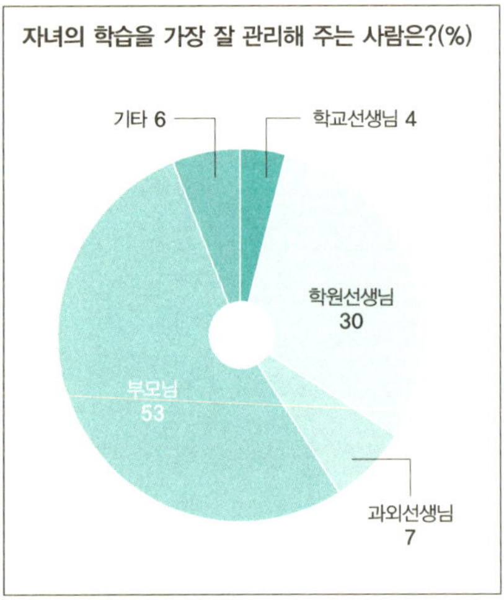

까? 주요 정보처는 주변에 중학생 자녀를 둔 학부모였다. 그 다음으로 학원 및 과외선생님이 차지했다. 흔히 아이에 관해 가장 잘 아는 학교선생님이 자녀교육의 상담자이자 정보처라고 생각하기 쉽지만, 오히려 부모들은 학교선생님과 일정 정도 거리를 두고 있었으며, 오히려 학원선생님을 선호하는 것으로 나타났다. 자신의 학창 시절 경험에 의존한다는 의견과 친인척에게서 자문을 구한다는 의견도 일부 있었다. 주로 아버지보다 엄마가 자녀의 상담자로 나서고 있었다.

학원을 갈 것인지, 온라인을 수강할 것인지 등 사교육 수단의 결정 주체는 학년에 따라 달라서 중학 1학년은 부모와 자녀가 반반이지만, 2학년이 넘어서면 학생이 직접 선택하는 양상을 보였다. 자녀교육의 가장 어려운 점으로 대다수 학부모가 전문적인 정보 부족을 들었다.

"우리 아인 전교 1등을 놓쳐본 적이 없어요. 꼭 외고에 보내려고 합니다. 그런데 어떻게 준비해야 할지 모르겠네요. 지방에 살기 때문에 정보도 어두운데다 이런 정보를 알려주는 기관조차 없어요. 처음에는 아이의 담임선생님과 상담했는데, 오히려 담임선생님이 제게 물어보는 지경이었죠. 지역과 학교에 따라 전형이 매년 다르니까 일일이 찾아다니지 않으면 알 길이 없습니다. 힘들지만 어쩌겠습니까 부모 된 죄고 지방에 사는 죄지…."

용인에 위치한 모 학교의 입시설명회에서 경북 안동에서 올라온 한 학부모를 만날 수 있었다. 외고 입시설명회만도 세번째 참석한다는 그는 자신의 학창 시절 때보다 더 열심히 공부한다면서 자녀교육의 고충을 털어놨다.

공부벌레만 공부하는 것이 아니라 그 뒤에서 물심양면으로 돕는 학부모도 공부벌레인 셈이다. 사실 특목고에 대한 고급 정보를 얻기란 쉽지 않다. 지역별 · 학교별로 전형이 다른데다가 문제출제 경향이 매년 조금씩 바뀌고 있다. 또한 정책적인 변화도 무시할 수 없는데, 정부에서는 대학입시를 방불케 하는 특목고 과열을 막고 본연의 설립취지를 찾고자 '설립학과 외의 별도 과정 개설 금지', '동일계 특별전형' 등의 정책을 속속 내놓고 있다.

비평준화 지역 고교입시는 물론 중학생 자녀교육에 있어서 정보의 어려움을 호소하는 학부모에게 인터넷을 권하고 싶다. 온라인 교육 사이트는 대개 중학생 교육에 관한 유용한 정보를 많이 다루고 있다. 학교별 전형요강과 구체적인 학습방법을 제공하며, 특목고 입시의 경우 지방 거주자를 위해 학교별 입시설명회 동영상을 서비스한다. 안방에서도 몇 번의 클릭만으로 자녀교육 정보를 손쉽게 구할 수 있는 시대가 도래한 것이다.

:: 공부벌레로 키우려면 습관부터 바꿔줘라

"학교 학부모회의에 다녀온 날이면 잠을 제대로 잘 수가 없어요. 평소 남들 만큼 시킨다고 생각하다가도 다른 학부모들 얘기를 듣다 보면 늘 부족한 것 같아요. 가정 형편상 과목마다 과외를 시키는 것은 꿈도 꿀 수 없구요. 초등학교 때처럼 직접 일일이 가르쳐줄 수 있는 것도 아니라 집에 있는 시간에는 무조건 공부하라고 부담만 주는 것 같네요."

초등학생 자녀의 학습은 부모 의지대로 움직인다. 그러나 중학생 자녀는 그렇지 않다. 실제 학습의 관여 정도, 즉 아이의 공부에 부모가 얼마나 개입하는지 여부는 가정마다 큰 차이를 보인다. 대체로 공부벌레의 부모가 보통학생의 부모보다 개입 정도가 크고, 더 구체적인 것으로 나타났다.

공부벌레의 경우 생활 패턴이 엄마와 동일하다. 시간에 따라 아이의 움직임을 체크하는 것이 아니라, 아이의 시간에 따라 엄마의 생활 패턴이 결정되는 적극적 참여를 보인다. 학년에 따라 이러한 패턴에도 조금씩 차이를 보이는데, 학습습관이 완전히 자리잡지 못한 중학교 1학년 때일수록 관여의 정도가 크고 학년이 올라갈수록 낮아지는 현상이 나타났다.

A군(중1)은 공부를 잘 하는 유망주다. 영재교육원에 합격하기도 한 A군은 일부 매스컴에도 소개된 적이 있는 체육학원에 다니고 있다. A군이 받고 있는 사교육을 살펴보면 다음과 같다.

A군의 사교육 실태

영어학원(월, 화, 수 / 주 3일) + 수학학원(화, 목, 토 / 주 3일) + 독서토론 그룹과외(화, 목 / 주 2회) + 미국인 영어회화(월, 수 / 주 2회) + 주말 체육학원(토 / 1회)

A군의 어머니는 전업주부다. 그녀는 아들의 특목고 진학에 사활을 걸고 지난해 대치동으로 이사를 단행할 정도로 자녀교육에 적극적이다. 교사 출신이기도 한 어머니의 하루는 그야말로 전쟁이나 다름없다. A군이 하교하는 4시부터 잠자리에 드는 새벽 1시까지 A군의 수행비서이자 운전기사 노릇을 한다. 그렇다고 오전 시간이 한가한 것도 아니다. 오전 시간에는 주로 정보탐색을 하는데, 뉴스나 인터넷을 꼼꼼히 챙겨본다. 인근에 사는 부모들과 전화통화로 정보를 주고받기도 한다. 대부분 어느 학원이 괜찮고 어떤 자습서가 괜찮다는 대화가 오간다. 학원을 직접 찾아가 상담하는 일도 그녀의 몫이다. 학원은 보통 서너 군데 둘러본 다음 결정하는데, 어떤 강사가 있는지, 면학 분위기는 어떤지 꼼꼼히 따진 후에 A군의 학원을 결정한다.

보통학생의 부모도 학습계획에 참여한다. 그러나 함께 동참하는 것이 아니라 아이에게 계획표를 작성하게 하고 부모는 그저 점검하는 모습이 일반적이다. 이런 지도는 자칫 엄마의 모습이 감독관처럼 비칠 수도 있다. 감독관 형태의 부모는 사춘기 아이의 반발심을 유도하고 자기주도적인 학습 형성에 걸림돌이 될 수 있음을 유의해야 한다.

"엄마, 아빠는 TV만 보면서 왜 나는 공부하라고 하는지 모르겠다"는 아이들의 항변을 곰곰이 되새겨봐야 할 것이다. 아이들 입장에서는 부당하게 받아들여질 수 있음을 유념하라는 얘기다.

학부모는 초등학교 때와 중학 입학 후 학력 수준에 차이가 나는 이유로 규칙적인 학습습관을 들었다. 이는 선행학습보다 3배 이상 많은 응답 수를 보여 학부모가 자녀의 학습습관 형성을 얼마나 중요하게 생각하는지 알 수 있다. "아이가 중학교에 입학한 이후 가장 신경 써서 한 일이 무엇인가?"란 질문에 대다수의 부모가 "공부하는 습관을 길러주

초등학교 때와 중학교 입학 후 학력 수준이 차이나는 이유?(%)

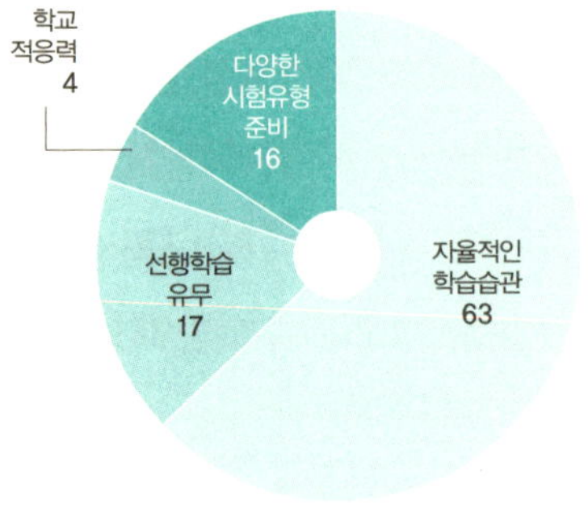

는 것"이라고 응답했다. 이는 학교 적응력을 높이기 위한 '정서적 안정'이나 '정보 수집'이라고 답한 것보다 압도적으로 높아 학부모가 이 부분에 심혈을 기울인다는 점을 알 수 있다.

공부벌레의 학부모가 추천하는 규칙적인 학습습관을 길러주는 비법은 무엇일까?

"우리 아이는 초등학교 2학년부터 6학년까지 영어학습지를 공부했어요. 1주일에 한 번씩 방문하는 학습지 선생님께 칭찬받을 요령으로 매일 일정 분량의 학습지를 잘 소화해 내더군요. 중학교에 올라가서 학습지를 끊었지만 5년 동안의 습관이 몸에 익었는지 매일 그 시간은 영어공부를 해야 한다고 생각하더군요. 마침 선생님이 추천해 주셔서 영어 경시대회에서 입상도 했답니다. 공부에 흥미를 가지면서 영어뿐 아니라 다른 과목 성적도 눈에 띄게 오르더라구요. 중학교에 입학한 후 전교 5등을 놓쳐본 적이 없어요."

위의 사례는 학습지를 통해 학습습관을 기른 경우다. 방문해 지도하는 주간 학습지의 경우 실제 수업시간은 주 1회 10분 정도에 지나지 않는다. 하지만 규칙적이고 반복적인 장점이 있다. 어릴 적부터 형성된 학습습관은 공부 잘 하는 비결 중 으뜸이라 할 수 있다.

"저흰 맞벌이를 해서 다른 엄마들이 하는 것만큼 지도해 줄 수가 없어요. 다만 우리 애가 경쟁심리가 워낙 강하고 유난히 갖고 싶은 게 많아 적절한 보상책을 썼어요. 숙제가 많아지는 초등학교 4학년 때부터 매일 학습량을 스스로 정하게 하고 그걸 마스터하면 읽고 싶은 만화책을 사준다든가, 게임을 30분간 하도록 했죠. 철이 없을 때는 무조건 시간을 때우고 보자는 식이기도 했지만 매일 습관을 들여서인지 중학생이 되고부터는 스스로 알아서 하더군요. 지금은 아이가 웃으면서 이렇게 말하죠. '엄마, 이번에 전교 1등 할 테니까 저랑 내기할까요?'"

위의 사례는 아이의 보상심리를 이용해 학습 의욕을 높인 경우다. 실제로 공부벌레들은 공부에 관해 보상심리가 강한 경향이 있다. 목표를 정해두고 그것을 달성했을 때 원하는 물건을 사준다든가, 하고 싶은 일을 허락해 주는 방법도 아이의 학습 태도를 향상시키는 데 도움이 된다.

스스로 공부하는 인터넷 학습법

스스로 공부하는 습관을 길러주는 온라인 학습법

수업시간에 학습한 내용을 충분히 습득했기 때문에 더 심화된 내용을 배우고 싶은 학생들에게는 학교 수업이 부족하다고 느껴질 수밖에 없다. 이런 학생들은 대개 방과 후 학원을 선호한다. 학원은 수준별 심화학습이 가능한 장점이 있다. 하지만 학생에 따라서 득보다 실이 더 클 수 있다. 대표적인 예로, 학원을 오가는 시간, 친구들과 잡담하는 시간 등 시간 활용의 비효과적인 면을 들 수 있다. 그리고 그날 수업 내용을 놓치면 다음 수업을 이해하기 어려운 경우도 생긴다. 지방 학생의 경우 유명 학원강사의 강의를 들을 수 있는 기회조차 희박하다. 따라서 이 학원 저 학원을 오가느라 시간을 낭비하는 학생, 피곤에 지친 학생, 또는 지방 학생들에게 온라인 학습이 대안일 수 있다.

온라인 학습의 장점과 활용법

1. 자투리 시간을 이용해 학습 효율성을 높인다.

온라인 학습은 대개 웹 기반의 동영상 강좌다. 따라서 학원까지 갈 필요 없이 원하는 시간에 온라인 학습 사이트에 접속해 강좌를 들으며 학습하면 된다. 30~40분 정도 시간을 투자하면 예습과 복습을 매일 실천할 수 있다.

2. 자신의 스타일에 맞는 선생님을 선택해 즐겁게 학습한다.

누구나 자신이 좋아하는 선생님의 수업은 기다려지고 그 수업을 더욱 열심히 듣게 마련이다. 온라인 학습은 이 점을 잘 살려 각 과목마다 수업 스타일이 다른 여러 강사들의 강좌를 개설해 선보인다. 맛보기 강의를 들어보고 자신에게 맞는 강사를 선택해 수강하면 시행착오를 줄이고 학습 향상에도 많은 도움이 된다.

3. 수업시간을 자신의 집중력에 맞춘다.

학교 수업이나 학원 수업은 학생의 컨디션이나 집중력과는 상관없이 계속 진행된다. 온라인 학습은 이런 단점을 극복할 수 있다. 동영상 수업을 듣다가 졸음이 오거나 집중력이 떨어지면 잠시 쉬었다가 나중에 다시 들을 수 있다. 자신의 생체 리듬에 맞춰 강의 듣는 시간을 조절할 수 있다. 그렇다고 너무 자주 강의를 쉬엄쉬엄 듣는다면 오히려 집중하는 시간이 줄어들 수 있으므로 한 강의 정도는 끝까지 듣는 연습이 필요하다.

4. 반복 학습을 통해 모르는 개념과 문제를 즉시 해결한다.

온라인 동영상 학습은 수강 기간 내에 여러 번 다시 볼 수 있으므로 특히 이해가 더딘 학생들에게 유리하다. 예컨대 강의 중 풀어주는 문제를 제대로 이해하지 못한 경우, 동영상을 일시 정지한 상태에서 스스로 풀어보거나 강의를 다시 볼 수 있다. 아무리 학습해도 이해가 안 되는 내용은 담당 강사 게시판에 질문함으로써 답을 얻기도 한다.

5. 스스로 학습하는 힘과 끈기가 생긴다.

온라인 학습을 할 때는 먼저 수강계획을 세워야 한다. 자신의 현재 수준을 파악하고 어떤 강좌를 몇 개 수강할지, 하루에 몇 시간 동영상을 들을지 등의 스케줄을 만들어야 한다. 이때 너무 무리하게 계획을 세우면 학습 내용을 모두 소화할 수 없다. 따라서 자신의 수준에 맞는 학습계획을 잘 세우는 것이 중요하다. 스스로 계획을 세워 실천하면 효과적인 학습계획 및 공부방법을 찾아 습관을 들일 수 있다.

6. 사이버 담임선생님 제도를 적극 이용한다.

온라인 학습 사이트가 순전히 자가 학습 형태로 운영되는 것만은 아니다. 요즘에는 사이버 담임선생님 서비스가 운영돼 진도 및 학습 관리를 제공하는 곳이 많아졌다. 즉 담임선생님이 1 : 1로 배정되어 학생 수준에 맞는 학습계획 및 커리큘럼을 짜주고, 학습 · 출결 관리와 주 단위 학습량을 관리해 주는 제도가 시행되고 있다. 따라서 사이버 담임선생님 제도를 적극 활용하면, 어느 정도 규율을 지키면서도 자율적인 학습이 가능하다.

주요 과목별 온라인 동영상 학습법

1. 국어

온라인 국어 동영상 학습에서는 교과 내용뿐 아니라 교과 관련 참고자료를 제공해 주는 경우가 많은데, 이를 잘 활용하면 사고의 폭을 넓히는 데 유용하다. 또 요점만 따로 정리해 준다든지, 꼭 알고 넘어가야 하는 문제 유형 등도 제공하기 때문에 교과진도 학습과 시험대비 학습이 동시에 가능하다. 그리고 독후감, 글쓰기 등에 대한 조언도 제공해 주어 학교 과제 해결에 적극 활용할 수 있다.

2. 영어

영어교과서 한 권으로는 문법, 독해, 듣기, 어휘력을 모두 높은 수준으로 끌어올리는 데 한계가 있다. 부족한 영역은 보충하고 잘 하는 영역은 더욱 강화하는 학습이 필요한데, 온라인 동영상 사이트에는 각 영역별 강좌가 다양하게 개설되어 있다. 만일 학교 교과서 학습 강좌를 수강하면서 영어듣기 공부를 병행하면 영어듣기평가 시험도 대비할 수 있다.

3. 수학

수학은 학생들의 성적 차이가 가장 심한 과목 중 하나다. 학교 수업은 대개 수준별 학습이 잘 이루어지지 않기 때문에 수준별 강좌가 구비된 온라인 동영상 강좌를 수강하면 도움이 된다. 자신의 수준에 맞는 강의를 수강했다면, 그 강의를 200% 활용해야 한다. 특히 수학은 직접 풀어보지 않으면 실력이 향상되지 않기 때문에 반드시 스스로 풀어본 후 해설 강의를 듣도록 한다. 잘 모르는 문제는 강사의 게시판을 통해 질문하고 답을 얻음으로써 확실히 알고 넘어가도록 하자.

4. 사회 · 국사

사회 · 국사는 방대한 교과 내용을 일목요연하게 잘 정리해서 기억하는 것이 중요하다. 무엇보다 선생님 특유의 암기 노하우에 주목하자. 특히 국사 부분의 연대별 사건과 인물을 암기할 때 선생님들의 노하우를 적극 활용하면 좋다.

5. 과학

과학 학습에서 가장 중요한 것은 실험의 이해다. 실제로 실험해 보는 것이 가장 좋은 방법이지만 위험 부담도 있고 여러 가지 여건 탓에 교과서에 나오는 내용을 모두 실험해 볼 수는 없다. 그런데 온라인 동영상 학습에는 실험을 직접 보여주는 강의가 많다. 생생한 실험 현장을 영상으로 볼 수 있는 것이다. 또 실험에 대한 이론과 분석, 결론 도출까지 설명해 주므로 이를 학습에 활용하면 된다. 실험보고서 과제를 작성할 때에도 동영상 실험을 눈으로 보고 응용하도록 한다.

2

소문난 공부벌레들의 알짜 학습법

CHAPTER 7

성적보다 진로를 걱정하는 중학생들

:: 성적만큼 중요해진 중학생의 진로 선택

중학생들에게 진로에 대한 여러 가지 질문을 던져보았다. 질문들에 대한 공부벌레들과 보통학생들의 답변은 큰 차이를 보이지 않았다.

중학생들의 가장 큰 고민은 무엇일까? 예상대로 학생들에게는 성적이 가장 많은 스트레스를 주고 또 가장 고민되는 문제였다. 그 다음이 진로에 대한 고민이었다. 이 두 가지를 합하면 76.7%로 중학생들의 고민 대부분을 차지한다. 또한 중학교 2~3학년의 설문결과를 비교하면 예년에 비해 성적에 대한 고민은 52.1%에서 47.3%으로 오히려 떨어진데 비해, 진로에 대한 고민은 22.1%에서 31.7%로 무려 10%나 증가한 사실을 알 수 있다.

중학교 3학년 입장에서 성적 고민보다 진로에 대한 고민의 비중이 늘었다는 것은 생각해 볼 문제다. '어떤 고등학교에 진학할지 고민하느라 진로에 대한 고민의 비중이 높아진 것이 아니냐?' 고 생각할 수도 있지만, 성적에 따라 고등학교 진학 여부를 결정하던 예전 방식과는 달리 고등학교 종류가 다양해지고 그만큼 선택의 영역이 늘어난 만큼 상대적으로 진로에 대한 고민이 높아진 것으로 볼 수 있다.

:: 진로 정보, 이제 인터넷에서 구한다

고민이 많은 중학생들이 진로에 대한 정보를 얻는 곳은 어디일까?

학생들과 학부모 모두 인터넷에서 많은 정보를 얻는다고 답했다. 학생들은 인터넷 다음으로 부모님, 친구, 학교선생님을, 학부모는 신문,

진로에 대한 정보를 주로 얻는 곳은?(%)

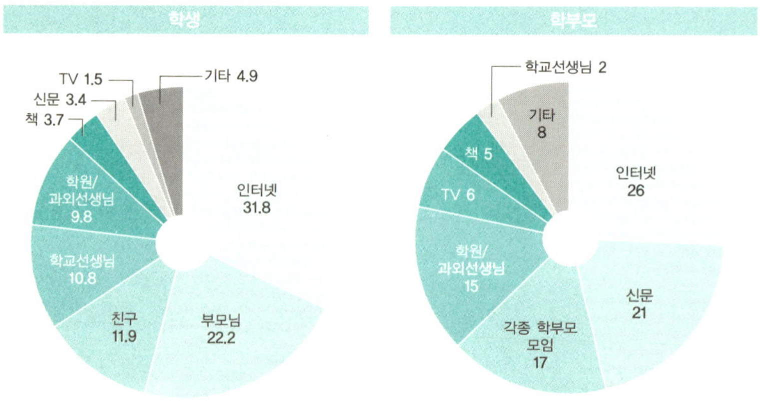

학부모 모임, 학원·과외선생님을 꼽았다. 주로 학교선생님으로부터 진로 정보를 얻는다고 대답한 학생 응답자는 10.8%, 그러나 학부모들은 2%에 그쳐 여전히 학교 진로교육에 만족 못하는 오래된 불만을 대변했다.

CHAPTER 8

직업까지 고려해야 후회가 없다

:: 목표직업까지 고려한다

직업을 결정할 때 중요하게 생각하는 기준은 사람들마다 다르다. 상담 경험을 비춰볼 때 나이가 어릴수록 '본인의 흥미', 즉 자신이 하고 싶은 것을 직업 선택의 가장 중요한 요소로 꼽았다. 그러다가 여러 가지 고려해야 할 점들이 생기면서부터 직업 선택의 중요한 가치가 조금씩 변한다. 이때 가장 많은 영향을 주는 것이 가정환경과 성격, 그리고 사회 유행이다.

현재 중학생들이 목표직업을 선택할 때 가장 중요하게 생각하는 것은 자신의 흥미, 안정된 생활, 능력, 돈 순으로 나타났다.

자신의 흥미를 최우선으로 한다는 것은 자신에 대한 객관적인 분석

목표직업을 선택할 때 가장 중요하게 생각하는 것은?(%)

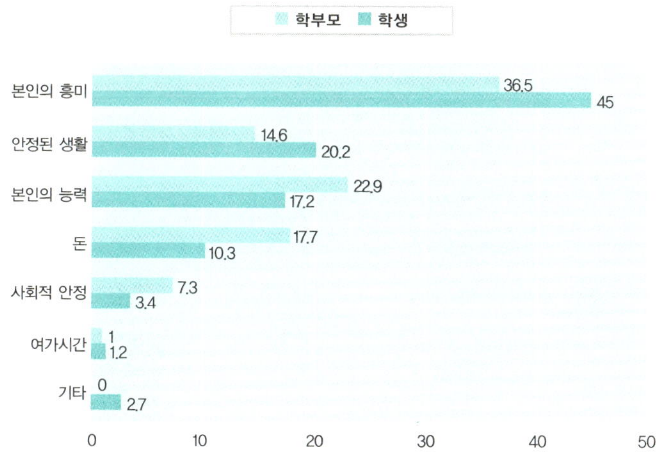

보다 주관적인 흥미가 앞서는 결과다. 물론 이런 답변을 두고 '아직 어려서'라고만 생각해서는 안 된다. 오히려 중학생 시절에는 자신의 목표를 좀더 높게 잡고 여러 가지 가능성을 생각해 보는 것이 바람직하다는 면에서 본인의 흥미를 우선시하는 것은 긍정적이다.

또한 직업을 선택할 때 두번째 요소로 '안정'을 꼽았는데, 이는 다분히 사회 트렌드를 대변하는 것이라 할 수 있다. 비단 중학생들뿐 아니라 고등학생, 대학생 또 현재 예비 직장인들도 안정적인 직업환경을 바라는 사람이 늘고 있다.

한 가지 흥미로운 사실은 본인의 능력이 직업 선택시 가장 중요하다고 답한 학생이 경제적 여유, 즉 돈을 바라는 학생들보다 훨씬 많았다는 것이다. 목표직업을 생각할 때 단순히 '돈을 많이 벌고 싶다'는 바람이 아니라, 자신의 능력을 먼저 고려하고 있다는 것은 현재 중학생들이

목표직업은 언제 결정했나?(%)

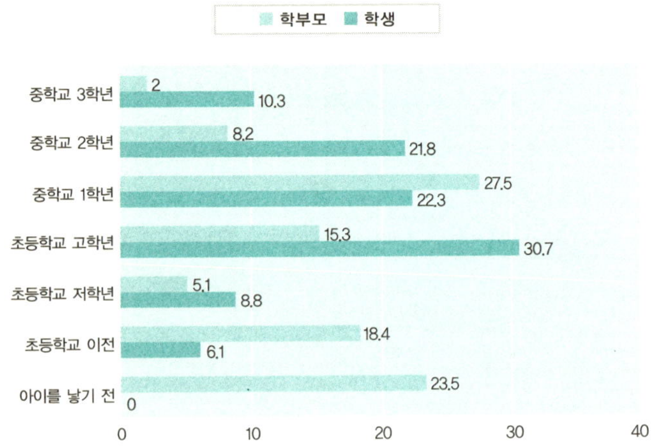

자신의 흥미와 더불어 객관적인 면들을 생각하고 있다는 점에서 바람직하다고 볼 수 있다.

학부모들의 답변과의 비교에서 의외였던 점은 오히려 학부모들보다 학생들이 '안정된 생활'에 더 높은 순위를 보였다는 것이다. 실제로 상담에서도 점점 많은 학생들이 직업을 선택할 때 중요시하는 가치로 안정된 생활을 이야기하는 경우가 늘고 있다. 심지어 초등학생들도 안정된 직업환경을 선호하기에 이르렀다. 물론 본인의 성격이나 능력 등을 충분히 반영한 경우라면 문제가 없으나, 안정을 추구하는 사회적 분위기나 부모의 의지가 반영된 건 아닌지, 또 조금은 역동적이고 도전적인 꿈을 꿔야 할 아이들이 안주하려는 경향을 보이는 것은 아닌지 우려되는 것도 사실이다.

"언제 직업목표를 결정했느냐?"는 질문에는 상당수 학생과 학부모가 초등학교 고학년에서 중학생에 이르는 동안 결정했다고 답했다. 특히

계열 선택시 가장 중요하게 생각하는 것은(%)

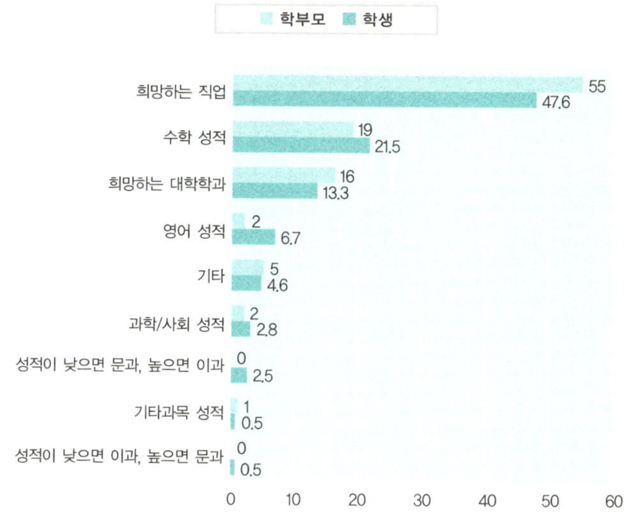

주목할 점은 학부모의 경우 아이를 낳기 전부터 아이의 직업목표를 설정했다는 대답이 23.5%나 된다는 사실이다. 이는 아이의 역량과 흥미를 배제한 직업목표가 될 수 있어 상당한 갈등을 빚을 수도 있다. 부모가 생각하는 직업과 본인이 희망하는 직업 간의 일치성과 갈등에 대해 물어보는 질문에서 이 같은 양상이 선명하게 나타났다.

'계열 선택' 에 관한 질문은 중학생을 상담하다 보면 가장 많이 나오는 것 중 하나다. 이번 조사에서는 학생과 학부모 모두 희망하는 대학의 학과를 가장 중요한 기준의 하나로 꼽았다. 참으로 다행스러운 결과지만, 여전히 많은 경우에 '수학을 잘 하면 이과, 못 하면 문과' 식의 등식에 따라 위험한 계열 선택이 이루어지고 있었다. 그래도 학생과 학부모 모두 희망하는 직업과 대학학과에 따라 계열 선택을 하겠다는 대답

특목고나 민사고 진학에 대한 생각은?(%)

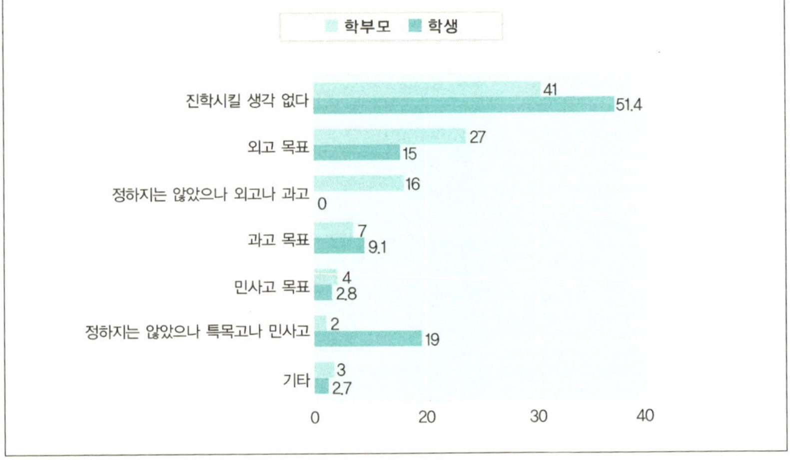

이 60% 이상 차지해 긍정적인 전망을 해볼 수 있다.

고등학교 진로를 생각할 때 학생들의 가장 많은 고민 중 하나가 특목고, 민사고 진학에 대한 문제일 것이다.

조사 대상의 45.9%에 해당하는 학생들이, 특히 공부벌레의 경우 63.8%가 특목고나 민사고를 목표로 하고 있었으며, 그 이유로는 '실력 있는 학생과 선생님이 있기 때문'이라고 답했다. 학부모의 경우에는 56%가 자녀를 특목고나 민사고에 진학시키고 싶다고 답변했다. 역시 실력 있는 학생과 선생님을 가장 큰 진학 이유로 꼽았다.

그러나 특목고 진학에 대한 생각은 '유행'이나 대학합격에 버금가는 '자랑거리'로 생각되어 공부를 조금 한다 싶으면 목표로 삼는 경우도 많아, 이미 중학생 시절에 대입수험생에 버금가는 스트레스를 받기도 한다.

특목고나 민사고 진학 이유는?(%)

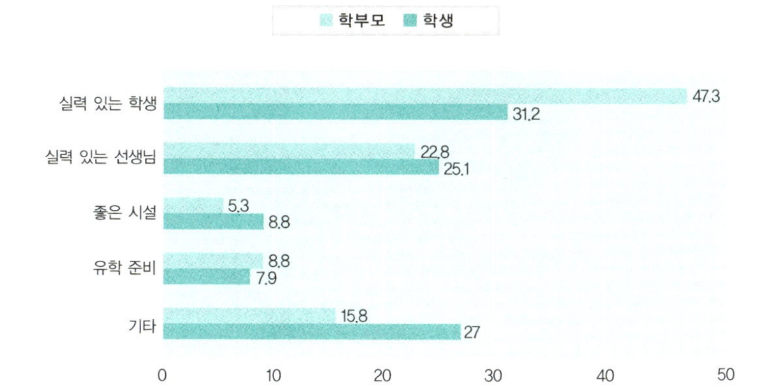

"저에게는 잘난 사촌들(외고, 과학고, 특목고 등에 합격한 사촌들)이 수두룩합니다. 엄마는 친척들끼리 모이는 곳에만 가면, 완전히 기가 죽어서 늘 저에게 하소연합니다, '너는 왜 공부를 못해서 엄마를 이렇게 부끄럽게 만드냐' 구요, 아빠는 저와 단둘이 있을 때 이러시더군요. '수진아, 너는 공부를 잘 한다고 생각하니? 네 사촌 오빠는 과학고에 다닌단다.' 그 얘기를 듣는 순간 한숨만 나왔습니다."

그 외에 자립형 사립고에 대해서는 21.8%의 학생이, 특성화 고등학교 진학에 대해서는 9.1%의 학생이 진학을 고려하고 있다고 답했다. 학부모의 경우 학생들보다는 좀더 높은 31.3%가 자사고 진학에 관심을 보였다. 특성화 고교에 대해서는 학생과 학부모의 관심 정도가 비슷했다.

자사고에 진학하려는 이유는 특목고 진학의 이유와 마찬가지로 실력 있는 학생들과 선생님을 가장 많이 꼽았고, 학생들의 경우 학부모들보

자사고에 진학할 생각이 있는가(민사고 제외)?(%)

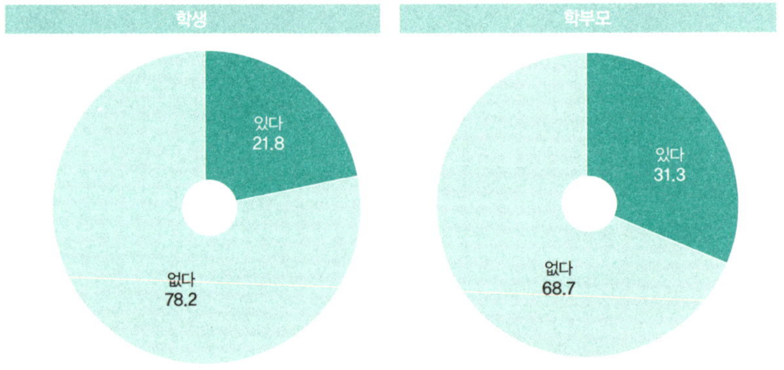

자사고 진학(민사고 제외) 이유는?(%)

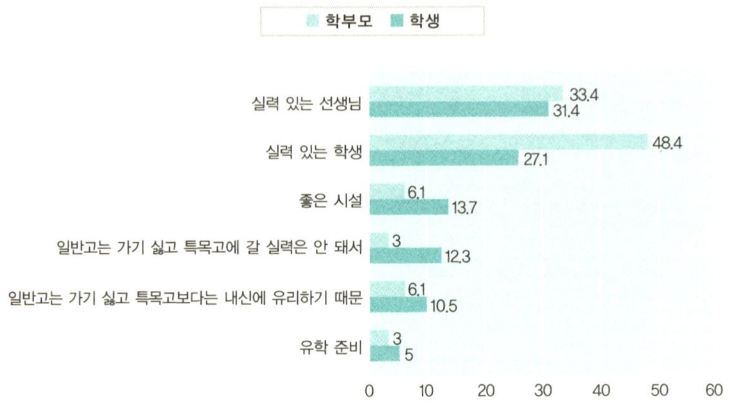

다는 좀더 현실적인 대답으로 '특목고보다는 내신에 유리하다' 거나 '일반고에는 가기 싫고 특목고에 진학할 실력은 안 되어' 라는 대답도 상당수 있었다.

특성화 고교에 진학하려는 이유로 무엇보다 '직업목표를 따라서' 라는 대답이 절대적이었고, 대학진학시 유리하다거나 성적 때문이라는 답변도 많았다. 유명 특성화 고교의 커트라인이 일반고보다 훨씬 높다는 것을 고려할 때 신빙성 있는 결과로 보인다.

:: 영어 배우러 조기유학 떠난다

조기유학을 고려 중인 학생은 성적이나 남녀비율과는 상관없이 25.5%에 달했다. 그렇다고 나머지 75% 학생들이 유학을 고려하지 않는 것으로 여겨선 안 된다. 유학을 고려하지 않는 가장 큰 이유로 '집안의 경제 사정'을 짐작할 수 있다. 즉 집안의 경제 사정을 고려하지 않는다면 훨씬 많은 학생들이 조기유학을 생각한다는 말과 같다.

유학에 대한 질문 가운데 학생들과 학부모의 답변에 차이가 나는 항목들을 비교해 보았다. 그 결과 조기유학을 고려하지 않는 가장 큰 이

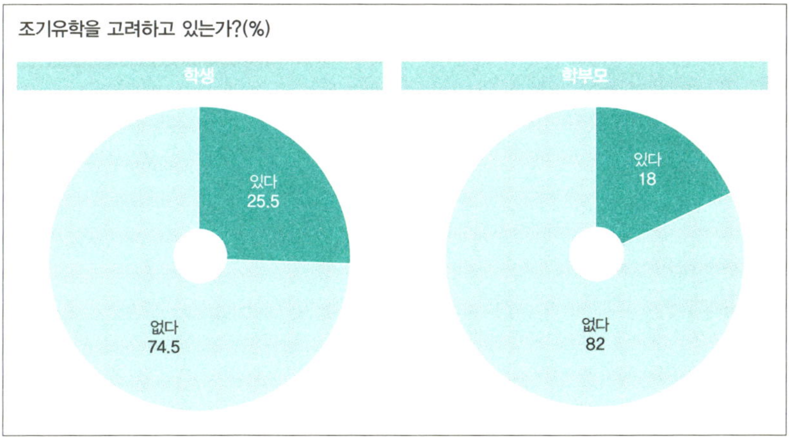

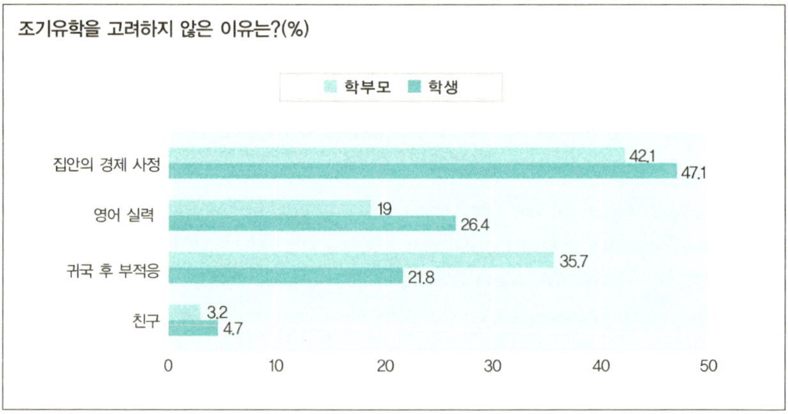

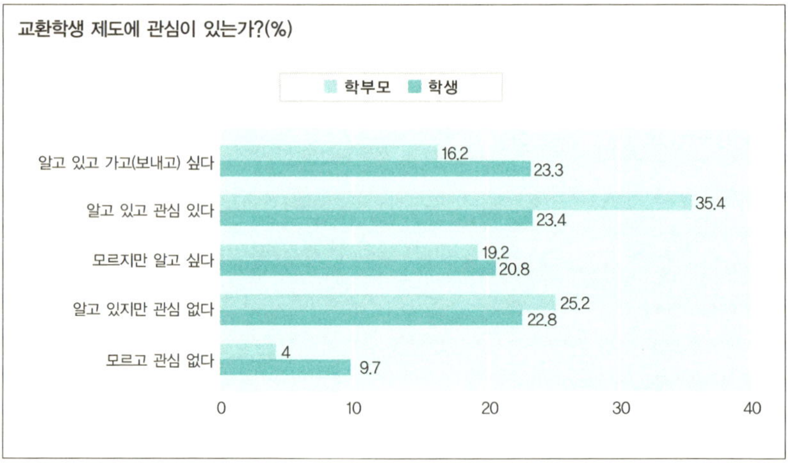

유로 학생과 학부모 모두 경제적인 면을 꼽았다. 두번째 이유로 학생들은 영어 실력을, 학부모는 귀국 후 부적응을 꼽았다. 실제로 외국생활을 해야 하는 학생 입장에서는 본인들의 어학 실력에 대한 두려움이 클 수밖에 없다.

상대적으로 경제적인 부담이 적은 교환학생 제도에 관심을 보이는 학생이 67.5%, 학부모는 70.8%에 이르는 것에서 그 사실을 더욱 뚜렷이 알 수 있다.

또한 조기유학을 고려하는 이유를 물었더니 학생들은 단연 영어공부를 가장 큰 이유로, 그 다음 좋은 교육환경을 대답했다. 반면에 학부들은 좋은 교육환경을 가장 중요한 이유로 꼽았다.

CHAPTER 9

중학교는 무엇이 다를까?

난생 처음 학교에 입학한 초등학생 중에서 수업시간에 코피를 쏟는 아이들이 있다. 낯선 환경에서 오는 심리적 부담은 나이가 어릴수록 크다. 예비 중학생도 예외는 아니다. 몸보다 훨씬 큰 교복을 맞추는 순간부터 불안이 찾아들고 경우에 따라 불면증과 두통, 소화불량을 호소하는 아이들도 있다. 중학교는 여러 가지 측면에서 초등학교와 많이 다르기 때문에 적응하는 데 적잖은 시간이 걸린다. 중학교 생활에 쉽게 적응하지 못한 채 3월 한 달을 혼란스럽게 보내고 결국 3년 내내 추락하는 학생도 쉽게 찾아볼 수 있다. 반면에 초등학교 때는 전혀 두각을 나타내지 못하던 학생이 중학교 입학과 더불어 날개를 단 듯 급부상하는 경우도 있다. 초등학교 과정과 중학교 과정의 차이를 미리 이해하고 사전에 약간의 준비를 병행한다면 시행착오를 줄여 멋진 중학교 시절을 보낼 수 있다. 초등학교와 다른 중학교의 특징은 무엇일까? 여섯 가지로 정리할 수 있다.

:: 수업시간이 늘고 과목이 많아진다

초등학교와 중학교의 차이 가운데 가장 대표적인 것으로 길어진 수업시간과 늘어난 교과목을 들 수 있다. 초등학교에서는 1교시 수업이 40분으로 진행되지만 중학교에서는 45분간 운영된다. "5분의 차이가 무슨 대수인가?"라고 생각한다면 오산이다. 각 교과목에 집중해야 하는 시간이 5분씩 늘어나는 만큼 평소 산만하고 집중력이 부족한 아이들은 공부에 흥미를 잃기 쉽고 수업을 따라가기 힘들다. 이를 극복하려면 평소 꾸준히 공부하는 학습습관과 함께 집중력을 연장하는 훈련이 필요하다.

중학교의 연간 수업시간은 1,156시간으로 1,088시간을 운영 중인 초등 5~6학년에 비해 68시간 더 길다. 또 OECD 국가 평균 908시간 보다 248시간이나 길다. 고등학교로 올라가면 한 시간 수업시간은 50분으로, 연간 수업시간은 1,224시간으로 더욱 늘어난다.

뿐만 아니라 중학교에서는 초등학교에서 공부하던 10개 교과를 더욱 전문적으로 세분화하여 공부한다. 중학교 과목은 학교별로 약간의 차이가 있지만 대다수 학교들이 12~14과목을 수업한다. 국사와 한문, 일본어 과목의 경우 2학년에 적용하고 있다.

국어 과목은 국어와 생활국어로 세분화되고 영어는 두 배 이상 수업시간이 많아지는가 하면, 수학은 산수 수준에서 벗어나 깊이 있는 원리를 다루므로 더욱 까다로워진다. 전체적인 교과목 난이도가 초등학교 때와는 비교할 수 없을 정도로 높아져 과목별 특성에 따른 학습방법이 필요하다. 게다가 요행을 바라는 태도에서 벗어나 꾸준하게 공부하는 자세가 요구된다.

:: 과목마다 선생님이 다르다

초등학교 때는 담임선생님 한 분이 전과목을 가르치지만 중학교에서는 과목마다 선생님이 다르다. 교과목이 어려운 만큼 전공 교사체계가 불가피한데, 담당 선생님의 수업 스타일을 빨리 파악해 적응하는 것이 좋다. 수업방식, 과제물을 내주는 유형, 시험문제 출제 등이 선생님마다 다르기 때문이다.

과목별 교사체계라고 해서 담임선생님의 역할이 중요하지 않다는 말이 결코 아니다. 물론 초등학교 때보다 담임선생님의 역할이 약해진 건 사실이나 여전히 담임선생님은 학생의 전반적인 학교생활을 책임지는 '담당' 선생님이다. 중학교 1학년 때 담임선생님과 좋은 관계를 유지하는 일은 중학교 생활과 공부 등 여러 면에 영향을 준다. 따라서 기왕이면 좋은 인상을 심어주어야 한다. 아울러 담임선생님과의 상담시간을 적극 활용해 집안 상황, 학습습관의 문제점, 친구관계 등 전반적인 내용을 함께 상의하고, 무엇보다 적극적이면서 솔직한 자세를 갖는 것이 좋다.

:: 수행평가가 있고 성적에 반영된다

중학교의 수행평가는 중간, 기말고사와 함께 성적을 매기는 기준이 된다. 수행평가는 교사가 학생의 학습과제 수행 과정이나 결과를 직접 관찰하고, 그 결과를 판단하는 평가방식이다. 즉 학습의 결과뿐 아니라 학습과정을 중시하는 평가방식으로서 문제유형과 평가방법은 학교 및 지도교사에 따라 다양하다. 특히 음악, 체육, 미술 등 예체능 과목은 실기시험이 곧 수행평가이며, 다른 과목보다 수행평가 비중이 높다. 국어의 경우 독후감, 기행문, 감상문, 글짓기, 논설문 작성 등과 정해진 시간 동안 어떤 주제에 대해 말하는 수행평가도 이루어진다. 과학의 경우 탐구문, 탐구조사문, 과학도서독후감 등으로 평가하며, 영어는 서간문이나 영어작문으로 평가한다.

대다수의 과목이 수행평가 항목에 수업 태도, 수업 참여도라는 것을 두고 작게는 10점에서 많게는 50점의 점수를 적용하는데, 수업시간에 자거나 떠들거나, 또는 책을 안 가지고 오거나 노트필기에 충실하지 않은 태도 등을 평가한다. 따라서 좋은 평가를 받으려면 초등학교 때의 산만함을 버리고 수업시간에 올바른 자세로 임하는 것이 중요하다.

:: 과제가 많고 성적에 반영된다

수행평가에서는 과제가 중요한 몫을 차지하기 때문에 좋은 성적을 얻으려면 과제에 충실해야 한다. 중학교에서는 배우는 과목마다 과제가 있어 전반적인 과제물 양과 종류가 초등학교 때와 비교할 수 없을 정도로 많다. 여기에 학원이나 과외선생님이 내주는 숙제까지 있어 자칫 시간에 쫓기는 아이들이 학교 과제물을 제대로 수행하지 못하는 경우도 종종 있다. 그러나 아이들의 생활 태도를 자세히 살펴보면 시간이 없어서라기보다는 시간관리가 부족해 숙제하지 못하는 경우가 대부분이다. 따라서 시간을 관리하는 습관을 갖도록 지도해야 한다. 방과 후 학원에 가기 전까지의 자투리 시간을 활용한다든가, 점심 시간을 이용하는 것도 좋다. 아침, 저녁 자율학습이 있는 학교의 경우 자율학습 시간을 활용하는 것도 좋은 방법이다.

:: 봉사활동이 성적에 반영된다

7차 교육과정에서 중학생은 1년에 15시간(1학년 18시간) 이상 봉사활동을 해야 하고 학년당 6점에서 8점까지 내신성적에 부여하도록 하고 있다. 봉사활동이 성적에 반영되기 때문에 학년 말 즈음이면 여느 사회복지 단체마다 봉사활동 시간을 채우려는 아이들로 북적거린다. 그러나 이 같은 풍경은 진정한 의미의 봉사활동이라고 할 수 없다. 봉사활동이 갖는 근본 취지를 잘 생각한 후 봉사하고 싶은 기관을 방문해 지속적으로 활동하는 것이 좋다. 주말이나 방학을 틈틈이 활용하면 좋은데, 겸손하고 성실한 태도로 임해야 한다.

:: 친구 관계가 중요한 시기다

개인적인 차이는 있지만 요즘 아이들은 주로 중학교 시절에 사춘기를 겪는다. 이 시기 청소년은 신체적으로 급격히 성숙할 뿐 아니라 정신적으로도 많은 변화를 겪는다. 이유 없이 반항도 하고 화를 내거나 울기도 한다. 이성에 눈을 뜨며 때로는 극심한 우울증을 동반하기도 한다. 곧잘 조잘대다가 이내 방문을 걸어 잠그고 말문을 닫아버리는 자녀의 모습에 적잖이 당황하는 부모가 많은데, 섭섭해하거나 노여워하기보다는 아이의 심리를 이해하고 인정해 주어야 한다. 또한 사춘기 시절은 가치관과 자아의식을 확립해 나가는 과도기인지라 부모로부터 독립하려고 몸부림치고 때로는 그 반항심이 성적에까지 악영향을 주는 경우가 있다. 현명한 부모라면 아이의 자아의식을 누르고 억압하면서 성적만 강요할 것이 아니라, 아이의 미래를 위해 지금 단계에서의 공부가 얼마나 중요한지 인식시키고 설명해 주면서 학습성취 동기를 제공해야 한다.

사춘기 청소년은 부모의 인정보다 또래의 인정을 더욱 중요하게 생각한다. 이 같은 또래의식은 중학생의 중요한 특징으로서 복장이나 머리 모양, 좋아하는 음악과 이성교제에 대한 태도 등 생활 전반에서 걸쳐 또래들의 선호를 따르려는 경향이 짙어진다. 이때에는 유행을 추구하는 데 그치지 않고 좋은 친구와 진정한 우정을 쌓도록 지도해야 한다.

한편, 또래에 끼지 못하는 일명 '왕따'가 생기는 시기도 중학교 때다. 일진회, 자살, 학교폭력 등의 섬뜩한 단어가 신문과 방송에 오르내리기도 하는데, 어느 누구도 학교폭력이 없다고는 믿지 않는다. 학부모는 학교생활에 관해 자녀와 자주 대화하고 필요하다면 자녀와 함께 학교폭력에 대한 사전교육을 받는 것도 좋다. 학교폭력은 피해자든 가해자든 관계없이 학교생활은 물론 자녀의 인생을 막다른 골목으로 내몰 수 있는 심각한 일이다. 비단 왕따나 학교폭력과 같이 극단적인 예를 들지 않더라도 친구들 틈에서 어울리지 못한다면 여린 마음에 상처를 많이 입게 되어 공부에 집중할 수 없다. 공부 못지않게 중요한 것은 친구들과 잘 어울리는 일이다. 이 점을 명심하자.

CHAPTER 10

성공적인 중학생활을 위한 조건

:: 중학교에서는 무엇을 배울까?

중학교에서는 2001년부터 7차 교육과정이 적용되고 있다. 7차 교육과정에서는 초등학교 1학년부터 고등학교 1학년까지 10년 동안을 국민 공통 기본 교육과정이라고 부른다. 따라서 중학교 1학년은 7학년, 2학년은 8학년, 3학년은 9학년에 해당된다. 국민 공통 기본 교육과정은 크게 교과과정, 재량활동, 특별활동으로 나눌 수 있다. 일선 학교별로 조금씩 다를 수도 있지만 각 영역별로 어떻게 운영되는지 알아보자.

교과과정

중학교에서는 초등학교에서 공부하던 10개의 교과를 더욱 전문적으로

중학교 교과별 시간 배당(단위 : 연간 수업시간, 괄호 안을 주당 수업시간)

교과 \ 학년			1학년		2학년		3학년	
교과	국어		170(5)		136(4)		136(4)	
	도덕		68(2)		68(2)		34(1)	
	사회		102(3)		102(3)		136(4)	
	수학		136(4)		136(4)		102(3)	
	과학		102(3)		136(4)		136(4)	
	기술 · 가정		68(2)		102(3)		102(3)	
	체육		102(3)		102(3)		68(2)	
	음악		68(2)		34(1)		34(1)	
	미술		34(1)		34(1)		68(2)	
	외국어(영어)		102(3)		102(3)		136(4)	
재량 활동	교과 재량 활동	선택과목	136(4)	34(1)(한문)	136(4)	34(1)(한문)	136(4)	34(1)(한문)
		심화 보충학습		68(2) 과학 영어		68(2) 도덕 가정		68(2) 체육 국어
	창의적 재량활동			34(1)		34(1)		34(1)
특별활동	자치, 적응, 계발 봉사 활동(행사활동)		68(2)		68(2)		68(2)	
연간 수업시간 수			1,156(34)		1,156(34)		1,156(34)	

세분화하여 공부한다. 국어, 생활국어, 영어, 수학, 과학, 사회, 국사, 도덕, 기술 · 가정, 음악, 미술, 체육, 한문 등이 중학교에서 배우는 과목이다. 학교별로 차이가 있지만 12~14과목을 공부하고 교과별 시간 배당은 위의 표와 같다.

영어와 수학이 단계별 · 수준별로 운영되는 것도 7차 교육과정의 주요특징이다. 학습 목표의 성취 기준을 세우고 그 수준에 이르지 못한 학생들을 위해 특별 보충과정을 운영한다. 중학교 때는 초등학교 때보다 학생 간 학력이 크게 차이가 난다. 만약 특별 보충반에 들었다면 부끄러워하지 말고 기초부터 차근차근 공부하는 자세가 필요하다. 참고서나 자습서의 난이도를 눈높이에 맞추고 학원은 기초반을 선택하도록 한다.

특별활동

중학교에서는 연간 68시간의 특별활동을 운영한다. 특별활동은 학생의 개성을 신장하고 건전한 취미와 특기를 권장하기 위해 마련된 교과학습 외의 활동이다. 크게 학생회활동, 동아리활동, 학교행사 등 3개 영역으로 나눌 수 있다.

재량활동

재량활동은 학교장의 재량에 따라 운영되는 교과과정이다. 한문, 컴퓨터, 환경, 제2외국어 등이 재량활동 과목으로 꾸며진다. 재량활동은 1주일에 6시간이며 어떻게 운영할지 여부는 학교장의 재량에 맡겨진다. 재량활동은 다시 교과 재량활동과 창의적 재량활동으로 구분되는데, 교과 재량활동은 학교에서 선택한 과목 학습과 국민 공통 기본 교과목을 심화, 보충 학습한다. 창의적 재량활동은 범교과 학습과 자기주도적 학습으로서 특정 교과와 관련 없는 내용이며 성적에 반영되지 않는다.

한국교육개발원의 조사에 따르면, 2005년 기준 재량활동으로 가장 많이 운영되는 과목은 한문과 컴퓨터이며 생활외국어가 그 다음을 차지했다. 특히 인문계 고등학교에 진학하는 학생이라면 제2외국어의 선택이 필수인 만큼 신경 써서 공부해야 한다.

:: 내신성적은 이렇게 산출된다

중학교 때부터 내신성적 개념이 도입된다. 특목고를 지원하려는 학생과 비평준화 고등학교를 준비하는 학생들에게는 내신성적이 좀더 많은 비중을 차지한다. 내신성적이 어떻게 산출되는지 유념하고 처음부터 관리해 나가야 한다. 중학교 내신성적은 총점을 300점으로 하는데, 교과성적과 출석성적, 행동발달성적, 특별활동성적, 봉사활동성적을 산출해 점수화한다. 교과성적이 240점으로 80%를 차지하지만 나머지 20%를 무시할 수 없는 만큼 꼼꼼히 준비해야 한다. 내신성적 항목별 점수 비율과 성적 산출법은 다음과 같다.

내신성적 산출방법

- 고입 전형을 위한 중학교 내신성적 총점은 300점으로 한다.
  내신성적 총점(300점)=교과성적 80%(240점)+출석성적 4%(12점)+행동발달성적 4%(12점)+특별활동 성적 4%(12점)+봉사활동성적 8%(24점)
- 교과성적 산출방법(240점 만점)은 학교 생활기록부를 근거로 교과별 개인 학년 석차를 백분율로 산출해 합산한다. 이 경우 남녀공학 학교에서는 남녀를 통합해 산출한 교과별 개인 학년 석차를 백분율로 산출해 합산한다.
- 출석성적 산출방법(12점 만점)은 사고 지각 · 조퇴 · 결과는 이를 합산해 3회를 결석 1일로 성적을 산출한다(2회 이하는 버림). 전 학년의 질병 결석 · 질병 지각 · 질병 조퇴 · 질병 결과는 포함시키

지 않고, 결석 일수와 출석 점수를 반영한다.
0일 : 12점, 1~2일 : 11점, 3~4일 : 10점, 5~6일 : 9일,
7~8일 : 8점, 9~10일 : 7점, 11~12점 : 6일, 13일 이상 : 5점

- 행동발달성적 산출방법(학년당 4점, 12점 만점)의 경우 학년당 점수 4점 중 3점은 기본 점수로 하고, 1점의 범위 내에서 가산점을 부여할 수 있으나, 그 대상자는 학교성적관리위원회에서 심의해 학교장이 결정한다.
  가산점 부여 대상(2000학년도)은 효행상, 선행상, 봉사상, 환경상, 청소년 육성단체 등의 표창을 받은 자와 학교 성적관리 규정에 명시된 행동 덕목별 최우수 모범생 등을 포함한다.

:: 학교 일정은 어떻게 운영될까?

중학교 입학과 더불어 학교의 연간계획표가 집으로 배달된다. 연간계획표를 들여다보면 중학교가 어떤 일정으로 운영되는지 알 수 있다. 중학교는 학기마다 중간, 기말고사를 기본으로 1년에 네 번의 정기시험이 정례화되어 있다. 여름방학과 겨울방학 시기는 초등학교와 유사하지만 기간은 좀더 짧다. 시험 기간과 방학 등 학교 일정을 사전에 파악하는 일은 학습계획을 세우는 데 있어서 가장 먼저 해야 할 일이다. 학교에서 나눠준 연간계획표를 버리지 말고 벽면에 붙여두도록 하자.

중간고사

중학교 중간고사의 경우 학교마다 차이가 있지만 대부분 4월 말에 시작

된다. 일반적으로 시험준비에 들어가는 시기는 시험 2~3주 전부터다. 그러나 1학년 1학기 중간고사 대비는 빠를수록 유리하다. 그만큼 교과목이 늘었기 때문이다. 또한 반드시 기억해야 할 사항은 학교에서 진도를 마무리해 놓고 공부할 시간을 주는 것이 아니라는 점이다. 따라서 학교진도 공부를 병행하면서 시험대비도 해야 한다.

기말고사

1학기 기말고사는 6월 말~7월 초에 시작된다. 기말고사의 경우 주요과목을 제외한 암기과목, 예컨대 음악, 미술, 체육 등은 필기평가가 적용되는 만큼 중간고사보다 더욱 많은 과목을 대비해야 한다. 하지만 여기에도 우선순위는 있다. 1주일 수업에 1시간을 차지하는 과목과 3~5시간을 차지하는 과목의 배점이 틀릴 수밖에 없다. 예컨대 1주일에 2시간을 공부하는 음악과 3~5시간을 공부하는 수학은 배점에 큰 차이가 있다. 즉 주요 과목 위주의 학습이 중요하다는 것을 인식할 필요가 있다.

기말고사의 경우 중간고사와 함께 점수가 합산되어 1학기 전체 성적이 된다. 중간고사에서의 경험을 통해 시험 일정관리와 시험 전략에 더욱 구체적 · 현실적으로 학습해서 전체적으로 성적이 오르는 것도 기말고사의 큰 특징이다. 중간고사에서 좋은 성적을 보였던 학생들이 성적 하락을 나타내는 경우가 많은 반면, 중간고사 성적이 저조해도 더욱 열심히 공부하여 좋은 성적을 거두는 학생들도 흔히 볼 수 있다. 1학기 전체로 보았을 때 기말고사 비중과 중간고사 비중이 동등한 점을 기억해야 하며, 어느 것 하나 쉽게 생각하지 말고 열심히 공부하는 것이 중요하다.

방학

방학은 중요한 의미를 갖는다. 방학을 어떻게 보내는가에 따라서 이후 전교 석차가 크게 벌어지는 결과가 생기기도 한다. 여름방학은 겨울방학보다 짧으며 보통 7월에 시작된다. 1학기와 2학기의 중간 시기인 여름방학은 1학기 동안 부족했던 공부를 보충하고 2학기를 미리 준비함으로써 2학기 성적 판도를 바꿀 수 있는 중요한 시기다. 무더운 날씨에 쉽게 해이해질 수 있으므로 자기관리가 무엇보다 중요하며, 학기 중에 어렵고 이해가 되지 않아 골머리 앓았던 과목을 체계적으로 정리해 실력을 키워야 한다.

겨울방학은 보통 12월 말부터 시작된다. 새로운 학년에 올라가는 시기므로 영어, 수학 등 주요 과목의 기초가 부족한지 되짚어볼 필요가 있다. 중학교에서 배우는 개념과 원리는 중학 3년은 물론 고등학교까지 이어진다. 따라서 수학공식과 같이 개념과 원리를 이해하고 자기 것으로 만들어야 하는 과목이 부진하다고 판단되면 과감하게 이전 학년 단계부터 다시 시작해야 한다. 겨울방학은 많은 시간이 주어지고 여름방학보다 방학 과제물도 적은 편이므로 주요 과목의 학력을 신장할 수 있는 절호의 기회로 삼아야 한다.

그러나 방학을 공부만 하면서 보내는 것은 좋지 않다. 방학은 휴식의 의미도 있는 만큼 학기 중에 하지 못했던 다양한 체험학습도 경험해 보는 것이 좋다. 박물관이나 미술관에 가는 것도 좋은 방법이다. 현장경험과 체험학습, 견학 등 교과와 관련된 것들을 많이 보고, 듣고, 느낄 수 있도록 한다. 독서도 방학 기간에 해야 할 중요한 일이다. 평소에 시간이 없어 읽지 못했던 책들의 목록을 정한 다음 하루 1시간이나 1주일에 한 권 등 구체적인 시간과 목표를 세워 읽도록 한다.

체력관리를 위해 운동을 한다거나 취미생활로 악기 하나쯤 배워보는 것도 좋으며, 여행을 떠날 수 있는 것도 방학이 가진 묘미다. 30~40일이 그다지 긴 시간은 아니지만 계획을 잘 짜고 꾸준히 실천한다면 방학 후 놀라운 자신을 발견하게 될 것이다.

:: 중학생활 학년별로 어떻게 다를까?

중학교 과정은 학년에 따라 깊이와 내용이 달라진다. 학생들 또한 학년이 올라갈수록 신체적으로나 정신적으로 빠른 속도로 성장하기 때문에 학년별 특성을 잘 파악해 학습하는 것이 필요하다.

1학년

중학교 1학년 3~4월은 학교생활에 적응하는 것이 관건이다. 담임선생님은 물론, 과목별 선생님도 파악하고 학급에서 친구를 사귀는 시기다. 학습적인 면에서도 중학교 과정에 빨리 적응해야 한다. 처음에는 진도가 빠르지 않기 때문에 만만하게 보기 쉬운데 그랬다가는 큰 코를 다치기 십상이다. 교과목이 많은데다가 어영부영하다 보면 곧 중간고사가 닥치기 때문이다.

중학교 1학년 1학기 중간고사의 중요성은 아무리 강조해도 지나치지 않다. 중학교에 들어와서 보는 첫 시험인 만큼 그 결과는 곧 자신감과 직결되어 짧게는 중학교 1학년을 길게는 중학교 3년을 좌우할 수 있다.

중학교시험은 벼락치기가 통하지 않는다. 중간고사를 잘 보려면 평소 예습과 복습이 생활화되어 있어야 한다. 또 노트필기를 잘 하는 방법, 과목별 학습방법 등 중학생에 맞는 학습방법이 요구된다. 이러한 학습방법은 뒤에서 좀더 구체적으로 다루도록 하겠다.

중학교 1학년 때 성적이 내신에 반영되지 않는다는 이유로 안일하게 시험을 치렀다가는 낭패를 보기 십상이다. 1학년 때 성적은 그대로 2학년까지 이어지는 경우가 대부분이며, 특히 특목고를 준비하는 학생일수록 1학년 때 공부하는 틀을 제대로 잡아야 2학년 때 시행착오를 줄일 수 있다. 다시 한번 강조하거니와 중학교 3년 중 가장 중요한 시기는 중학 1학년 때다.

2학년

중학교 1학년이 학교생활에 적응하고 기초를 다지는 시기라면 2학년은 어느 정도 익숙해진 생활을 바탕으로 좀더 교과공부에 집중할 수 있는 시기다. 특히 1학년 때 겪어온 시행착오와 학교성적을 바탕으로 자신이 어떤 과목에 취약한지 자신의 공부방법에 어떤 문제점이 있는지 객관적으로 알 수 있는 시기이기도 하다. 그러므로 2학년 때에는 자신의 문제점을 극복하고 자신에게 맞는 공부방법을 통해 학업에 집중하는 자세가 필요하다. 특히 2학년 1학기부터는 특목고 입시에서 실제로 내신에 반영되고 있으며 고입선발고사를 통해 진학하는 학생의 경우 2학년 내신성적 반영 비율이 높기 때문에 성적에 좀더 신경을 써야 한다. 학교생활에 익숙해졌다고 과제를 등한시하거나 수업시간에 산만한 자세를 갖는다면 옳지 못하다. 본격적으로 내신성적 관리방법을 배워야 하는 시기인 만큼 작은 부분까지 꼼꼼히 관리해야 한다. 2학년 학생들을 보면 1학년 때와는 비교할 수 없을 정도로 성숙한 모습을 볼 수 있다. 특히 남학생의 경우 키가 1년 사이 15cm나 자랄 만큼 급격한 신체 변화를 겪는 시기가 이때다. 신체적인 변화만큼 이 시기 아이들은 사춘기를 많이 겪는다. 한 통계에 따르면, 이성친구를 사귀는 빈도가 가장 높은 학년이 바로 중학 2학년이다. 따라서 학부모는 아이가 사춘기를 잘 극복하고 건전하고 긍정적인 사고를 갖고 공부하도록 신경 써야 한다. 1학년 때와 달리 다 컸다고 내버려 둘 것이 아니라 세심한 관찰과 애정으로 지켜봐야 한다.

3학년

3학년은 중학교 마지막 학년이자 고등학교 입학을 앞둔 예비 고등학생이다. 적어도 1학기가 시작되는 3~4월에는 어떤 고등학교로 진학할지 결정하는 것이 좋다. 인문계 고등학교로 진학할 것인지, 실업계 고등학교로 진학할 것인지, 아니면 특목고에 지원할 것인지 결정해 두어야 본격적으로 입학전형이 발표되는 2학기에 혼란스럽지 않다. 중학 3학년은 중학교 과정을 마무리하는 시기로 내신성적에서 가장 큰 비중을 차지한다. 내신성적의 60%가 중학 3학년 생활이 결정하므로 혹여 1~2학년 때 성적이 좋지 못했던 학생이라도 3학년 때 최선을 다한다면 어느 정도 만회할 수 있다. 또한 중학 3학년 때는 고등학교 진학에 따른 준비를 철저히 챙기는 자세가 필요하다. 고등학교는 대학입시 준비로 1학년 때부터 정신 없이 지나간다. 영어, 수학, 논술과 같이 기초 실력이 중요한 과목일수록 완벽하게 준비하고 공부해야 한다.

CHAPTER 11

과목별 학습법 – 1등과 2등의 차이는 국어실력에서 나타난다

과목마다 고유의 학습내용과 특성이 있다. 따라서 효과적으로 공부하기 위해서는 과목에 맞는 학습법을 찾아야 한다. 학생들은 세분화된 과목들에다 많아진 학습량을 소화하려면 하루가 모자랄 지경이다. 주어진 시간이 한정되어 있기 때문에 선생님의 설명을 충분히 자신의 것으로 만들고 고득점을 위한 시험대비 전략을 세워야 한다. 그럼 지금부터 각 과목들의 특징과 그에 적합한 학습법이 무엇인지 살펴보자.

:: 중학교 국어, 방심은 금물

국어과목은 쉽게 말하면 '우리말'을 배우는 교과다. 초등학교 졸업을 앞둔 학생들은 "그 동안 열심히 배워서 우리말을 잘 알아듣고 말할 줄 아는데, 중학교에서는 무엇을 더 배워야 할까?"라는 의문이 들 수도 있다. 그러나 중학 국어는 일상생활에서의 언어사용 능력을 향상시키는 데 그치지 않는다. 단계적인 국어 학습을 통해 대학 학업에 필요한 언어 능력의 기본을 다지는 것이 중학 국어 학습의 목표다.

초등학교에서 '말하기와 듣기', '읽기', '쓰기'로 나뉘어 있던 국어과목은 중학교에서 '국어'와 '생활국어'로 배우게 된다. 국어는 문학과 읽기 영역으로, 생활국어는 말하기, 듣기, 쓰기 영역으로 구성되는데, 이를 통해 언어사용 능력뿐 아니라 문학작품을 바르게 이해하고 감상하는 능력까지 기르게 된다. 따라서 중학교 국어는 다른 교과보다 많은 수업시간을 차지한다. 글을 읽고 그 글이 전하는 의미를 이해하는 능력은 타교과 학습에 많은 영향을 주므로 국어 공부에 소홀해서는 안 된다. 또한 국어 실력은 대입제도인 논술과 밀접한 관련이 있다. 주제에 맞게 논술문을 써 내려가기 위해서는 먼저 기본적인 국문법, 글의 전개 방법, 문장의 접속 관계 등을 알아야 하고, 글을 읽고 주제를 파악하는 능력을 키우는 것이 필요한데, 국어교과를 충실히 습득하고 활용할 때 이 능력도 길러진다. 논술은 엄밀히 말하면 국어와 별개 영역이지만, 논술문을 작성하는 능력의 기본 틀은 국어 실력에서 나온다고 할 수 있다. 따라서 중학교 국어 학습은 그만큼 중요하며 꾸준히 실력을 쌓아두면 대입 때까지 두고두고 큰 도움이 된다.

중학교 1학년 학생의 경우 초등학교 때보다 중학교 국어 공부를 어렵게 느끼는 학생들이 많은데, 이는 늘어난 국어 수업시간, 상세해진 국문법, 생소한 어휘들 때문일 것이다. 또한 시, 소설, 수필, 논설문, 설명문 등 각 갈래별 학습 요령을 모른다는 이유도 존재한다. 그래서 중학교 국어를 완전히 정복하려면 반드시 효율적인 중학 국어 학습법을 익히는 것이 필요하다.

"첫 시험이 평생성적을 좌우한다"는 말처럼 중학교 1학기 첫 국어 학습에 잘 적응해야 하는데, 먼저 학교 수업시간에 맞는 진도 학습법을 터득해야 한다. 최상위권과 상위권의 실력차는 영어, 수학이 아닌 국어에서 나타난다. 그만큼 국어는 하루아침에 실력이 향상되지 않는 특성이 있지만, 중학교 1학년 때부터 교과학습과 더불어 독서를 꾸준히 해 가면 그 실력은 고등학교 때 큰 빛을 발하며 쉽게 무너지지 않는다.

:: 차근차근 해나가는 생활국어 학습법

중학교 국어 학습의 핵심은 교과서다. 한마디로 국어학습은 교과서로 시작해서 교과서로 끝내면 된다. 교과서는 우리가 알아야 할 국어 지식을 다양한 분야의 글들을 통해서 전달해 준다. 중학교 1학년 국어교과서 내용을 살펴보면 시, 소설, 수필, 설명문, 논설문, 희곡 등 다양한 글들이 나온다. 이런 글들은 먼저 개관(전체 틀– '시'라면 시의 뜻, 성격, 요소, 운율 등)을 완벽하게 정리해 두어야 한다. 한번 익힌 개관은 고3 때까지 유용하게 사용할 수 있기 때문에 상대적으로 쉬운 내용을 다루는 중학교 1학년 때부터 숙지하는 것이 필요하다. 생활국어는 '말하기 · 듣기 · 쓰기' 영역인데, 지필시험에는 문법적인 부분의 비중이 크므로 모르는 것은 반드시 알고 넘어가면서 꼼꼼하게 학습해 나가야 한다.

중학교 2~3학년 때는 1학년 때보다 좀더 세심하게 공부하는 습관을 들여야 한다. 교과의 난이도도 높아질뿐 아니라 보충 및 심화학습을 병행해야 할 필요가 있는 학년이기 때문이다.

예습과 복습은 모두 필요하지만, 국어 · 생활국어는 예습이 복습보다 조금 더 중요하다. 교과서를 정독하면서 생소한 어휘나 글에서 말하고자 하는 내용이 무엇인지 미리 체크해 학교 수업을 듣는 것과 그렇지 않은 것은 이해도와 자신감에서 큰 차이를 만든다. 국어 · 생활국어 수업은 주로 교과서 글을 읽어나가면서 설명을 듣는 수업이므로 미리 예습한 상태에서는 수업시간 동안 모르는 부분들을 하나씩 알아가는 재미가 생겨 수업에 집중할 수 있다. 특히 낯선 어휘 표현이 나왔을 때는 사전을 미리 찾아봐서 수업시간에 잘못된 필기를 하거나 오(誤)개념을 갖지 않는 것이 중요하다.

중요한 설명은 그 종류에 따라 구분해 노트 또는 책에 필기하는 것이 좋다. 예를 들어 소설을 배울 경우, 소설이라는 갈래에 대한 전반적인 내용(소설의 3요소, 소설의 시점 등)은 노트 필기를 하고, 실제 소설을 한줄한줄 읽어가면서 듣는 설명은 직접 교과서에 메모하는 것이 효과적이다. 교과서에 필기할 때는 여백을 최대한 활용하는 것이 중요한데, 가능하면 두 가지 색 이상의 필기도구와 밑줄, 별표 등을 적절히 사용하여 다음에 보아도 쉽게 알아볼 수 있도록 작성해야 한다.

수업시간에 놓친 내용 또는 잘못 적은 내용은 쉬는 시간에 선생님께 확인하여 반드시 추가 또는 정정해 놓아야 한다. 친구에게 물어볼 수도 있지만 확실하게 전달받지 못할 우려가 있으므로 선생님께 직접 질문하는 것이 좋다. 방과 후에는 반드시 그날 배운 단원을 목차부터 본문, 필기내용까지 꼼꼼하게 읽어서 마무리하는 복습이 필요하다. 노트 필기와 교과서 필기 가운데 중요한 내용은 반드시 그날 암기하는 것이 좋다.

주말에는 1~2시간 정도 계획을 세워 자습서나 참고서를 세밀하게 학습해 주는 것이 좋은데, 학습 후 간단한 확인문제를 통해 학습내용을 꼭 정리한다.

:: 시험에 강해지는 국어 학습법

국어 고득점을 위해서는 먼저 공부할 자료를 한데 모아야 한다. 시험범위표, 시험대비 학습계획표, 잘 정리된 교과서와 노트, 자습서(또는 참고서), 학교 기출문제, 선생님이 주신 프린트물 등을 책상에 꺼내놓고 공부할 준비를 한다. 맨 처음에는 교과서와 필기내용을 3번 이상 읽는다. 국어교과서 각 단원 서두인 '단원의 길잡이'에는 학습목표와 방향을 제시해 주기 때문에 반드시 읽고 학습을 시작하자. 문학 단원은 문학의 감상방법, 문학작품을 읽는 방법 등을 생각하며 읽는 것이 좋다.

소설을 읽을 때는 인물의 행동이나 태도, 성격, 대화방법, 주제, 인물들의 갈등, 문체 등에 주목해야 한다.

시는 단어가 가지는 함축적 의미, 운율, 이미지, 어조, 비유와 상징 등에 유의하면서 학습한다. 시에서 주로 묻는 것은 시어의 의미, 자아의 심리 · 태도 · 정서, 표현상의 특징 등이므로 이 점을 유념하면서 공부해야 한다. 설명문과 같은 실용문은 문학과 달리 정보와 지식을 주는 글의 특성을 정리해 두는 것이 필요하다.

논설문의 경우에는 이 글이 주장하는 바가 무엇인지 정확히 파악하고 논지를 요약하는 능력이 필요한데, 글을 읽어나갈 때에는 단락별로 접속사를 유념해서 보도록 한다. 자습서에는 이해를 돕는 상세한 설명이 나와 있으므로 모두 암기하지는 못하더라도 꼭 읽어보기 바란다.

문제집을 풀 때는 먼저 본인이 가지고 있는 한 권의 문제집을 풀고 나서 학교 기출문제를 푸는 것이 좋다. 기출문제는 학교마다의 시험 유형이 담겨 있기 때문에 문제풀이의 완성 단계라고 생각하고 풀이에 임한다. 문제는 시험을 보듯이 시간을 재어 집중해서 풀어야 한다. 문제에서 옳은 것을 고르라고 하는지, 옳지 않은 것을 고르라고 하는지, 자세히 보고 실수하지 않도록 습관을 들인다. 실제 시험처럼 최선을 다해 풀고 채점 후 문제번호 옆에 몰랐던 문제는 (×), 헷갈렸던 문제는 (△) 등의 기호로 표시한다. 각 단원 문제풀기를 마치고 오답노트를 작성할 때 이 표시를 참고하면 편리하다.

오답노트를 작성할 때는 문제를 복사해서 노트에 붙이고 그 아래에 해설을 작성한다. 그 다음 객관식의 각 보기 내용이 왜 답이 아닌지 그 이유를 명확하게 적고 자신이 틀린 이유를 빨간색 펜으로 간단하게 메모한다. 이렇게 꼼꼼하게 정리하면 자신이 틀리는 문제 유형을 파악할 수 있다. 특히 자주 틀리는 문제 유형은 오답노트로 완벽하게 보완하고 넘어가야 한다. 그러나 오답노트를 만드는 데 너무 많은 시간을 소비하면 오히려 안 하느니만 못하므로 빠르고 간결하게 정리하는 연습이 필요하다.

국어 시험 하루 전에는 앞에서 작성한 요약노트의 목차만 보고 내용을 스스로 답해보는 형태로 정리한다. 오답노트를 보며 실수 포인트를 다시 점검해 본다. 마지막으로 교과서를 집중해서 정독하는 것으로 학습을 마무리하면 된다.

시험 당일 아침에는 조금 일찍 학교에 도착해서 요약노트와 교과서의 별표, 밑줄 표시 등의 내용만 확인하고 시험에 임한다. 시험문제는 자신 있는 문제부터 풀고 막히는 문제는 일단 표시해 두었다가 나중에 푼다. 국어 문제는 지문이 길기 때문에 글을 읽는 페이스도 잘 조절할 필요가 있다. 시험시간 종료 10분 전까지 문제풀이를 완료하고 남은 시간에 실수했거나 빠뜨린 답이 없는지 살펴본다. 주관식 정답은 맞춤법과 띄어쓰기가 정확해야 감점되지 않는다.

:: 실력을 두 배로 올려주는 방학 국어 학습법

중학교 때 국어를 열심히 공부하지 않은 학생은 고등학교 때 언어영역과 논술에서 좋은 점수를 받기 힘들다. 언어라는 특성 때문에 국어는 꾸준히 활용하고 관리하지 않으면 감각을 잃어버릴 수 있다. 따라서 중학교 때부터 상당한 시간을 규칙적으로 투자해 일정 수준까지 올라서야 성과가 나타난다. 그 이후에도 감각을 잃지 않도록 꾸준히 노력해야 한다. 국어 지문을 읽는 속도가 느려 시험시간에 문제를 다 풀지 못하거나 어휘력이 약해 글의 의미를 정확히 알아내지 못하는 학생들이 있을 것이다. 물론 단기간 시험공부를 열심히 하면 성적은 그런대로 좋을지 모르지만 이런 상태에서 고학년으로 올라가면 국어 성적은 바닥으로 치닫는다. 따라서 자신의 취약점을 보완하고 심화학습을 할 수 있는 여름, 겨울방학을 잘 활용하면 좋다. 어휘력 증진, 한자공부, 독서 및 글쓰기 연습 등을 방학 기간 동안 다져두어야 한다.

어휘력이 약한 학생들은 신문이나 시사 잡지를 꾸준히 읽으면서 모르는 단어는 한번 유추해 본 후 사전을 찾아 명확한 뜻을 정리하는 습관을 들여야 한다. 국어 어휘에서 한자어가 차지하는 비중이 매우 크므로 한자 공부도 이틀에 한 번 30분씩 하는 것이 좋다. 한자어는 수학, 과학, 사회교과에도 많이 등장하므로 열심히 공부하면 여러 분야의 용어를 이해하는 데 큰 도움이 될 것이다. 독서는 방학 중 가장 권장하고 싶은 학습 중 하나다. 고등학교에 올라가면 내신에 '독서평가제'가 적용되므로 중학생 때부터 미리 올바른 독서습관을 들이는 것이 좋다. 올바른 독서란, 책을 읽고 그 이후에 어떤 활동을 하느냐에 달려 있다. 먼저 자신의 수준에 맞는 권장 도서를 선택해 읽은 후 자신의 생각을 정리, 분석하는 시간을 가져야 한다. 방학이 시작되면 방학 중 읽을 '도서목록'을 만들면 좋다. 선생님 추천도서나 교육청 및 기관 추천도서 가운데 중학생 수준에 적합한 책을 고르되 인문, 사회, 과학, 역사, 비평 등 장르별로 골고루 선정한다. 특히 청소년 필수 단편, 장편소설들은 방학을 이용해 읽는 것이 좋다. 고등학교 때 많은 소설이 교과서에 나오고 시험에도 출제되므로 조금 여유 있을 때 읽어두도록 하자.

중학교 1학년 수준에서는 책을 읽고 소감문을 작성하는 정도로 그치지만, 2학년부터는 감상문을 쓰고 자신의 견해를 표현하는 연습도 해나가야 한다. 이는 앞으로 확대될 서술형 · 논술형 평가와 수행평가, 나아가 논술대비에 많은 도움이 된다. 그러나 본격적인 글쓰기 연습은 고등학교 때 해도 늦지 않기 때문에 중학교 때는 논제의 근거를 제시할 수 있는 많은 배경지식과 사고력, 논리력을 키우는 데 초점을 맞추도록 한다.

마지막으로 방학 중에 할 일로 빼놓을 수 없는 것이 선행학습이다. 여름방학 때는 2학기 교과를 예습하고, 겨울방학 때는 다음 학년 1학기 교과를 예습하면 적당하다.

CHAPTER 12

과목별 학습법 – 영어는 복습보다 예습이 더욱 중요하다

:: 읽기와 쓰기가 강화된다

초등학교 영어수업 시간을 떠올리면 선생님과 학생이 주로 이야기하고 듣는 모습이 생각날 것이다. 영어 표현을 소리 내어 말하고, 재미있는 영어노래와 놀이를 배우는 시간이 많았을 텐데, 중학교 영어시간은 그렇지 않다. 중학교 때는 영어 문장의 뼈대를 문법적으로 이해하고 거기에 살을 덧붙여 더욱 복잡하고 자세한 내용의 문장으로 확장해 나가는 방법을 배운다. 또한 처음 접하는 다양한 장르의 글을 읽고 관련 독해문제를 푼다. 그래서 초등학교 때 영어를 잘 했던 학생도 중학교에 진학해서는 영어에 어려움을 겪는 경우가 많다. 중등으로 영어 수준을 한 단계 높이려면 국어처럼 꾸준히 사용하고 반복함으로써 습관화해야 한다.

:: 즐기면서 공부하는 영어 학습법

영어는 즐기면서 공부하기에 좋은 과목이다. 팝송에서부터 영화, 애니메이션, 영문소설 등 다양한 매체들이 학습의 대상이 된다. 교과서 영어수업은 다소 지루할 수 있지만 관심 가는 영어 학습 매체와 병행학습을 하면 흥미를 잃지 않고 실력 쌓기가 가능하다.

영어도 국어처럼 예습이 복습보다 좀더 중요하다. 그날 배울 내용을 모른 채 수업에 참여하면 문맹이 이야기책을 보고 있는 것처럼 답답하고 재미없어진다. 그래서 예습이 필요한데, 수업 전날에 교과서 본문을 단락별로 끊어가며 2~3번 읽되 그 중 한 번쯤은 소리 내어 읽도록 한다. 본인의 발음을 직접 들어보고 교정할 기회를 갖기 위해서는 소리 내어 유창하게 읽는 연습도 필요하다. 모르는 단어는 사전을 찾아가며 정리한다. 사전에서 단어의 뜻을 확인할 때에는 반드시 관련 예문을 같이 메모하고 익히자. 국어도 하나의 단어가 여러 의미로 사용되는 경우가 있듯이 영어도 어떤 단어가 여러 가지 의미로 해석되는지 예문을 보며 명확히 구별해야 한다. 중학교 1학년의 경우에는 처음부터 이런 습관을 잘 들여놓아야 2~3학년으로 갈수록 단어학습이 수월하다. 한 단어를 암기할 때 단어의 확장된 쓰임, 반의어, 유의어 등도 함께 정리하도록 하자.

일단 예습으로 대략적인 내용이 파악되었다면, 수업시간에는 문법과 상세 독해기법을 터득하는 데 주력해야 한다. 중학교에서 배우는 영어 문법은 한 번 확실하게 체계를 잡아두면 고등학생이 되어서도 당황하지 않는다. 다만 문제가 되는 것은 알고 있는 문법을 독해와 듣기에 곧바로 적용하지 못하는 경우다. 문법, 독해, 듣기, 쓰기를 동시에 잘 해야 비로소 영어를 잘 할 수 있는데, 그러기 위해서는 이 네 가지 실력을 고루 갖출 수 있는 학습법으로 공부해야 한다. 특히 말하기(회화) 실력은 이 네 가지 실력이 뒷받침되어야 더욱 유창하게 말할 수 있다.

자, 그럼 네 가지 실력 향상을 위한 공부법을 하나씩 짚어보자.

영어 문법

영어 문법은 굵직한 뼈대부터 이해해야 한다. 가령 우리가 어렸을 때 "엄마, 배고파요" 등 짧은 문장의 말부터 시작하여 그 문장에 부연 설명을 덧붙여 가듯이, 영어도 굵은 뼈대에 살을 덧붙이는 원리가 존재한다. 그리고 수업시간에 선생님께서 몇 가지 주의할 문법을 비교해 가며 설명해 주시는 경우가 있는데, 이런 것들은 반드시 필기해서 자주 들여다보며 기억해야 한다. 필기할 때는 별도의 노트를 만들지 않고 교과서 여백을 잘 활용하는 것이 선생님 말씀을 놓치지 않고 메모하는 좋은 방법이다.

영어 독해

영어 독해를 잘 하려면 문장 내에서 문법과 어휘를 어떻게 활용하는가에 주목해야 한다. "문법에는 도사고 모르는 어휘도 없는데, 문장 해석이 안 된다"며 그 이유를 묻는 학생들이 있다. 이는 단어 하나하나에 치중해 해석하려는 데서 오는 문제인데, 단어 몇 개를 하나의 의미 단위로 잘라 해석하는 습관을 들여야 한다.

학습교재를 선택할 때, 시중에서 판매되는 많은 독해문제집 중 자신이 독해 가능한 지문이 70% 이상 있는 교재를 선택해 그 안에 있는 문법, 어휘를 여러 번 반복 학습하는 것이 좋다. 그 다음에는 좀더 난이도가 높은 단계의 교재를 선택해서 차근차근 훈련하다 보면 모르는 단어가 더러 나와도 문맥상으로 충분히 이해할 수 있는 정도의 실력이 된다. 독해할 때 모르는 어휘나 이해가 안 가는 문장이 있더라도 우선 글의 흐름을 따라가면서 끝까지 읽는 것이 중요하다. 그렇게 지문을 2~3번 반복해서 읽은 후 지문에 달린 문제를 해결한다. 그런 다음 단락(paragraph)별로 끊어 읽으면서, 단락별 의미를 파악해 보자. 그 후 차근차근 세부 내용을 파악하며 읽어가자. 이 과정을 학습에 지속적으로 사용하면 글을 빠르게 읽고 세부 요소까지도 파악하는 능력이 갖추어진다.

영어 듣기

영어 듣기는 발음, 억양과도 밀접한 관계가 있다. 문장을 보면 독해가 가능한데, 들으면 무슨 의미인지 모르는 경우가 바로 그 이유다. 정확한 원어민 발음에 익숙하지 못할 뿐 아니라 연음과 축약음, 억양, 속도 등을 알지 못하기 때문이다. 이를 극복하려면 연음 및 축약음의 원리를 이해한 후 자기 수준에 맞는 영어 테이프를 꾸준히 들으면서 공부해야 한다. 이때 처음부터 끝까지 한번 들어보고, 대략적인 의미를 이해한 후 한 문장씩 끊어서 듣는 연습을 해보자. 한 문장을 들은 후 들리는 것을 받아 적고, 모두 들린다고 생각할 때까지 3~4번 반복한다. 물론 들으면서 해석하는 것은 필수다. 그 다음엔 적은 내용을 원본 지문과 대조해 보고 놓친 부분을 체크해서 왜 그 부분이 안 들렸는지, 왜 잘못 들렸는지 분석한다. 대개 생소한 단어, 조동사, 전치사, 연음 등이 잘 안 들리는데, 반드시 체크하고 보완하도록 하자. 무엇보다 듣기는 감이 중요한데, 영화를 보거나 애니메이션을 볼 때 집중해서 듣는 습관을 들이면 많은 도움이 된다. 듣고 유용한 표현은 외워두었다가 실생활에서 자주 사용하다 보면 회화 실력도 저절로 향상된다.

영어 쓰기

학생들은 영어 쓰기를 가장 부담스럽고 어렵게 느낀다. 서술형 · 논술형 시험의 확대로 인해 고학년으로 갈수록 그 부담감은 커진다. 이런 부담에서 벗어나려면 중학교 1학년 때부터 기초를 다져놓아야 한다. 처음에 자신이 하고 싶은 이야기를 영문으로 옮기려면 막막할 수밖에 없다. 그럴 경우 우선 교과서 지문을 보고 하고자 하는 말 중 유사한 표현을 모방해 보고 영어사전을 찾아 새로운 문장을 나름대로 써본다. 물론 문법도 엉망이고 내용도 엉뚱할 수 있지만, 일기를 쓰기 위해 영어사전, 문법책을 한 번이라도 더 보는 노력이 실력으로 연결된다. 노래도 많이 듣고 따라해 봐야 유창한 노래 솜씨로 발전하듯 영어도 많은 문장을 접해 보면 저절로 표현을 익힐 수 있다. 영문 소설을 읽거나 영화를 볼 때 무심코 보지 말고 등장하는 영어 표현을 살펴보는 자세가 필요하다. 더 나아가 영어로 자신의 주장과 논리를 펼 정도가 되려면, 독서를 많이 하는 것이 필요하다. 최연소 토플 만점자 기록을 경신한 한 여중생이 인터뷰에서 "책 읽는 습관이 큰 도움이 되었다"고 한 것만 보아도 독서습관이 영어 학습에 얼마나 많은 영향을 미치는지 알 수 있다. 요즘에는 영어 글쓰기 연습이나 영작을 도와주는 인터넷 사이트가 많기 때문에 주말에 1~2시간 정도 할애해서 충분히 연습해 보는 것도 좋다. 영어는 이 시대에 가장 필수적인 언어다. 의사, 과학자, 경영인, 사업가가 되어도 영어는 전략과 기술을 위해 가장 기본이 되는 도구다. 그러므로 어렵고 힘들다고 피하기보다는 '내가 널 이기겠다' 는 자세로 파고들어야 한다. 2008학년도 이후 대입 방향을 보면, 영어 하나만 잘 해도 특기자 전형으로 대학에 갈 수 있는 길이 있다. 따라서 영어를 좋아하고 올바른 영어 학습법으로 열심히 공부하는 학생이라면 끝까지 정진해 볼 만하다.

:: 시험에 강해지는 영어 학습법

학부모와 학생들이 가장 궁금하게 생각하는 것은 영어시험 고득점 학습법일 것이다. 영어시험은 교과서의 지문을 중심으로 출제되므로 교과서 중심으로 시험대비 학습을 철저히 해야 한다. 먼저 교과서 본문을 2~3번 읽고 빠르게 의미를 파악하자. 직독직해 할 때는 세밀한 정보를 몰라도 일단 넘어간다. 그 다음 모르는 단어와 숙어 등을 암기한 후 다시 본문을 한 줄씩 정확하게 해석하면서 수업시간에 필기한 사항을 꼼꼼하게 살펴본다.

교과서 각 단원 안에는 본문 외에 여러 문제들과 대화 표현이 있다. 교과서 독해문제는 대부분 본문이 끝난 바로 다음에 나오는데, 그 독해문제가 실전 시험문제임을 명심하도록 한다. 'Write', 'Let's write', 'Writing' 등의 제목으로 시작되는 부분은 주관식 문제와 서술형 문제의 보물창고다. 대부분 기본 보기나 유형을 미리 보여주고 따라서 써보도록 되어 있는데, 이 부분은 꼭 시간을 투자해서 정리한다.

교과서 속의 각종 문제들은 기출문제보다 더 중요한 힘을 갖는데, 실제 시험문제들이 바로 이 부분에서 응용된다. 간단하고 쉬워보이는 문제라고 가볍게 생각하지 말고 반드시 다 풀어본 후 답을 숙지하고 있어야 한다.

각 교과서에는 Dialogue나 Talk, Speak라는 제목으로 A와 B의 대화 표현이 나와 있다. 대부분의 학생들이 이 부분은 놓치지 않고 공부를 잘하는 편인데, 교과서 제일 뒷부분, 즉 마지막 11과나 12과 뒤에 부록이라고 나와 있는 부분은 소홀한 편이다. 그곳에는 각 과의 테이프 대본이 기록되어 있다. 이 부분을 한 번도 들여다보지 않고 대화 표현 학습을 마무리했다면 큰 실수를 범하는 것이므로 놓치지 말고 꼭 챙겨야 한다.

문제집은 교과서와 동일한 출판사의 평가문제집을 푸는 것이 좋다. 평가문제집을 푼 다음에는 학교 기출문제를 실제로 시험을 보듯 집중해서 풀어보자.

영어 오답노트를 작성할 때는 틀린 문제의 해설 하단에 이 문제에서 꼭 알아야 하는 키 포인트를 눈에 띄는 색깔로 메모한다. 나중에 표시해 둔 키 포인트만 주욱 읽어보면 자신이 어휘가 약한지, 문법 어느 파트가 부족한지, 독해에서 놓치는 부분이 무엇인지 대략 가늠할 수 있다. 특히 인칭이나 시제 표현에서 어이없는 실수를 하여 틀리는 경우가 발생하지 않도록 오답노트에 커다랗게 표시해 두고 종종 읽어보자. 이렇게 시험준비를 해두었으면, 영어시험 전날에는 가볍게 본문을 다시 암기해 본다. 영어 본문을 무작정 암기하는 것은 결코 좋은 영어 학습법이 아니지만 자주 읽어 암기할 정도로 만들면 좋은 결과를 기대할 수 있다.

:: 다양한 시도를 활용한 방학 영어 학습법

영어는 언어이므로 끈기 있게 지속적으로 학습하는 것이 중요하다. 영어를 꾸준히 학습하면서 언어의 감을 유지해야 하는데, 방학 때는 학기 중 시간이 부족해 지속적으로 할 수 없었던 새로운 형태의 영어 학습법을 이용해 보는 것도 좋다.

중학교 1학년이라면 방학 동안 다양한 경험을 통한 영어공부를 시도해 보자. 영어권 문화를 이해하면 왜 영어 표현을 이렇게 사용해야 하는지 알 수 있기 때문에 영어 캠프, 문화원 탐방 등의 경험도 추천한다.

집에서 보고 싶은 영화나 애니메이션을 반복해 시청하는 것도 좋은 영어 학습법이다. 처음에는 단어 한두 개만 들리다가 계속 듣다 보면 어절이 들리고 문장이 귀에 들린다. 방학 내내 하나의 애니메이션만 보는 한이 있더라도 모두 듣고 따라 할 정도로 만들어야 한다. 이 하나를 완벽하게 소화한다면 그 다음 작품은 듣는 속도가 2배 단축될 수 있다.

친구나 가족이 함께 영어 편지나 일기쓰기를 하는 방법도 있다. 일기내용이나 편지내용을 가지고 영어로 토론해 보는 시간도 회화 능력을 배양하는 데 도움이 된다. 중2~3학년 중 기초가 부족한 학생은 방학 동안 문법과 독해책을 한 권씩 마스터할 마음을 먹어야 한다. 빠른 스피드로 마스터한 후 집중해서 문제를 많이 풀어보자. 문제를 많이 풀면서 중요한 내용을 여러 번 반복 학습하면 자연스럽게 머릿속에 저장할 수 있다.

방학 동안에 위와 같은 학습 말고도 교과 공부에 대한 보충학습도 병행해야 한다. 영어공부가 뒤지면 그만큼 누적해서 학습해야 하기에 나중에 학습할 분량이 많아져 포기하는 일도 생길 수 있다. 일단 이전 학기의 교과서를 다시 집중해서 단기로 끝내자.

다음 학기에 배울 단원을 미리 선행학습하는 것이 좋은데, 영어 본문을 학기 중에 암기하기가 쉽지 않기 때문이다.

재미가 솔솔~ 실력이 쑥쑥~영어소설 재미있게 읽기

영어소설 속에는 영어권 사회의 문화가 녹아 있고, 그들이 자주 사용하는 표현, 상황별 대처 표현 등이 고스란히 담겨 있다. 특히 요즘 미국 10대들이 즐겨 보는 소설을 읽어보면 그들의 문화에 한발 더 다가갈 수 있는 좋은 기회가 된다. 영어문제집과 선생님의 설명이 다소 지루하다고 느낀다면, 지금부터 영어소설 읽기로 영어 학습의 활력을 찾아보자.

그런데 책만 읽으면 한 장도 못 넘긴 채 꿈나라로 빠져드는 학생들이 있다. 영어소설이든, 한국어로 된 소설이든 몇 장 읽기가 힘들어서야 어찌 소설을 읽는다고 할 수 있을까? "소설책 읽듯이 읽어나가라"는 말이 있듯이, 소설책은 기본적으로 술술 읽어야 한다. 만약 어느 정도 술술 읽히지 않는 책은 자신에게 어려운 수준의 책으로 판단하면 된다. 따라서 처음에는 쉬운 동화책을 선택해 읽기를 시작하자.

영어소설을 읽기 위해서는 우선 호흡을 길게 가져가야 한다. 몇 문장 읽다가 사전 찾아보고, 해석해 보는 식으로 책을 읽어서는 안 된다. 영어소설 읽기의 출발은 술술 읽혀지는, 그러나 너무 쉽지 않은 책을 골라 영한사전을 찾아보지 않고 몇 시간씩 읽는 경험을 쌓아나가는 것이다. 마치 한글로 된 재미있는 이야기를 읽듯이 말이다.

영어소설을 고를 때 한국어로 주석이 나와 있거나, 해석이 옆 페이지에 나와 있는 것은 피하는 것이 좋다. 영어로 된 문장을 읽다가 한국어가 눈에 들어오면 영어 읽기의 맥이 끊겨 학습에 도움이 되지 않기 때문이다. 되도록 원서로 된 동화책을 선택하고, 그런 책으로 다독의 경험을 쌓는다면, 수준 있는 장편 소설들도 거뜬히 읽어낼 수 있을 것이다. 그런 때가 되면 영어공부를 위한 영어소설 읽기가 아닌, 영어소설 읽기 자체를 즐기는 단계로 실력이 향상되어 있을 것이다.

CHAPTER 13

과목별 학습법 – 수학에서 단순한 공식은 안 통한다

:: 중학교 수학은 초등학교와 차원이 다르다

초등학교 수학은 계산력을 측정하는 산수의 의미가 강한 데 반해, 중학교 수학은 사고력과 응용력을 측정하는 의미가 더 강하다. 단순히 한 가지 원리원칙에 의해 답이 나오는 문제들보다는 두세 가지 원리를 단계별로 이용해야 풀리는 문제들이 많다. 중학교 수학은 크게 집합, 수와 식, 방정식과 부등식, 함수, 통계, 도형 등 6개 영역으로 구분된다. 이들 6개 영역을 세 개 학년으로 나누어 배우는데, 중학교 1학년 때 교과를 제대로 소화하지 못하면 2~3학년 때 연계된 단원 문제를 손도 못 대는 상황이 발생할 수 있다. 중3 수학은 고1 수학을 풀기 위한 중요한 내용을 많이 담고 있으므로 머릿속에 확실히 정리해 두어야 한다.

:: 이해력 · 사고력 · 응용력을 키우는 수학 학습법

수학은 공식 암기에 앞서 기본적인 개념과 원리의 이해가 선행돼야 한다. 교과서에 나오는 개념과 공식의 원리를 정확히 이해했는지 점검한 후, 이해를 바탕으로 응용력을 키우는 데 초점을 맞춰 학습해야 한다.

수학은 어설프게 예습하는 것보다 복습을 효과적으로 하는 것이 좋다. 선행학습을 통해 예습이 되어 있는 학생들을 대상으로 실제 이해도를 조사해 보면, 의외로 잘못 이해하고 있는 학생이 상당수를 차지한다. 정확한 개념도 이해하지 못한 채 무조건 문제 푸는 스킬만 터득하거나 오개념을 가지고 문제를 잘못 풀어나가는 경우가 있다. 선행학습을 체계적으로 하지 못한 경우에는 수업시간에 집중해서 듣고 복습을 철저히 하는 방향으로 학습하자.

수학에도 생소한 용어가 많이 등장하는데, 용어 자체에 원리와 계산법이 숨어 있는 것도 있으니 유념해서 듣도록 한다. 수업시간에 집중해서 듣는다는 의미는 가만히 손놓고 앉아서 선생님의 풀이를 듣고 있는 것을 의미하지 않는다. 수학적 용어와 정의, 개념을 이해한 후 문제를 풀어야 한다. 나가 앞으로 칠판에 문제를 풀어야 할 경우에는 풀이 중간에 막혀도 아는 범위 내에서 최선을 다해 푸는 과정을 적는다. 그러면 선생님께서 그 풀이과정 중 무엇이 잘못 되었는지 자세하게 지도해 줄 것이다. 선생님의 설명을 잘 듣고 다음에도 참고할 수 있도록 그 내용을 노트에 적어둔다. 수학은 한 문제당 하나의 풀이방법만 있는 것이 아니라 다양한 각도로 생각해 풀어볼 수 있다. 따라서 다른 학생의 풀이과정도 눈여겨볼 필요가 있다.

선생님은 교과서나 참고서 외에도 개념을 쉽게 이해하는 법, 문제를 쉽게 푸는 법을 가르쳐주는데, 이런 것 역시 놓치지 말고 메모하여 익히도록 하자.

복습은 기억 주기 안에 이루어져야 효과를 극대화할 수 있다. 그날 배운 것은 반드시 복습하는 것이 효과적이다. 우선 교과서와 참고서(또는 교과서와 같은 출판사 자습서)로 개념과 원리를 복습하고, 공식을 암기하는 순으로 정리한다. 공식은 조금 어렵게 느껴지겠지만 증명과정을 꼭 이해한 후 암기하자. 그 다음에 교과서 내의 예제와 단원 마무리문제를 모두 풀어본다.

한 문제를 풀 때도 여러 공식을 복합적으로 사용해야 하는데, 어떤 공식을 어느 단계에 사용할지가 관건이다. 개념과 공식은 아는데, 문제가 조금만 응용되어도 문제의 실마리를 찾지 못하는 학생들이 많다. 이 경우에는 문제의 마지막 문장에서 요구하는 것이 무엇인지 확인하고, 문제에서 주어진 조건들을 연습장에 메모해 본다. 즉 구하는 것이 무엇인지를 알고 주어진 조건이 무엇인지 모두 나열해 보면 적용할 개념과 공식이 추려지고 조금만 머리를 회전시키면 해결의 실마리를 찾을 수 있다. 특히 방정식의 응용 부분에서 주어진 문제를 토대로 식을 만들어 푸는 문제가 많은데, 이와 같은 방법을 적극 활용하면 도움이 된다.

교과서 중심의 기본적인 복습이 끝났다면, 이제 본격적인 실력 향상 복습에 들어간다. 수학문제집은 많이 살 필요 없이 한 권 정도만 있으면 된다. 그 한 권을 완벽하게 푼 후에 한 단계 수준 높은 문제집을 새로 사는 것이 바람직하다. 문제집을 풀 때는 기본문제, 응용문제, 심화문제 순으로 시간을 정확하게 재어 시험보듯이 풀고 채점한다. 문제를 풀 때는 여러 가지 풀이방법도 생각해 보자. 틀린 문제는 해설을 바로 보지 말고 풀릴 때까지 시도하는 끈기를 발휘하자. 30분 이상 계속 생각하면 오히려 머리가 멍해지니 문제가 안 풀리면 잠시 머리를 식혀 다시 재도전한다. 그래도 안 풀린다면 해설을 읽어보고 풀리지 않은 원인을 분석해 오답노트에 적고 해결책을 터득하는 것이 필요하다.

:: 시험에 강해지는 수학 학습법

수학은 문제를 푸는 데 시간이 많이 소요되므로 시험 기간에 시험범위 내용을 처음부터 학습하려면 시간이 부족하다. 그러므로 평소 진도학습 때 공부를 철저히 해야 고득점을 올릴 수 있다. 개념정리와 공식을 암기한 상태에서 기출문제, 심화문제를 풀고 최종 점검하는 단계가 시험 기간에 이루어져야 한다. 특히 공식은 정확하게 모두 암기하고 시험에 임해야 한다. 공식은 문제를 많이 풀다 보면 저절로 암기되기 때문에 충분한 문제풀이로 훈련한다.

기출문제는 해당 학교의 대략적인 시험 유형을 보여주기 때문에 반드시 모두 풀어 실전 감각을 익히도록 한다. 시험 100점을 목표로 한다면 심화문제와 주관식 고난이도 문제를 다루어줄 필요가 있다. 학교수업 진도에 맞춰서 풀었던 문제집과 교과서에서 틀린 문제를 다시 푸는 수준에서 한 번 더 마무리가 필요하다.

개인별로 유독 잘 안 풀리는 문제 유형이 있게 마련인데, 이는 사고력이 그런 유형 쪽으로 확장되지 못했기 때문이다. 문제를 보고 해결의 실마리를 찾을 때 계속 한 방향으로만 생각하지 말고 다른 방향으로도 머리를 회전시켜보자.

수학시험 당일은 어느 시험 날보다 침착해야 한다. 당황하면 문제의 실마리를 전혀 못 찾는 과목이 수학이다. 따라서 어려운 문제가 나와도 당황하지 말고 차근차근 풀도록 노력한다. 그리고 수학시험의 최대 적은 실수다. 계산과정에서 부호나 숫자를 잘못 쓸 경우 엉뚱한 답이 나올 수 있다. 또 문제에서 주어진 식을 잘못 옮겨다 푸는 경우도 더러 있는데, 이런 실수가 반복되면 안 된다. 실수도 자주하면 습관이 되므로 시험지에 문제를 풀어나갈 때는 잘못 쓴 글씨 위에 덧 수정하지 말고 지우개로 깔끔하게 지워가면서 정확히 푸는 등 절대적인 주의가 필요하다.

:: 응용력을 기르는 방학 수학 학습법

중학 수학은 집합, 수와 식, 방정식과 부등식, 함수, 통계, 도형 등 6개 영역이 학년별로 연계되어 있다. 따라서 한 학기 동안 공부하면서 부족하다고 느껴지는 부분이나 심화학습이 필요한 단원을 방학 동안 학습하는 것이 필요하다.

수학 학습은 장기전이다. 1~2달 노력하고 수학성적이 잘 안 나왔다며 포기하는 것은 이르다. 최소한 6개월 이상 집중적으로 공부해야 성적이 오른다. 방학 동안 하루에 3시간 이상씩 수학과 씨름하다 보면 어느새 실력이 차곡차곡 쌓여 있을 것이다. 수학은 혼자서 공부하기에 무리가 있는 과목이다. 개념과 원리의 정확한 이해와 더불어 모르는 문제에 대한 명확한 풀이를 제시받지 못한다면 답답한 마음에 흥미를 잃기 쉽다. 그래서 방학 때 학원이나 동영상 수학 강의를 수강하는 것도 도움이 된다. 혼자 공부하면서 전체적으로 개념이 잘 잡히지 않는다면 인터넷 학습의 도움을 받는 것도 좋다. 인터넷 강의는 대개 차시별로 강의 목차가 나와 있으므로 듣고 싶은 소단원을 선택적으로 들을 수 있는 장점이 있다. 1학기 강좌와 2학기 강좌를 모두 신청해서 지난 학기 복습과 함께 다음 학기 예습을 병행하는 것이 좋다.

방학 때는 수학적 사고력과 창의력 발달 학습도 하자. 개념과 공식을 알고 있는데, 손도 못 대는 문제들을 척척 풀 수 있는 응용력은 수학적 사고력과 창의력을 발달시켜야 가능하다. 사고력과 창의력은 일반 내신 시험문제들로는 잘 개발되지 않기 때문에 다른 프로그램을 통해 발전시키는 것이 필요하다. 수학은 실생활과 밀접한 연관이 있는 학문인데, 시중에 출간된 재미있는 '생활 속 수학' 관련 도서나 잡지가 있다면 한 권쯤 구매해서 사고력과 창의력을 키워보기 바란다. 휴식시간에 컴퓨터 오락에 열중하기보다는 도형을 이용한 퍼즐 등 창의력 증진 교구를 가지고 게임하는 것도 놀이와 학습을 동시에 하는 일석이조 효과가 있다.

수학문제 풀이는 언제 어디서나 깨끗하고 정갈하게!

"연습을 실전과 같이 하라"는 말처럼 평소 수학문제를 연습장에 풀 때도 단계별로 깔끔하게 푸는 자세가 좋다. 푸는 단계를 중간중간 쓰지 않고 암산으로 훌쩍 뛰어넘어가거나 글씨를 엉망으로 쓴다면 잘못된 답이 나왔을 때 어디서부터 다시 풀어야 할지 막막해 진다. 이럴 때는 처음부터 다시 풀어야 하는데, 시험 시간은 그렇게 넉넉하지 않다. 자칫 시간에 쫓겨 잘 풀 수 있는 문제도 놓치는 일이 생긴다. 따라서 문제집을 풀면서 공부할 때부터 노트에 필기하듯 깨끗하게 풀이과정을 쓰는 습관을 갖도록 하자.

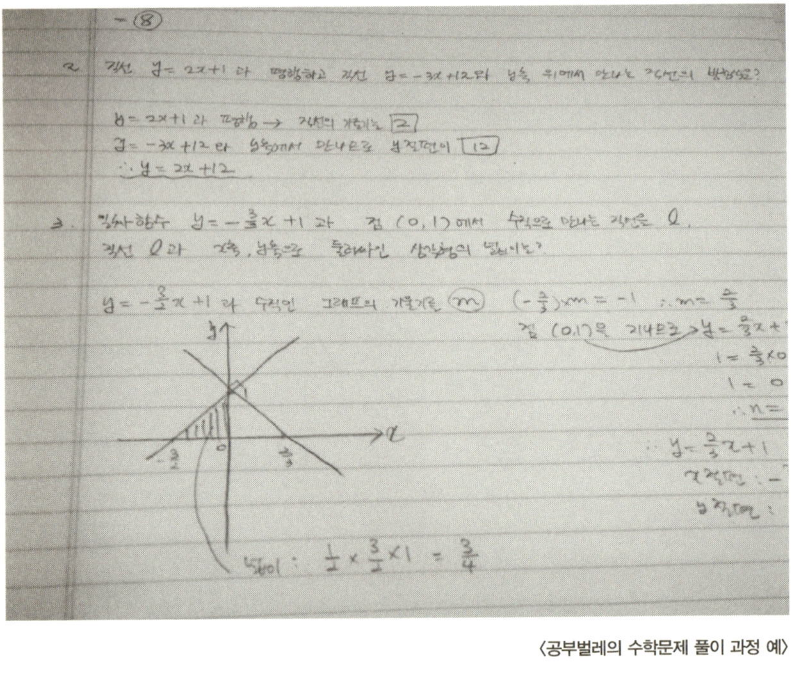

〈공부벌레의 수학문제 풀이 과정 예〉

CHAPTER 14

과목별 학습법 – 사회 · 국사는 암기보다 흐름을 파악하는 것이 중요하다

:: 내용이 방대해 벼락치기 효과가 떨어진다

중학교 사회과목은 크게 일반사회, 지리, 세계사 영역으로 나눌 수 있고, 2학년부터는 국사 교과가 추가된다. 초등학교 사회교과서도 이 4개의 영역 틀 안에 있지만, 중학교 교과에 비하면 수박 겉핥기 정도의 수준이다. 중학교 사회책을 펴서 차례를 훑어보면 그리 낯설지는 않지만, 실제 내용을 살펴보면 생각보다 복잡하고 어렵게 구성되어 있음을 알 수 있다.

대부분의 학생들이 수학, 영어는 예습 · 복습을 철저히 하고 열심히 공부해야 하는 과목이라고 생각하면서, 사회는 소홀한 경향이 있다. 하지만 평소에 소홀하다가 시험 기간에 벼락치기 공부를 할 경우 고학년이 될수록 성적이 잘 오르지 않는 과목이 사회다. 사회와 국사는 상당히 방대한 양의 지식들로 이루어져 있다. 그리고 대부분의 지식들이 도표, 지도, 그래프 등 시각자료와 함께 다루어지기 때문에 이 자료들을 해석, 이해하는 것이 관건이다. 또한 하나의 사건이나 사실을 문제화할 경우 그 시대와 지역이 항상 따라다니므로 꾸준히 공부하지 않으면 단편적인 지식들을 시간과 공간에 맞춰 정리할 수 없다.

따라서 중학교 1학년에 입학하면, 효과적인 사회 학습법을 터득하고 잘 실천해 내신관리에 힘써야 할 것이다.

:: 핵심이 쏙쏙 정리되는 사회 · 국사 학습법

사회는 수업을 듣기 전에 교과서로 간단히 예습하면 좋다. 예습은 전체 내용을 먼저 파악하고 상세 내용을 이해하는 순으로, 즉 교과서 차례 부분을 훑어본 후 본문 내용을 정독하도록 한다. 본문을 읽을 때는 단락별로 중요 요소라고 생각하는 단어나 어절에 연필로 밑줄을 긋자. 다 읽고 난 후 노트에 대단원, 중단원, 소단원명을 띄엄띄엄 쓰고 해당 단원에서 밑줄 그었던 내용을 적어보자. 그렇게 하면 그 단원에서 배워야 할 내용과 중요하다고 생각하는 것들이 한눈에 들어올 것이다. 물론 본인이 중요하다고 생각했던 내용이 실제 중요한지는 수업시간에 확인해야 할 것이다.

수업시간에는 선생님이 설명하시는 내용을 귀담아 들으면서 손으로는 필기를 해야 한다. 선생님이 필기시간을 따로 줄 경우에는 상관없지만, 별도 필기시간이 없으면 설명 듣기와 필기하기를 동시에 하는 습관이 필요하다. 그럴 때는 노트에 따로 필기하지 말고, 교과서 여백을 활용한다. 빨강이나 파란색 펜으로 중요한 내용을 깔끔하게 적고 키워드에는 네모를 치거나 형광펜으로 칠해서 눈에 띄게 한다. 선생님 설명 중 긴 예시나 부연설명은 연습장에 따로 빠르게 적는다. 예쁜 글씨로 교과서의 좁은 여백에 모두 적으려면 설명을 놓칠 수 있기 때문에 연습장에 적는다. 수업이 끝나면 쉬는 시간에 다시 잘 알아볼 수 있도록 노트에 정리하는 것이 좋다.

사회 시간에 배운 내용을 그날 복습하면 좋은데, 실제로는 국어, 영어, 수학이나 과제에 쫓겨 그렇게 하지 못할 수 있다. 그럴 경우에는 주말에라도 꼭 복습을 철저히 해야 한다. 사회는 흐름을 이해한 후 암기할 내용이 상당히 많기 때문에 벼락치기 공부로는 좋은 성적을 기대하기 힘들다.

복습할 때는 이해를 충분히 하고 암기할 주요 내용을 정확하게 추려내서 외우기 쉽게 정리하는 것이 관건이다. 체계적으로 정리를 하다 보면 예상 시험문제도 저절로 보일 수 있다. 교과서와 참고서를 꼼꼼하게 읽었다면, 각 단원에 맞는 요약정리 방법을 택해 요점정리에 들어간다. 일반사회 영역의 경우에는 긴 설명이 주를 이루는데, 잘 읽고 요점을 뽑아내어 외우기 쉬운 문장으로 번호를 붙여가며 정리한다. 국사나 세계사 부분은 큰 흐름을 파악해 잘게 나누어 정리하는 것이 기본이다. 시대별, 문화권별, 역사의 흐름을 잘 파악해 그 흐름을 계통적으로 정리해 외우는 것이 중요하다. 처음부터 세세한 것 위주로만 정리하다 보면, 역사의 흐름을 파악하지 못해 두 시대 간, 두 나라 간 비교문제가 나올 경우 풀 수 없게 된다. 시대의 흐름이나 관련 사항, 인물들의 대립관계 등은 도해표식으로 정리하면 좋다. 표로 정리하고 필요하다면 화살표 등을 적절히 활용해 연관관계와 흐름을 표시하도록 한다.

지리 영역은 그 지역의 문화, 산업, 경제 등의 정보를 지리적 위치와 연관지어 이해하는 것이 핵심이다. 중요한 내용을 정리할 때 지도를 그려놓고 지명이나 하천, 그 지역의 특징을 기입하는 형식을 활용해 보자. 암기할 때도 지도 자체를 이미지로 떠올리면 뚜렷하게 기억할 수 있다. 지리 영역은 지도를 잘 볼 줄 알아야 시험문제를 풀 수 있기 때문에 학습시 사회과탐구를 꼭 같이 보도록 한다.

요점정리는 노트의 여백을 넓게 남겨 시원하게 정리하고, 남은 여백에는 자신만의 암기법을 적어두자. 암기를 쉽게 하고 오래 기억하는 것이 중요하므로 여러 가지 암기비법을 적용하는 것이 좋다. 역사에서 역대 왕의 변천 순서를 암기할 때는 기억해야 할 단어들의 앞 글자를 따서 간단한 이야기를 만들어본다. 만일 한 번에 외울 것이 10개 이상 될 경우에는 랩이나 쉬운 노래에 가사로 만들어 부르면 잘 기억된다. 지리와 관련된 부분은 그림을 그리거나 몸을 지도로 생각해서 위치를 짚어가며 외우면 많은 도움이 된다.

요약정리를 하고 암기도 모두 했다고 생각되면 이제 문제풀이로 학습 정도를 체크해 본다. 본격적인 문제풀이는 시험준비 때 해도 되지만 학습내용을 확인하는 기본문제는 반드시 복습 때 풀어보고 넘어가도록 한다. 기본문제를 풀면 잘못 이해한 부분이나 이해가 취약한 부분을 조기에 발견할 수 있기 때문이다. 또 해답을 모르거나 불확실할 때는 곧바로 답을 보지 말고 교과서와 참고서를 이용해 스스로 답을 구하도록 한다. 이런 문제들은 요점정리 노트의 해당 부분을 찾아 추가 설명을 써놓고 다시 암기해 기억할 필요가 있다.

:: 시험에 강해지는 사회 · 국사 학습법

학교 진도에 맞춰 복습을 꾸준히 한 경우라면 사회 시험공부는 시험 1주 전에 집중 공략하면 고득점을 기대할 수 있다. 교과서와 요점정리, 학교 유인물, 문제집, 기출문제, 오답노트, 교과서 순으로 시험공부를 시작하자. 교과서는 가장 중요한 학습의 원천이므로 시험공부의 처음과 끝은 교과서로 하는 것이 좋다. 먼저 교과서를 꼼꼼하게 읽은 후 요점정리 노트를 가지고 독특한 암기법을 발휘해 가며 머릿속에 쏙쏙 넣도록 한다. 여기서 학교 유인물도 함께 읽어봐야 한다. 학교 유인물은 선생님께서 중요한 부분을 따로 정리해 놓으신 것이므로 주의 깊게 살펴보아야 한다. 문제집의 기본문제를 이미 학교 진도 복습할 때 끝마쳤다면, 곧바로 단원 종합문제나 실력향상 문제를 풀어본다. 단원 전체의 문제가 종합적으로 나온 코너를 풀어야 실제 시험 유형에 가까운 문제들을 접할 수 있다. 기출문제는 학교별 문제 유형이 잘 나타나 있기 때문에 반드시 풀어보자.

문제는 실제로 시험보듯이 시간을 재면서 풀도록 하고, 잘 안 풀리는 문제는 별도 표시하여 시험 직전에 한 번 더 풀어보자. 문제를 풀 때는 문제내용과 보기를 제대로 안 읽어 실수하는 일이 없도록 주의해야 한다. 특히 사회, 국사처럼 암기할 것들이 많은 과목은 긴장하면 열심히 외웠던 것들도 기억이 안 날 수 있음에 유의하자.

시험 전날에는 지금까지 공부했던 것을 최종 마무리하는 의미에서 교과서를 남에게 설명하듯이 읽어본다. 남에게 설명해 주는 것처럼 정리하고 오답노트에서 자주 틀렸던 문제만 별도로 푸는 것으로 시험준비를 마무리하면 된다. 시험 당일에는 암기한 내용을 잊어버리지 않도록 신경 쓰고 시험에 임한다.

현장학습 목록

박물관	박물관 소개	홈페이지 · 주소
강릉시 오죽헌 시립 박물관	영동 지방의 민속자료와 향토유물을 전시하고 있다. 선사유물, 불교유물, 자기, 전적, 서화류가 전시된 역사박물관, 석조물과 영동 지방의 묘제가 복원된 야외 전시장도 마련되어 있다.	www.ojukheon.or.kr 강원도 강릉시 죽헌동 201번지
경기도 박물관	경기도의 역사, 문화, 고대자료, 민속자료, 기타 관련 문화 전시를 볼 수 있다.	www.musenet.or.kr 경기도 용인시 기흥읍 상갈리 85번지
국립민속박물관	우리 전통의 생활문화와 민속행사를 다양한 문화활동을 통해 보여주고 전통문화에 대한 올바른 인식을 심어주는 곳이다.	www.nfm.go.kr 서울시 종로구 세종로 1-1번지(경복궁 내)
국립중앙박물관	우리의 문화유산뿐 아니라 아시아 지역의 문화유산들도 전시되어 있기 때문에 세계적인 문화유산을 한자리에 놓고 볼 수 있다. 선사시대부터 조선시대에 이르는 고고 · 역사 · 미술 문화재를 볼 수 있다.	www.museum.go.kr 서울시 용산구 용산동 6가 168-6번지
농업박물관	선사시대부터 현대까지 한국 농업의 발달과정과 시대별 농업 유물을 볼 수 있다. 전통 농촌의 모습도 볼 수 있다.	museum.nonghyup.com 서울시 중구 충정로 1가 75번지
독립기념관	외침을 극복하고 민족의 자주와 독립을 지켜 온 우리 민족의 국난 극복사와 국가 발전사에 관한 자료 전시를 볼 수 있다.	www.independence.or.kr 충남 천안시 목천읍 남화리 230번지
안동하회마을 하회동 탈 박물관	가장 한국적인 이미지를 많이 보여주는 안동에서 전세계의 탈을 모아 전시한다. 탈이 갖는 시대적 의미, 각 나라의 특색과 함께 역사를 느낄 수 있다.	tal.or.kr 경북 안동시 풍천면 하회리 287번지
서울역사박물관	조선시대를 중심으로 선사시대부터 현대까지 서울의 역사와 문화를 볼 수 있다.	www.museum.se-oul.kr 서울 종로구 새문안길 50
옹기 민속 박물관	조상들의 자취가 남은 옹기를 구경만 할 수 있는 것이 아니라 직접 만들어볼 수도 있다. 그뿐 아니라 민화 그리기 체험을 통해 궁중, 사대부, 서민계층의 생활상도 엿볼 수 있다.	www.onggimuseum.org 서울시 도봉구 쌍문동 497-15

유적지	유적지 및 볼거리	주소
강화 유적지	고려궁지-고려 때 몽골군에게 대항하기 위해 강화도로 수도를 옮기고 세운 궁궐과 관아건물이다. 끊임없는 외세 침략에도 굴하지 않는 선조들의 역사와 자긍심을 엿볼 수 있다.	인천시 강화군 강화읍 관청리 743-1
	마니산-정상의 참성단은 《고려사》나 《신동국여지승람》에는 단군이 천제를 올리던 곳이다. 개천절 행사도 이루어지고, 전국체전에 성화가 채화 되기도 한다. 유물과 함께 인천 앞 넓은 바다도 볼 수 있다.	인천시 강화군 화도면 일원
	고인돌 · 청동기 시대의 무덤으로, 고인돌 속에서 나오는 유물과 유적들을 통해 시대상을 짐작해 볼 수 있다.	인천시 강화군 하점면 부근리 317
광주의 신창동 유적지	철기시대의 고대 농경문화 생활에 사용되었을 귀중한 유물들이 있는 곳이다. 빼어난 경관과 아울러 옛 모습을 그대로 갖춘 정겨운 마을도 함께 즐길 수 있다.	광주시 광산구 신창동 632-4외 77필지
둔산 선사유적지	우리나라 처음으로 구석기, 신석기, 청동기시대의 유적이 발견된 곳이다. 갑천 주변 얕은 구릉에 농토에 사람이 살았다는 흔적들과 토기를 통해 선사시대를 이해할 수 있다.	대전시 서구 둔산동 산2-2
항몽유적지	고려 원종 14년 몽고 침입에 맞서 40년 간 항쟁했던 호국투쟁지다. 삼별초군을 기리기 위한 항문숭외비가 세워져 있다.	제주도 북제주군 애월읍 상귀리 1012
화성(수원)	다산 정약용이 설계한 과학적인 구조물. 군사적 방어기능과 상업적 기능을 보유하고 있는 곳이며, 시설의 기능 또한 과학적이고 합리적, 실용적 구조라 동양성곽의 백미라고 일컬어짐 유네스코에 의해 세계문화유산으로 지정되어 역사적 가치를 높이고 있는 곳이다.	경기도 수원시 장안구 장안동
행주산성	삼국시대의 토축산성으로 조그만 내성이다. 임진왜란 때 권율 장군의 행주대첩으로 유명하며 군사기지였다. 행주대첩비, 권율 장군 사당인 충장사를 볼 수 있다.	경기도 고양시 덕양구 행주내동 산 12

:: 현장학습을 병행하는 방학 사회 학습법

사회과목은 역사, 일반 사회, 경제, 정치 등 실생활과 밀접한 내용들을 많이 다루는 학문이다. 과거, 현재의 사건이나 사실들을 배우기 때문에 주변의 실생활에 조금만 관심을 가지면 학습에 많은 도움이 된다. 방학 때는 사회교과 선행을 위한 학습을 간단하게 하는 반면, 교과서에 나오는 고궁, 박물관 등을 직접 찾아가는 현장학습을 많이 경험해 보자. 역사소설, 재미있는 경제학 도서 등을 통해 즐겁게 공부를 하는 것이 좋다. 기회가 된다면 역사 관련 영화관람이나 조금 멀더라도 유적지 탐방 같은 것도 해볼 만한 좋은 학습이다(124쪽 참조).

CHAPTER 15

과목별 학습법 – 과학은 차례 제목의 의미만 정확히 알아도 50%는 쉬워진다

:: 개념 정립과 심화학습이 중요하다

중학교 과학과목은 초등학교 과학과 큰 수준 차이를 보인다. 교과 단원 자체는 초등, 중등, 고등 모두 유사하지만 학습의 깊이는 학년이 올라갈수록 심화된다. 우선 생소한 과학용어가 등장하고 교과서 내용 구성이 복잡해 상당히 어렵게 느껴진다. 초등학교 때는 단순히 원리 하나만 생각하면 풀리는 과학 문제들 위주였다면, 중학교 과학에서는 여러 가지 원리들이 복합적으로 적용되는 문제가 많이 출제된다. 어떤 단원의 경우에는 과학용어의 정의를 몰라 문제 자체를 이해하지 못하는 경우도 있다.

중학교 과학을 잘 하려면 과학용어에 대한 정확한 개념부터 정립하고, 교과서 내용을 충분히 이해해야 한다. 물론 이 사항은 중학교 2~3학년에게도 기본적으로 필요한 것이지만, 과학에 흥미를 갖고 자신감을 가져야 하는 중학교 1학년에게는 더욱 필수적인 학습과정이다.

중학교 2학년 시기부터는 과학 교과서 내용이 더욱 전문화, 세분화된다. 이 시기에는 심화학습이 필요하며 실험, 그래프, 도표에 대한 이해 능력을 향상시키는 데 주안점을 두어야 한다. 어려운 과학문제의 경우에는 그림이나 그래프, 제시 자료 등을 보고 분석해서 결론을 도출해내는 문제들이 출제되기도 하므로 논리력과 사고력을 키우는 학습도 병행해야 한다.

특히 중학교 3학년 과학은 고교과정과 연계된 내용이 많기 때문에 중3 학생들은 심화 학습을 병행하면서 고교 과학 학습에 대한 기본을 다지는 것이 필요하다.

:: 실험 · 그래프 · 도표 이해를 중심으로 분석하는 과학 학습법

중학 과학 학습과정은 아주 중요하다. 수학도 중학교 때 흥미와 자신감을 잃으면 고교과정을 소화하는 데 큰 어려움이 있듯이 과학도 중학생 시기에 기본을 충실히 쌓아야 한다. 중학교 과학교과서를 보면 글보다는 실험과 그림, 그래프가 먼저 눈에 들어올 것이다. 그만큼 교과 내용을 이해하는 데 실험, 그림, 그래프의 이해가 필수적이므로 과학교과서를 읽는 방법부터 터득해야 한다. 과학교과서의 차례 제목은 그 자체로 핵심 용어다. 차례 제목의 의미만 정확히 알아도 그 단원의 50%는 파악한 셈이나 마찬가지다.

과학교과서를 읽을 때는 정신을 집중해 한 문장씩 생각하며 읽어내려 가야 한다. 읽다가 잘 모르는 용어가 있으면 참고서를 통해 개념을 이해해야 한다. 용어의 뜻을 이해했더라도 이론이나 법칙이 잘 이해가 안 되면 예시를 읽어보면서 감을 잡도록 한다. 예를 들어 '관성의 법칙'이 이해가 안 되면 '버스를 타고 가다가 급정거하면 앞으로 몸이 쏠린다'는 예시문이나 그림을 보면서 그 정의를 이해하면 된다.

과학도 예습과 복습이 고득점을 얻는 데 아주 중요한데, 특히 예습을 잘 하는 것이 중요하다. 아무 준비도 하지 않고 수업시간에 참석하면 자칫 지루함을 느낄 수 있으므로 미리 예습해 수업에 참여하는 것이 필요하다. 예습시에는 교과서를 읽고 모르는 어휘를 찾아보고 간단하게 이해하는 정도로 하면 된다. 혼자서 자세하게 학습하려고 하면 어려움을 느낄 뿐 아니라, 오개념을 가질 수 있다. 따라서 간단한 예습을 통해 과학의 호기심을 자극시킨 후 수업을 집중해서 듣는 것이 효과적이다.

수업시간에는 선생님께서 설명하는 용어의 정의를 자신이 예습할 때 이해한 것과 비교해 보고 올바르게 이해했는지 확인해야 한다. 용어나 법칙의 정의를 제대로 이해하는 것이 과학 학습의 기본이다. 용어나 법칙이 머릿속에 잘 정리되었다면 이제 선생님의 실험에 같이 동참해야 한다. 가만히 앉아 머릿속으로만 과학공부를 하는 것은 한계가 있다. 실제로 실험에 참여해 몸으로 느껴야 하는데, 왜 이런 실험을 하는지 생각하지 않으면 수동적으로 참여하게 됨으로써 실험을 하고도 머리에 남는 것이 없게 된다. 따라서 실험을 하기 전에 실험과정을 꼼꼼히 살펴보고 각 준비물이 왜 필요한지, 각 과정을 해야 하는 이유와 실험 목적을 알고 실험에 임해야 한다. 실험하는 도중에는 구체적으로 무엇을 측정해야 하는지, 결과는 왜 이렇게 나왔는지 등을 꼼꼼하게 분석하는 것이 좋다. 그리고 결과를 통해 도출한 결론이 의미가 있는 것인지 등을 정리하는 것으로 실험을 마무리한다.

과학을 제대로 공부하려면 모든 실험을 해봐야 하지만, 현실적으로 불가능한 면이 있다. 수업시간에 하는 실험만으로 교과 내용을 모두 소화하지 못했다면 인터넷 사이트를 활용하면 좋다. 과학 실험을 소재로 하는 사이트, 인터넷 학습 동영상에는 교과와 연관된 자세한 실험과 결과분석 등을 보여준다. 영화나 애니메이션에서 나오는 유사 장면을 참고자료로 보여주면서 시각적으로 이해를 돕기 때문에 마치 인터넷 실험에 참여하는 느낌이 생긴다. 인터넷 외에 시중에 많이 나와 있는 과학 관련 도서를 몇 가지 선정해 주말에 읽어보는 것도 수업시간에 배운 교과를 확인할 수 있는 좋은 기회다.

:: 시험에 강해지는 과학 학습법

과학은 하나의 과목이지만 내용을 가만히 훑어보면 물리, 화학, 생물, 지구과학 네 가지 영역으로 구분된다. 물리, 화학, 지구과학은 보통 물상이라고 묶어서 부른다. 중학교 과학에는 이들 4개 영역 내용이 단원별로 섞여 있는데, 이 영역들은 각기 다른 특징들을 가지고 있어 학생들마다 잘 하는 영역이 다르게 나타난다. 그런데 시험에서 고득점을 받으려면 4개 영역을 골고루 잘 해야 하므로 각 영역에 맞는 시험대비 학습법을 터득하고 실천해야 한다.

물리는 주로 어떤 법칙이나 이론을 이해한 후 공식을 통해 계산하는 문제들이 많다. 계산문제도 단순히 하나의 공식을 그대로 이용하는 것보다는 변형하거나 두 개 이상의 공식을 써야 풀리는 문제들이 많기 때문에 공식을 충분히 응용할 줄 알아야 한다. 즉 단순한 이론 이해와 공식 암기에 그치는 것이 아니라 능동적 사고과정을 통해 응용력을 증진시켜야 한다. 힘, 운동, 에너지와 관련된 단원은 그래프를 보고 해석하는 문제, 문제를 풀기 위해 그래프를 그려야 하는 문제가 많이 출제되므로 그래프에 관한 내용을 유형별로 충분히 학습해야 한다. 그래프를 볼 때는 X축과 Y축이 무엇을 나타내는지, 그래프 구간과 기울기가 의미하는 게 무엇인지 등을 정확히 파악하는 습관을 들이도록 한다.

화학 단원은 주로 원소, 화학식, 분자, 물질의 상태 변화 등으로 구성되어 있다. 화학은 대부분 원소기호를 바탕으로 원자, 분자, 반응식 등을 다루는데, 특히 이해와 암기를 많이 필요로 한다. 반응식을 이해하지 못한 상태에서 무조건 암기하면 응용문제를 거의 풀 수 없으므로 반드시 이해가 선행되어야 한다.

지구과학은 크게 지질학과 천문학 부분으로 나뉜다. 지질학 부분에서는 지각변동, 지구의 역사 등을 배우는데, 여기서는 지질의 구조를 사진과 함께 연대별로 기억하는 것이 중요하다. 천문학 부분에서는 동서남북의 방향을 잘 알아야 공전주기, 자전주기 등 행성의 운동문제를 해결할 수 있다. 학생들은 천문학 부분을 어렵게 생각하는 경향이 있는데, 우주 전체를 보는 입장에서 문제에 접근하는 것이 익숙하지 않아 그럴 수 있다. 따라서 사고를 고정시키지 말고 다양한 각도로 문제에 접근하는 연습이 필요하다.

생물은 식물과 동물, 인체의 구조 그리고 그곳에서 일어나는 현상을 파악하고 이해하는 내용이 주를 이룬다. 그래서 현상을 보고 원인과 결과를 추론하는 문제, 그래프나 모식도를 보고 해석하는 문제가 많이 출제된다. 생소한 생물 용어나 기호도 나오므로 정의를 이해한 후 철저히 암기하도록 한다.

과학과목 시험준비를 위해서는 위와 같은 학습법을 적용해 교과서와 참고서를 꼼꼼하게 읽고 대부분의 내용들을 암기해야 한다. 용어나 원리를 암기하지 않으면 그래프 분석이나 모식도 해석 자체가 불가능하기 때문에 반드시 철저한 이해와 암기가 필요하다.

교과를 충분히 이해했다면 교과서 내의 문제를 모두 풀어보는 것이 좋다. 교과서의 문제들은 기본적이면서 필수적인 문제들로 구성되어 있기 때문이다. 문제집은 심화문제까지 나와 있는 것을 선택하고 응용문제와 심화문제를 시험에 대비하면서 모두 풀어보자. 기출문제도 풀어보면 도움이 되지만 많은 문제가 동일하게 출제될 것이라는 기대감은 갖지 않아야 한다. 과학을 만점 받으려면 1~2문제씩 출제되는 고난이도 문제도 거뜬히 풀 수 있는 실력을 쌓아야 한다.

문제집을 집중해서 풀어보고 틀린 문제는 오답노트에 따로 작성해 다시 점검하는 것도 좋은 방법이다. 과학 오답노트를 작성할 때는 해설과 정답을 적은 후 관련 용어, 법칙이나 이론, 공식 등을 눈에 띄는 색깔의 펜으로 간단하게 메모한다.

시험 전날에는 반드시 교과서와 필기 사항을 최종적으로 살펴보고 오답노트를 보면서 문제와 관련된 용어, 법칙, 공식 등이 요약된 부분을 간단히 확인하도록 하자.

시험 당일에는 너무 긴장해서 공식을 잊어버리거나 개념을 혼동하는 일이 없도록 하고 주관식의 경우에는 단위를 잘 확인하면서 푼다. 정답을 쓸 때도 단위 적는 것을 잊지 않아야 한다.

:: 호기심을 자극하는 색다른 방학 과학 학습법

과학은 일상생활과 밀접한 관계가 있는 교과다. 생활 속에서 사용하는 전기, 놀이기구의 원리, 휴대폰, 음식을 먹고 소화하는 과정 등 주변을 자세히 보면 과학 수업시간에 배우는 것들을 발견하게 된다.

학기 중에 교과서 학습에만 그쳤다면, 방학 때는 다양한 과학 학습 소재들을 접해보자. 생활 속에서 배우는 과학을 다룬 책, 과학 이야기 책, 과학실험 사이트 등 과학적 호기심을 자극하는 매체들이 많다. 이러한 매체 중 몇 가지를 택해 교과 학습과 연관 지어 학습하면 좋다.

과학은 원리와 개념을 아는 데 그쳐서는 안 되고 반드시 사고력, 응용력, 탐구 · 실험 설계와 결과분석력을 키워야 한다. 지난 학기에 어떤 단원의 성적이 부진했는지 살펴보면 자신의 과학 취약 영역을 확인할 수 있다. 물리, 화학, 생물, 지구과학 중 보충학습이 필요한 영역을 방학 동안 보충하도록 하자. 다음 학기 선행학습도 자신의 취약과목을 집중 공략하면 자신 있게 수업을 들을 수 있다. 특히 응용력과 분석력은 꾸준히 문제들을 풀어야 향상되므로 방학을 이용해 많은 문제를 풀어보는 것이 좋다.

CHAPTER 16

과목별 학습법 – 기타 과목, 소홀한 마음을 버려라

:: 맥을 잡는 기타 과목별 학습법

중학교에 올라가면 새롭게 배우는 과목이 있다. 기술 · 가정, 한문 등이 있는데, 기술 · 가정은 음악, 미술, 체육과 같이 공통 필수과목이지만, 한문은 컴퓨터와 같이 재량과목이다. 이들 과목에서도 좋은 성적을 거두려면 그에 적합한 과목별 학습법을 정하고 실천해야 한다.

한문

한문은 중학교 1학년에서 고학년으로 올라갈수록 교과 본문이 길어지고 한자도 더욱 어려워진다. 중학교 1학년 때 배운 한자는 2~3학년에서 중복해 나오기 때문에 1학년 때부터 한문공부에 소홀하면 안 된다.

한자, 한자어를 많이 알면 국어나 다른 과목에서 많은 어휘를 쉽게 이해할 수 있는 장점도 있다. 한문 시험공부를 하려면, 먼저 시험범위의 본문 내용을 중심으로 한자의 뜻과 음을 정확하게 알아야 한다. 그런 다음 수업시간에 선생님께서 일목요연하게 정리해 주는 문법을 참고하며 한 문장씩 해석해 본다. 교과서와 동일한 출판사의 자습서를 준비해서 문장구조, 해석 순서와 매끄러운 풀이방법을 참고하면 도움이 된다. 본문도 많이 읽고 써보면서 암기하는 것이 괄호 넣기 문제를 대비하는 좋은 방법이다.

한자는 다 외웠더라도 한참 후에 다시 보면 기억 나지 않는 경우가 많다. 이럴 때는 스스로 쪽지시험을 본 후 못 외운 한자를 중심으로 집중 암기하자. 그 다음 문제를 풀어 시험문제에 나올 수 있는 유형을 파악하고 자신의 실력을 평가해 보는 것으로 시험공부를 마무리하면 된다.

기술 · 가정

기술 · 가정은 우리 생활과 관련된 실용적인 과목이므로 무작정 외우지 말고 생활과 연관 지어 내용을 연상하면서 암기하면 쉽다. 교과서와 노트필기를 중심으로 외우되, 선생님께서 강조한 부분을 꼭 짚고 넘어가도록 한다. 그러고 난 후 문제를 풀면 어떤 부분이 중요한지 감이 생긴다.

음악

음악은 교과서의 노래 악보, 계이름 및 가사를 암기하고, 각각의 노래에 관한 정보, 즉 작곡자, 작사가, 곡의 빠르기, 박자, 시대적 배경 등을 꼼꼼하게 외우도록 한다. 음악 이론 역시 선생님이 설명해 주시는 부분

위주로 출제되므로 수업시간에 잘 듣고 그 부분을 중점적으로 공부한 후 문제풀이로 마지막 정리를 하자. 음악은 실기 점수의 비중이 크므로 방학을 이용해 피아노 등의 악기 연습을 해두면 도움이 된다.

미술

미술은 작품의 생김새와 화가, 제목 등 작품정보를 꼭 암기해야 한다. 미술 기법이나 구도를 직접 그려보면 쉽게 외워지고 기억에도 오래 남는다. 확실하게 암기가 되었다면 마지막으로 문제를 풀어서 실력을 점검하자. 미술 역시 실기의 비중이 점수에 많이 반영되므로 평소 준비물을 철저히 챙기고 수업시간에는 최선을 다해야 한다.

체육

체육은 실기 점수 비율이 높기 때문에 항상 적극적인 자세로 수업에 임해야 한다. 그러나 실기에 약한 학생들은 기말고사에서 만회해야 하기에 이론시간에 선생님 설명을 반드시 주의 깊게 듣도록 한다. 설명해주신 내용 안에서 대부분의 시험문제가 나온다고 해도 과언이 아니기 때문이다. 수업내용을 중심으로 시험범위 전체를 외운 후, 기출문제를 풀어 실력을 점검하는 것이 좋다.

CHAPTER 17

특목고 진학은 부모와 학생의 합작품이다

:: 특수목적고에 가려면 어떻게 공부해야 할까?

특수목적고등학교(이하 특목고)는 학부모의 정보력과 학생의 노력이 빛는 합작품이다. 그만큼 특목고 준비를 위해서는 가고 싶어하는 학교의 시험정보에 빨라야 하고 장기간 노력이 필요하다. 특목고 준비는 목표 학교를 구체적으로 정하는 일에서부터 출발한다. 학교마다 전형방식에 차이가 있고 시험출제 경향도 다르기 때문이다. 미리 지원할 학교를 정해 관련 정보를 얻은 다음 그에 맞게 준비해야 한다.

우수한 학생들을 모집하는 만큼 일정 실력을 갖추기 위해서는 장기간의 체계적인 공부가 필요하다. 일부 지역에서는 초등학교 저학년부터 토플과 올림피아드 준비를 시킨다고 한다. 그러나 시기보다는 전체적인 방향이 더욱 중요하다. 처음부터 방향을 잘 잡아야만 공부하는 학생은 물론 뒷바라지에 여념이 없는 학부모의 노력도 헛되지 않는다.

특목고의 대명사라고 할 수 있는 외고, 과고, 민사고 진학 학습법에 대해 살펴보도록 하자.

:: 외국어고등학교

외국어고등학교(이하 외고)는 외국어 계열의 특목고인 만큼 외국어능력이 기본이다. 학교별로 차이는 있지만 대다수의 학교에서는 특별전형으로 외국어능력 우수자와 영어능력 우수자 전형을 실시하고 있으며 쓰기(에세이), 듣기, 구술면접으로 평가한다. 일반전형은 크게 내신성적과 면접으로 나눌 수 있는데, 지원자격 조건으로 내신등급 8% 이내의 제한을 두고 있다. 실제 3% 이내 최상위층 학생들이 합격하는 만큼 내신성적은 큰 변별력이 없다. 외고 입시는 듣기와 구술이 좌우한다고 해도 과언이 아닌데 외고 대비법의 핵심이라고 할 수 있는 듣기평가와 영어능력 평가시험, 구술면접에 대해서 알아보자.

듣기평가

외고 듣기평가의 난이도는 대학수학능력시험 이상의 난이도를 보인다. 문제 형식은 수능과 전혀 다르지만 대상자가 중학생들이라는 점을 감안하면 체감 난이도가 높다고 볼 수 있다.

듣기평가는 크게 대화형 듣기와 토플형 듣기로 구분된다. 대화형 듣기는 두 명의 대화자가 정해진 주제나 소재에 관해 대화하는 것을 들은 후 문제를 푸는 방식이고, 토플형 듣기는 긴 영어 지문이 시험지에 제시되고 제시문을 읽은 후 질문이나 보기가 듣기로 제시되어 해결하는 방식이다. 이러한 두 형식에는 다양한 문제 유형을 나타내고 있다. 예를 들면 그림파악, 상세정보파악, 관계파악 등이 있다.

외고 듣기시험은 전문적인 과학, 시사, 사회, 고전 등의 주제를 통한 사고력 유형의 듣기평가가 일정 비중을 차지한다. 그러므로 범 교과적인 교과 학습과 함께 그것을 듣고 종합하고 사고할 수 있는 능력이 요구된다.

외고의 듣기평가를 대비하는 방법은 많이 듣고 반복적으로 듣는데 그쳐서는 안 된다. 듣기평가 문제집을 하나 선정한 뒤 문제를 풀고 틀린 문제는 반복해 다시 듣는다. 그리고 틀린 문제를 처음부터 받아 적고 원 문제와 대조해 확인한다. 마지막으로 큰소리로 따라 읽어본다.

듣기문제의 경우에도 매번 틀린 문제를 틀리는 일이 많다. 이 경우 틀린 문제를 정리해 어떤 유형과 주제에서 취약한지 분석해야 한다. 어떤 학생은 계산력과 관련된 문제만 나오면 틀리고, 또 어떤 학생은 스포츠를 주제로 한 지문이 나오면 어려워한다. 학생 개인별로 취약한 문제 유형과 주제를 파악해 집중 학습할 필요가 있다.

최근 출제 경향을 보면 학교마다 문제 유형이 다르고 난이도 또한 차이가 크다. 대화형보다는 장문형으로 출제되고 있으며 그에 따른 난이도가 해마다 높게 나타나고 있음에 유의할 필요가 있다.

영어능력 평가시험

특별전형을 노리는 학생이라면 반드시 영어능력 평가시험을 준비해야 한다. 여기서 영어능력 평가시험이란 토플(TOFEL), 텝스(TEPS), 토익(TOEIC) 등을 말하며, 일반적으로 토플성적이 선호된다.

요구되는 토플성적은 학교별로 차이가 있지만 평균 200~230점(CBP 시험) 정도 선이다. 최근에는 토플과 텝스의 기준 점수가 높아지고 있는 추세다.

토플은 특별전형을 노리는 학생에게 필수적인 시험이다. 예비 중학생이나 중학 1학년은 아직 시간적인 여유가 있는 만큼 체계적으로 준비할 필요가 있다. 토플은 종합적인 실력을 요구하며 쓰기, 읽기, 말하기, 듣기 등 어느 것 하나 쉽게 할 수 있는 영역이 아니다. 단기간에 좋은 성적을 기대할 수 없는 만큼 기본부터 착실히 준비하는 것이 중요하다.

특히 토플시험 제도가 CBT에서 IBT로 바뀌었다. 새로 시작되는 IBT 토플의 경우 120점 만점에 독해, 듣기, 말하기, 쓰기가 각각 30점씩이다. 시험방식이 인터넷으로 바뀐 부분도 있지만 말하기, 쓰기 영역이 강화된 점에 주력할 필요가 있다. IBT시험에 얼마나 빨리 적응하느냐가 관건이다. 외고 입시에서는 IBT시험의 경우 80~110점 내외의 성적을 최소 지원자격 기준으로 하고 있다.

텝스는 청해, 문법, 어휘, 독해 4개 영역에 걸쳐 총 200문항으로 구성되어 있으며 시험시간은 약 2시간 20분, 만점은 990점이다. 대원외고의 경우 특별전형 중 영어능력우수자 특별전형에서 700점 이상인 학생이 지원자격에 들어간다.

토익은 토플보다 공신력이 다소 떨어지지만 혼자 공부할 수 있는 장점이 있다. 특히 시험이 얼마 남지 않은 시점에서 듣기(LC) 부분을 집중적으로 대비하는 것이 효과적이다.

구술면접

외고입학 전형에서 절대적인 비중을 차지하는 시험이 바로 구술면접이다. 구술면접의 출제 난이도는 중학교 교과과정보다 어려우며 점수는 합 30점 내외이다. 총점에서 차지하는 비중은 낮지만 실제 응시자 간의 점수 편차가 매우 커서 듣기평가와 함께 당락을 결정하는 결정적인 기준이 된다. 따라서 학교별 문제 유형과 출제 경향을 파악해 치밀하게 준비해야 한다.

외고의 구술면접은 수학, 국어, 사회, 영어과목 등에 기본을 두고 출제된다. 하지만 실제로 주어지는 문제들은 여러 과목의 개념이 통합되어 있다. 예를 들면, 김유정의 〈봄봄〉의 일부 각색한 내용을 제시하고 지문 속에 제시된 내용을 기반으로 나무의 높이를 구하는 문제가 출제된다. 외고 구술면접은 통합 교과 관점에서 이해하고 그에 맞게 준비해야 한다.

외고 구술면접 유형은 언어구술, 영어구술, 사회영역구술, 사고력 구술 등 네 가지다. 언어구술의 경우 구술의 지문이 상대적으로 길고 학교에서 평소 접하던 문제 유형과는 차이가 있다. 주로 문학과 문법 등 관련된 지식을 함께 요구하는 경우가 많다. 또한 긴 지문을 읽고 이해하는 능력과 정답을 유출해 내는 과정을 제시할 수 있어야 한다. 언어구술에 대비하기 위해서는 평소 원리와 이해를 중시하고 그것을 통해 자신의 생각을 표출할 줄 알아야 한다.

영어구술은 종합적인 사고력을 요하는 형식으로 출제되는데, 지문의 길이나 단어의 난이도 면에서 수능보다 높으며 객관식과 단답형, 서술형 주관식 등 다양한 유형이 출제된다. 다양한 유형의 문제들을 해결하기 위해서는 독해능력뿐 아니라 다양한 교과의 배경지식도 갖추어야 한다.

사회구술은 교과에서 다뤘던 개념의 배경을 제시하고 그것을 통해 교과개념을 서술할 수 있는 능력을 평가한다. 중학교 사회와 국사과목의 개념을 모두 범위로 하고 있어 단시간에 문제해결력을 키울 수 없다. 그만큼 평소 수업시간에 충실해야 한다. 또한 서술형 · 논술형 평가 유형처럼 원리 이해를 통한 문제해결력을 향상시켜야 한다.

사고력구술은 수학적 계산을 요하는 문제보다는 규칙성 또는 논리적 사고력을 요구하는 문제가 주로 출제된다. 일반적으로 수학교과 학습은 고1 정도의 개념을 습득하도록 하고, 무조건적인 심화보다는 사고력 유형의 문제를 많이 접하는 것이 도움이 된다.

:: 과학고등학교

과학고등학교(이하 과고) 역시 일반전형과 특별전형으로 학생을 선발하는데, 특별전형에서 좀더 많은 학생을 선발한다는 점이 다른 특목고와는 다르다. 변수는 있지만 한성과고의 경우 전체 모집인원 140명 중에서 70명 이상을 특별전형으로 선발한다. 여기서 말하는 특별전형은 학교장 추천과 수학 · 과학 경시대회 입상자, 정보, 수학, 과학, 국제 올림피아드 입상자 등이다.

역시 변동 가능성이 있지만 일반전형 지원자격은 2학년 1학기, 2학기 수학 · 과학 상위 10%, 3학년 1학기 7% 이내의 조건이다. 전형방법에서는 학교내신, 구술면접, 올림피아드 입상 및 영재교육원 수료에 따른 가산점을 반영해 선발한다.

또한 정원 외 영재교육원 수료자를 선발한다. 이 경우 내신 10% 성적을 지원조건으로 하는데, 정원 외로 선발하고 있기에 영재교육원 수료생 전형에 불합격 하더라도 일반전형에서 다시 선발될 수 있는 자격이 주어진다.

경시대회

과고는 이공계열 특목고이므로 수학, 과학, 정보 올림피아드 경시대회 준비가 필수 코스로 여겨진다. 입상성적도 중요하지만 무엇보다 경시대회를 준비하는 과정에서 여러 가지 이점이 있기 때문이다. 실제 진학해서 배우게 될 과고 전문교과의 난이도 수준이 경시대회 수준이다. 올림피아드를 준비한다면 설령 입상하지 못하더라도 자연스럽게 입학시험을 준비할 수 있고 선행학습도 된다.

올림피아드 경시대회로 한국수학올림피아드(KMO), 한국물리올림피아드(KPHO), 한국화학올림피아드(KCHO), 한국생물올림피아드(KBO), 한국천문올림피아드(KAO) 등이 있다.

경시대회 선발자 특별전형의 경우 한국올림피아드와 국제올림피아드의 수상자로서 2학년 1학기와 2학기, 3학년 1학기의 수학 · 과학 내신성적 평균이 상위 10% 이내인 학생을 선발 조건으로 하고 있다.

영재교육원 수료

과고를 준비하고 있다면 영재교육원 수료증도 한몫을 한다. 과고는 모집인원 외 전형을 실시하는데, 중학생 영재교육 수료자와 국가유공자, 특례입학 대상자 등을 20명 내외에서 선발한다. 최근 3년 간의 과고 입시전형을 보면 영재교육원을 수료한 학생들의 선발 인원이 대폭 확대되고 있다. 국가 차원에서도 영재교육을 확대, 추진하고 있음을 감안하면 앞으로 영재교육원 수료자의 비중은 더욱 확대될 전망이다.

수학 · 과학교과 내신성적 챙기기

과고의 지원자격에는 제한이 많다. 수학과 과학의 내신성적을 매우 중요시하는데, 학년별 상위권 기준이 정해져 있다. 서울과고의 경우 일반전형 지원을 위해서는 2학년 1학기, 2학기 수학 · 과학 성적이 상위 10% 이내에 들고 3학년 1학기 수학 · 과학 성적이 7%이내에 들어야 지원이 가능하다. 3개 학기 중 어느 학기라도 충족하지 못하면 지원할 수 없다. 특별전형은 2학년 1학기, 2학기 수학 과학 성적이 각각 7% 이내에 들어야 하고, 3학년 1학기는 상위 3% 이내여야 한다.

과고는 지원자격 조건이 다소 까다로운 만큼 입학생 평균 내신성적을 살펴보면 1~3% 수준이다. 실제 전형에서 내신의 교과별 가중치를 살펴보면 수학과 과학이 각각 70점의 비율을, 국어와 영어가 각각 30점의 비율을 나타내고 있다. 이처럼 과고 입시를 준비하기 위해서는 수학과 과학과목의 내신관리에 많은 노력을 기울여야 한다.

과고 입시의 핵 – 구술면접

과고 입시에 크게 영향을 미치는 것은 외고와 마찬가지로 구술면접이다. 과고에서 치르는 구술면접은 고도의 창의력을 요하는 문제들이 출제된다. 학교측에서는 입학 후 수학가능 여부를 측정하기 위한 수단으로 구술면접을 이용하고 있어 시험의 난이도가 높다. 문제 유형을 살펴보면 수학의 경우, 도형이라는 틀 안에서의 일정한 규칙 찾기, 과학에서는 실험 상황을 해석하는 문제가 출제된다. 이들 문제는 고도의 창의적 사고능력을 측정하는 문제들이기에 좋은 결과를 얻으려면 중학 1년 때부터 계획을 세우고 준비해야 한다.

:: 민족사관고등학교

민족사관고등학교(이하 민사고)는 자체적인 선발 기준으로 학생을 뽑고 있다. 원서접수는 9월 초에 이루어지며, 최종 합격발표는 10월 초다. 앞서 알아본 외고, 과고에 비해 시기적으로 약간 빠른 것이 특징이다.

민사고 입시전형 절차는 3단계로 진행된다. 첫번째는 서류전형으로 입학원서, 학교생활기록부, 학업계획서와 함께 지원자의 민사고 수학경시대회 입상성적과 영어능력시험(토플 · 토익 · 텝스)의 성적을 요구한다.

두번째 논리적 · 합리적인 사고력과 창의적인 문제해결력을 측정하는 영재성판별검사, 마지막으로 심층면접이다.

1단계 : 민사고 수학경시대회

민사고의 경시대회는 자체적으로 이뤄진다. 즉 외부 기관의 경시대회 입상성적을 제출하는 외고, 과고와는 달리 민사고에서 주최하는 수학경시대회 입상성적이 서류전형에 반영된다. 경시대회는 매년 6월 또는

7월에 개최되고 필수 시험은 아니지만 지원자의 대부분이 응시한다. 경시대회 성적은 전체 9등급으로 나뉘어지는데, 이 중 평균 6등급 이내의 학생이 합격하고 있다. 시험 형식은 5지선다형과 단답형 주관식으로 출제되고 평균 25문항 정도다. 시험 출제범위는 중3 교과까지의 심화과정에서 출제한다고 하나 여타 경시대회가 그러하듯 고등 수학과정에 대한 이해가 필요하다. 난이도가 매우 높은 만큼 많은 준비가 필요하다.

2단계 : 영재성 판별검사

영재성 판별검사는 언어 · 사회 영역과 수리 · 과학 영역으로 진행된다.

언어와 사회의 국제계열은 답변을 영어로 작성해야 한다. 언어와 범사회적인 영역을 종합적으로 판단하는 문제가 출제된다.

수리 · 과학의 평가는 정답에 접근 정도와 이론과정을 집중적으로 본다. 이를 통해 교과학업능력과 창의성을 검증한다. 문항 수는 언어 · 사회 각 1문제, 수리 · 과학 5~6문제 정도다.

3단계 : 심층면접

민사고의 심층면접은 학생의 선택에 의해 해당 분야별로 전문성을 평가한다는 특징이 있다. 즉 지원자는 자신이 가장 재능이 있다고 생각하는 분야에 응시할 수 있다. 응시가능 영역은 리더십, 국어, 영어, 수학, 물리, 화학, 생물, 지구과학, 정보, 종합학업능력 등이다. 민사고 진학을 목표로 하고 있다면 먼저 학생의 진로 및 재능 영역을 결정하고 그에 맞는 준비해야 한다.

수학, 과학과목의 심층면접은 올림피아드(KMO, KPHO, KCHO, KBO,

KAO 등) 문제풀이 수준으로 진행되기에 교과별 심화학습이 필요하다. 영어는 구두 면접에 이어 즉석에서 주제를 주고 20~30분간 에세이를 작성케 하여 쓰기 능력을 점검한다.

:: 특목고 대비, 이것만은 알아두자

내신성적 관리는 기본이다

특목고에 가려면 내신성적이 좋아야 한다. 내신성적은 지원자격 사항이기 때문이다. 외고와 과고의 경우 2학년 1학기부터 3학년 1학기 과정의 내신성적이 반영된다. 외고는 국어, 영어, 수학, 사회, 과학과목의 가중치가 부여되고 예체능 과목은 가중치가 반영되지 않는다. 과고의 경우 지원자격이 더욱 까다로워 2학년 1학기부터 3학년 1학기까지 특별, 일반전형 전 부문에서 학교별로 요구하는 수학, 과학 석차백분율에 진입해야 지원할 수 있다.

특목고를 준비하는 학생들 중에는 1학년 성적이 들어가지 않는 점 때문에 2학년 1학기부터 준비하면 된다고 생각하기 쉬운데, 이러한 생각은 낭패를 보기 쉽다. 학교성적 관리 감각은 하루아침에 이뤄지지 않는다. 특히 시험에서 당락을 결정하는 구술면접은 외고의 경우 국어, 수학과목에 대한 학습능력을, 과고에서는 수학, 과학과목에 대한 학습능력을 평가하는데, 1학년 과정에 대한 이해 없이는 체계적인 대비가 힘들다. 따라서 특목고 내신성적은 1학년 때부터 관리해야 한다.

자립형 사립고인 민사고의 경우는 외고, 과고와 달리 중학교 전과목 내신성적을 반영하기 때문에 1학년부터 철저한 관리가 필요하다. 지원

전 민사고 홈페이지의 학교내신산출 프로그램에서 지원자격을 인정받아야 할 만큼 일정 정도의 성적을 요구한다.

특목고 합격자의 내신성적은 평균적으로 상위 3% 이내였으며 학생 간 오차 범위가 매우 협소했다. 특목고 입학을 준비하는 학생이라면 내신성적 관리가 기본 중의 기본이다.

내신성적이 안 좋으면 특목고에 갈 수 없다?

내신성적이 안 좋으면 특목고에 지원할 수 없을까? 아니다. 특목고 전형에서 내신성적 실질 반영비율이 낮은 편이어서 중학교성적 백분율과 가중치에서 감점되더라도 영어듣기나 구술면접에서 충분히 만회할 수 있다. 내신성적은 지원자격을 위한 최소 기준일 뿐 당락을 결정하는 결정적 요소는 아니다. 특목고에서 요구하는 내신성적은 학교별로 차이가 있지만 외고의 경우 상위 8% 이내라고 보면 된다. 과고의 경우 이보다 높아서 수학, 과학과목의 경우 상위 3% 이내, 일반전형은 8% 이내 수준을 요구한다.

전국에서 우수한 학생들만 진학하는 특목고이고 보면 사실 상위 8%란 문턱은 매우 낮은 셈이다. 즉 내신성적은 최소 자격기준임을 기억해두기 바란다.

출제 경향을 알아야 한다

아무리 우수한 학생이라도 학교별 전형방법과 시험문제 출제 경향을 파악하지 못하면 불합격의 쓴 맛을 보는 것이 바로 특목고 입시다. 따라서 목표로 삼은 학교의 전형일자와 방법, 최근 출제 경향 등을 파악하는 체계적인 준비가 필요하다.

최근의 출제 경향을 분석하는 일에서 가장 선행되어야 할 일은 해당 학교에서 최근 몇 년 동안 출제된 문제를 접해보는 것이다. 어떤 유형의 문제인지, 어떤 주제가 출제되었는지 파악, 분석하는 일이 중요하다.

그러나 단순히 기출문제만 보고 올해 출제될 문제를 예상하기란 쉽지 않으므로 별도의 정보수집이 필요하다. 전문 기관에서 배포하는 자료집을 구해다 보거나 학교마다 개최하는 입시설명회에 참가하는 것이 좋다. 또한 해당 학교의 인터넷 홈페이지에 들어가 상세 정보를 열람한다. 인터넷은 쉽고 빠르게 특목고에 관한 정보를 구할 수 있는 방법으로, 특히 엠베스트와 같은 온라인 교육 사이트는 특목고에 관한 학교별 입시요강에서 최근의 출제 경향, 입시대비 학습법, 기출문제까지 한눈에 볼 수 있는 양질의 정보를 제공한다.

전략을 짜야 한다

특목고는 입시인 만큼 전략이 필요하다. 거의 모든 특목고의 전형방법이 특별전형과 일반전형으로 나뉘어 있는데, 설령 특별전형에서 떨어지더라도 일반전형에 지원할 수 있다. 구술면접은 특별전형이나 일반전형이나 거의 동일하다. 그러므로 특목고 입시에서는 특별전형과 일반전형을 모두 준비하되, 두 전형의 상관관계를 파악해서 상호 시너지를 낼 수 있는 학습전략이 필요하다.

효과적인 학습법, 최고의 결과를 거둘 수 있는 좀더 나은 전략이야말로 정보 못지않게 요구되는 특목고 대비 방법이라고 하겠다.

특목고 인정 경시대회

서울 한성과학고	민족사관고등학교	대원외고	대일외고
1. 한국(국제) 수학, 과학, 정보 올림피아드	1. 우리역사바로알기 경시대회 2. 올림피아드 경시대회 3. 시도교육청 주관 수학, 과학 정보 경시대회 4. 민사고 수학경시대회 5. 민사고 토론 경시대회 6. 민사고 영어 토론대회	1. 국제영어대회 2. 국제영어논술대회	1. 학교 주최 경시대회 2. 전국 규모 경시대회

한국수학올림피아드

한국수학올림피아드(KMO)는 대한수학회가 주최하는 전국 규모의 수학경시대회다. 수학영재 발굴을 목적으로 하고 있으며 고등부의 경우 2차 시험에 합격한 학생들에게만 국제수학올림피아드(IMO)에 한국대표로 참가할 기회가 주어진다. KMO는 중학생부와 고등학생부로 나누어 출제된다. 출제 수준은 중 · 고등학교 교육과정에 기본을 두지만 난이도는 훨씬 높다. 중등부는 창의적 사고력을 평가할 수 있는 내용, 고등부는 IMO 수준의 창의적 사고력을 평가할 수 있는 내용이 출제된다. 중등부와 고등부로 나뉘어 있지만 실제 지원에서는 학년에 지원 제한을 두지 않는다. 따라서 중학생일지라도 고등부 1차 시험에 지원할 수 있고 IMO에 진출할 수 있다. 2005년 46회 IMO 진출 확정자 6명 중에는 서울과고 3명 경기과고 2명과 함께 우리나라 최초로 중3학년 학생이 선발돼 화제를 낳기도 했다.

대표학생 선발절차는 'KMO(11월)→겨울학교 모의고사(1월)→아시아 · 태평양 수학올림피아드(APMO, 3월)→KMO 2차 시험(4월)'이다. 이 네 가지 시험성적을 기초로 최종 후보학생 12명을 선발한다. 최종 후보 12명은 5월부터 7~8주간 주말교육을 받으며, 이 기간 중 모의고사를 2회 실시한다. 모의고사 성적과 이전 전체 시험의 합산한 성적을 기준으로 KMO 위원회에서 최종대표 6명을 선발하고 선발된 6명은 IMO에 출전한다. 중등부 대회 입상자는 특목고 입시 및 자립형 사립고에서 특별전형으로 선발한다.

한국물리올림피아드

한국물리올림피아드(KPHO)는 과학 · 물리 영역의 우수한 인재의 발굴을 목적으로 하고 있으며 한국과학재단의 지원으로 시험이 실시된다. 국제물리올림피아드(IPHO)의 국가대표 선발을 위해 진행되고 있으며, 우리나라에서는 1992년 핀란드 헬싱키에서 열린 제 23회 IPHO 대회 때부터 대표단을 파견하고 있다. 현재 세계 10위권의 성적을 유지하고 있다.

대표학생 선발절차는 'KPHO(9~10월)→전년도 KPHO에 입상한 학생들로 진행하는 겨울학교(1월)→겨울학교 교육생을 대상으로 5명을 선발하는 국가대표 선발시험(2월)'으로 진행된다. KPHO 역시 특목고 및 자립형 사립고 신입생 선발에서 특별전형으로 선발하고 있으며, 대입에서도 많은 혜택을 받는다.

한국화학올림피아드

한국화학올림피아드(KCHO)는 중학생 및 고등학교 1~2학년을 대상으로 화학영재를 발굴, 육성하기 위해 실시된다. KCHO는 중 · 고등학교 화학교육의 방향을 제시하고, 장기적으로 미국의 'AP test' 수준의 공신력 있는 시험으로 발전시킬 계획인 것으로 알려져 있다.

한국생물올림피아드

한국생물올림피아드(KBO)는 중 · 고등학생들의 생명과학에 대한 관심을 고양시키고, 생명과학 학습능력 향상을 도모하며, 생명과학 분야의 영재를 발굴, 육성하기 위해 한국 생물교육학회 주관으로 실시된다. 매년 8월 중순경에 개최하며 참가 대상은 일반계 고등학교 학생(학교장의 추천을 받은 1, 2학년에 재학 중인 학생으로 학교당 1명)과 과학고등학교 학생(학교장의 추천받은 1~2학년에 재학생 중 학급당 1명), 중학교 학생(학교장의 추천받은 중학교 2~3학년에 재학생 중 학교당 1명)이다.

평가방법은 지필평가로 이루어진다. 최종 선발된 학생들은 국제생물올림피아드(IBO)에 국가대표로 출전하는 자격이 주어진다.

한국지구과학올림피아드

한국지구과학올림피아드(KESO)는 중 · 고등학생의 지구과학 학습능력 향상을 도모하고 지구과학 분야의 영재를 발굴하는 것에 목적을 두고 있다. 참가 대상은 중학부, 일반고부, 과학고부로 실시하며 예선대회 시험방법은 필답고사 100점 만점으로 한다. 과학 · 지구과학에 높은 흥미나 탁월한 능력이 있다고 인정되는 학생 또는 이에 준하는 교육기관의 재학생이 학교장 추천을 받아 참가한다.

1차 지필평가와 2차 실습 · 수행평가로 우열을 가린다. 1차 지필평가는 주관식(30%)과 객관식(70%) 문제로 이루어진다. 중등부의 경우 중학교 과학 내용 중 지구과학 관련 전과정의 고급수준으로 이루어져 있으며, 일반고부와 과학고부는 고등학교 지구과학 Ⅰ, Ⅱ 전과정의 고급수준이 범위다.

2차 실습 수행평가는 지질, 천문, 대기 및 해양 등의 분야로 나뉜다. 중등부의 경우 중학교 과학 내용 중 지구과학 관련 전과정의 실습 수행 능력을, 일반부와 과학고부는 고등학교 지구과학 Ⅰ, Ⅱ 전과정을 범위로 한다. 2차 시험은 1차 시험성적 상위 30%만 응시할 수 있다.

:: 학년별 특목고 대비 학습법

자녀를 특목고에 보내기를 희망하는 학부모들의 공통된 관심 중 하나는 '언제부터 특목고 준비에 들어가야 하는가' 다. 내로라하는 수재들이 지원하는 만큼 준비하는 시기가 얼마나 앞선가가 중요하다. 그러나 언제부터 준비하는가 못지않게 중요한 것은 어떻게 준비하는가다. 단계적, 체계적으로 준비하는 것이 중요한 포인트다.

초등학교 때 특목고를 구체적으로 준비하는 것은 사실상 힘들다. 그러나 특목고 입시의 핵심 과목이라고 할 수 있는 영어, 수학, 과학의 기본 학습 시기로 생각해야 한다.

무엇보다 중학교 1학년 때에는 가고자 하는 특목고를 결정해야 한다. 교과목의 경우 심화학습이 기본이고 3학년 1학기, 즉 10-가 정도의 진도까지 응용학습과 선행학습이 필요하다. 심화학습은 기본이 갖춰진 상황에서 진행할 수 있는 만큼 일정 과정의 교과 개념은 반드시 학습하도록 한다. 진도학습과는 별개로 영어능력시험으로 토플과 경시대회를 준비해야 한다. 일부 학생들은 무리한 경시대회 준비로 내신성적 관리에 실패하는 경우를 볼 수 있다. 하지만 앞서 얘기한 바와 같이 내신성적 관리는 기본에 속하는 일이다.

중학교 2학년 때의 선행학습은 고교 1학년 정도까지 이루어져야 한다. 특히 과고를 준비하는 학생의 경우 올림피아드 등의 경시대회 준비를 감안하면 수II의 일정 단원을 공부해 두어야 하며, 적어도 수I 부분까지는 마쳐놓아야 한다.

2학년부터 내신이 반영되는 만큼 학년별 종합석차 8%, 수학, 과학, 영어, 국어, 사회과목별 석차 3%를 유지하는 것은 기본이다.

중학교 3학년 내신관리는 1학기 중간, 기말고사에 집중하자. 무엇보다 3학년 내신성적이 큰 비중을 차지하므로 내신에 많은 신경을 써야 한다.

특목고는 대부분 10월에 입학전형을 실시하는 만큼 시험대비 실전학습은 8월까지 마무리해야 한다. 실전에 강해질 수 있는 훈련이 필요한데, 입시전문가들은 '유형 파악하기→실전문제→실전테스트' 3단계 훈련법을 권장한다. 즉 출제문제의 유형을 파악하고 다양한 실전문제를 풀어보는 반복적인 과정을 통해서 실전 적응력을 키워야 한다. 이런 과정을 통해 자신이 가장 취약한 문제의 유형과 주제를 찾는 연습이 반드시 필요하다.

특|목|고|합|격|수|기

푸른 꿈으로 채운 '100일 작전'

김경무(2006학년도 명덕 외국어고등학교 특별전형 합격)

이렇게 공부했어요

안녕하세요, 특별전형으로 명덕외고 영어과에 합격한 김경무입니다. 외고를 지망하고 있는 학생들에게 제 이야기가 도움이 될까 싶어 이렇게 글을 쓰게 되었습니다.

중학교 1학년 때부터 조금씩 준비해 온 외고 입시지만, 100일 간의 학습내용을 전해드리려고 합니다.

우선 외고 입시를 100일 앞둔 7월 말~8월 초의 당시 제 상태는 내신 상위 8%, 토익점수 815점 정도였고요, 수학은 실력정석까지 완료된 상태였으나 서울권 외고는 창의력 위주의 문제가 출제되기 때문에 더 이상의 진도를 나가지 않은 상태였습니다. 그 밖에 논술 · 구술 면접에 대한 대비는 전혀 되지 않은 상태였어요.

외고 입시를 준비하는 동일 집단에 비해서 영어 실력은 뛰어난 편이었으나 분명 월등한 것은 아니었고, 주변의 친구들이 무섭게 성장하는 것을 보면서 '이대로 있어선 안 되겠다.' 하는 마음에 '100일 작전'을 시작했어요.

영어

우선 영어 문장의 의미를 이루는 기본 단위와 단어에 대한 학습이 절실했습니다. 저는 1~2학년 때 인터넷 강의에서 ATE 강의를 꾸준히 들은 덕을 톡톡히 봐서 수능 정도의 난이도 있는 단어에 대한 친밀도가 높은 편이었어요. 그러나 외고는 수능을 초월한 정도의 영어 실력을 요구하기 때문에 안심할 수 없었어요. 시중에서 파는 유명한 수능용 단어책을 2권 구입해서 하루에 100단어 정도씩 외우니까 한 권당 보름가량이면 끝나더라구요. 사람의 기억이란 게 자꾸 되살려내지 않으면 흐릿해지기에 시험을 보는 그날까지 반복의 반복을 거듭해 단어 손실을 최소화하는 데 주력했어요.

또 전문적인 용어를 비롯한 고급 어휘들의 출제 가능성에 대비해 TOEFL용 단어집을 하나 사서 하루, 이틀에 한 챕터씩(35~40단어) 자율적으로 공부했는데, 이러한 단어들은 달달 외우겠다는 마음보다는 친밀도를 높여서 시험 지문에 출제되면 문맥을 통해 자연스럽게 의미를 떠올릴 수 있을 만큼만 익혀두자는 생각으로 봐두었어요.

그런데 정작 걱정은 듣기였어요. 특별전형으로 한번에 끝내버리고 싶었지만 일반전형을 치를 가능성을 배제할 수 없었기 때문에 듣기를 위한 강의를 물색하다가 인터넷에서 ATE3-part2 강의를 선택해 들었어요. 반복 청취를 했더니 어느 정도 귀가 뚫리기 시작했고 토익점수가 크게 향상되었죠. 8월 말에 치른 토익시험에서 900점이 나오더군요. 듣기가 70점가량 오른 결과였죠. 한번 상승세를 탄 영어 실력은 계속 가속이 붙더니 9월 시험에선 990점 만점에 960점이 나오더라고요. 듣기는 495점 만점이 나왔고요, 어휘가 늘면서 지문 이해도가 높아졌어요. 또 시중에 나와 있는 토익모의고사 문제집을 하나 사서 오답 위주로 체크하면서 허점을 메웠더니 RC 파트에서도 465점이라는 만족스런 점수가 나왔습니다.

저는 영어에 개인적인 욕심이 많은지라 토플공부도 병행했습니다. 2~3일마다 한 번씩 렉쳐 1~2개를 Dictation 했는데, 어휘공부와 ATE 듣기 공부를 병행하다 보니 상승효과를 일으켜서 Dictation 능력도 체감할 수 있을 만큼 확실히 향상됐습니다.

독해에 대한 언급을 하지 않았습니다만, 독해 또한 다른 영역처럼 인터넷 강의가 큰 도움이 되어 Reading Skill이 이미 갖추어져 있었기 때문에 외고 기출문제들을 훑어보며 여유롭게 준비할 수 있었습니다.

수학

서울권 외고는 창의력 위주의 문제가 출제됩니다. 수리력 문제가 아니기 때문에 범위를 설정해서 공부할 수가 없습니다. 그래서 다양한 유형의 문제를 풀어보는 것이 중요합니다. 실제로 여러 가지 문제들을 풀다 보면 유형이 무한정 많은 것이 아니라 동일한 메커니즘을 가지고 있으면서 다양한 형태로 그 겉모습만 변형시키는 문제들을 접하게 되는데요, 그때 그 기본적인 해법만 기억하고 있으면 아무리 다른 껍데기를 뒤집어쓰고 시험에 나와도 같은 방법으로 해결할 수 있습니다.

창의력 문제집을 구입하게 되면, 모두 풀고 나서 유형별로 정리를 해보세요. 간혹 중복되는 문제들이 생기는데 그런 건 과감하게 지우세요. 그러다 보면 문제집이 부피가 확 줄어들면서 '유형별 문제 모음'으로 변하게 됩니다. 시험을 앞두고는 그것만 보세요.

실제로 명덕외고 문제에선 창의력 2문제가 접해본 유형이었고 나머지 두 문제는 교과과정의 기초적인 문제였기 때문에 어렵지 않게 풀 수 있었습니다.

언어 영역

많은 학생들이 국어를 소홀히 생각하는데 실제로는 국어로 당락이 결정됩니다. 왜냐하면 영어, 수학은 모두들 잘 해서 큰 변별력이 없기 때문입니다.

경기권 외고(용인, 명지, 안양 등)들은 수능형의 문제가 출제됩니다. 문제의 형태는 수능형이며 난이도는 수능 수준 또는 그 이상입니다. 워낙 어렵기 때문에 보통 25문제 출제되면 12문제 정도에서 커트라인이 나옵니다. 만약 영어나 수학에서 밀리더라도 국어에서 20문제 가까이 맞춘다면 손실을 메우고도 남겠지요.

서울권은 학생들의 논리력, 사고력을 측정하려는 의도의 문제가 많이 출제됩니다. 예컨대 "남녀 평등에 대하여 주장하는 글을 쓰고자 한다. 타당성이 떨어지는 의견을 말한 학생은 누구인가?" 하는 식으로 문제가 나오고 4~5개의 보기 중 하나를 선택하되, 경기권 외고처럼 단순히 고르는 것이 아니라 때에 따라 그 이유까지 면접관 앞에서 논리적으로 설명해야 되는 상황이 벌어지기도 합니다.

그래서 저는 서울권 외고와 경기권 외고의 작년, 재작년 기출문제를 모두 입수하여 풀었어요. 특히 면접관 앞에서 문제풀이를 할 상황을 대비해 학원선생님, 친구들과 시뮬레이션 연습을 했습니다. 이때 중요한 것은 지엽적인 지식에 집착하는 것이 아니라, 문제의 유형을 파악하는 것입니다.

"아, 이런 형태로 문제가 나오는데 출제자는 이러한 답을 요구하는구나!"라는 깨달음만 얻을 수 있으면 그걸로 족합니다. 기출문제를 풀다 보면 학교별로 출제 경향도 느낄 수 있을 겁니다. 공동출제이긴 하지만 그 중에서 실제로 출제하는 문제들을 보면 선호하는 문제의 경향이 있습니다.

사회

국어와 마찬가지로 사회도 복병입니다. 실제로 면접에서 학생들에게 시사적인 질문을 하는 학교들도 있을 뿐더러, 논 · 구술면접 문제에서도 2~3문제씩 출제되므로 무시할 수 없습니다. 출제위원들은 교과서를 참고하기 때문에 중점적인 공부는 교과서를 훑어보는 것으로 하되, 면접에서 가볍게 던질 수 있는 질문들에 대비하여 시사적인 내용들에 대한 자신의 생각을 정리해 두는 것이 좋습니다. 저는 사회교과서 2~3학년 내용을 가볍게 훑었고 김치파동, 삼성 문제, 배아복제문제 등 여러 가지 시사적인 내용에 대한 생각들을 정리해 두었습니다.

마지막으로 특목고 입학을 꿈꾸는 후배들에게 한마디!

저도 여러분들처럼 특목고를 목표로 공부하는 수많은 학생들 중 한 사람이었습니다. 하지만 특목고 진학이 우리의 '최종 목표'는 아니지 않습니까? 우리의 꿈을 이루기 위한 지름길일 뿐입니다. 꿈은 원대하고 굳건하게 세우세요. 저는 UN에서 일하고 싶습니다. 그리고 최종 목표는 UN 사무총장이 되는 것입니다. 어떤 이는 터무니없다고 비웃겠지만 저는 상관없습니다. 확고한 비전이 있다면 이룰 수 없는 일이 어디 있겠습니까?

"꿈이 있는 자는 강하다"

제 핸드폰 배경문구 입니다.

6.4 : 1이라는 경쟁을 뚫고 또 150명 중에서 8등 안에 들어야 하는 영어과에 당당히 합격할 수 있었던 원동력은 나의 큰 꿈을 이루기 위해서 지금 내 앞에 버티고 있는 난관에 절대 무릎 꿇을 수 없다는 강력한 의지, 바로 그것이었습니다.

모두들 꿈을 향하여, 파이팅!

CHAPTER 18

서술형 · 논술형 평가가 수재를 범재로 만든다

:: 서술형 · 논술형 평가란 무엇인가?

서울 K중학교에 재학 중인 은숙이는 기말고사 성적표를 받아 들고 당혹스러웠다. 전교 3등을 놓쳐본 적이 없었는데, 막상 성적표 점수는 형편없었다. 늘 자신만만이던 국어의 경우 가관이었다. 국어 객관식 문제는 단 한 문제도 틀리지 않아 친구들에게는 만점이라고 자랑까지 했건만 정작 기록된 점수는 80점. 원인을 알아본 은숙이는 적잖이 당황하지 않을 수 없었다. 문제는 바로 서술형 평가였다. 띄어쓰기가 제대로 되지 않고 맞춤법이 틀렸다는 이유로 서술형 평가가 0점 처리된 것이었다.

7차 교육과정은 단순 암기식 교육을 지양하고 창의력, 사고력, 문제

서술형 · 논술형 평가 확대방안 연차 계획

구분	2005년	2006년	2007년	2008년
시행목표	30%	40%	50%	50%
시행대상	중1학년 고1학년	중1~2학년 고1~2학년	중1~3학년 고1~3학년	

해결력 교육을 지향하고 있다. 이와 같은 교육목표에 가장 부합하는 평가방식이 바로 서술형 · 논술형 평가다. 서술형 · 논술형 평가는 2007년까지 전체 평가의 50% 수준으로 확대될 예정이라 고득점을 노리는 학생이라면 서술형 · 논술형 평가에 대한 확실한 대비책이 절실하다.

일반적인 평가 유형 알아보기

흔히 서술형 · 논술형 평가는 글만 잘 쓰면 된다고 생각하기 쉽다. 그러나 서술형 · 논술형 평가는 우선 평가문항의 유형을 따져보고 그에 맞게 기술하는 방법을 알아야 한다. 일반적으로 시험평가 유형은 크게 선택형과 서답형으로 나뉜다. 서술형 · 논술형 평가문항은 서답형의 일환이다.

서답형 문항은 답안 내용을 간단한 단어, 구(句), 또는 문장 등으로 구성해 작성하는 형태다. 문항의 중간중간에 빈칸을 설정해 놓고 적합한 단어나 구를 써넣는 완결형 문항, 간단한 단어 · 구 · 절 · 문장 등으로 답을 적도록 하는 단답형 문항, 서술하거나 자신의 생각을 기술하는 서술형 · 논술형 문항으로 분류할 수 있다.

여기서 주의할 것은 서술형 · 논술형 문항은 단답형 주관식과 많이 다르다는 사실이다. 단답형 주관식 문제가 교과내용의 단순한 암기를 요구하는 것이라면, 서술형 평가는 교과내용을 올바르게 이해했는지가

평가문항의 분류

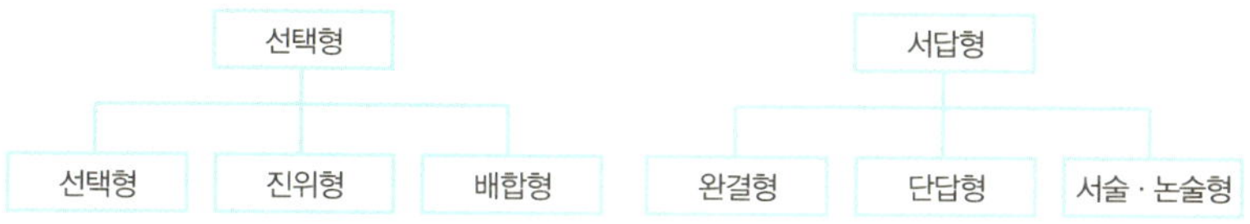

평가 기준이다. 이러한 서술형 · 논술형 문항은 단순 암기학습으로는 해결하기 어려운 개념의 원리는 물론 창의력, 응용력, 문제 해결력, 분석력까지 평가하므로 많은 학생들이 어려워한다.

:: 서술형 · 논술형 평가문항 파헤치기

서술형 · 논술형 평가문항은 문제내용과 방식에 제약을 가함으로써 응답내용이 달라진다. 시험 때 문제를 잘 읽는 자세가 필요하며 평가문제 유형을 살펴보고 그에 맞는 사전 준비가 필요하다.

서술형 · 논술형 평가 유형 분류

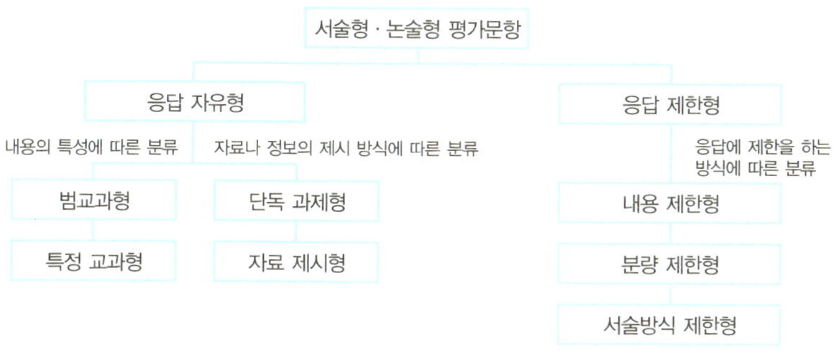

서술형 평가문항의 7가지 유형

1 【응답 제한형(분량 제한)】 조선후기에 양반 수가 급증한 이유를 산업의 발전과 연관시켜 120자 이내로 설명하시오.

'120자 이내로' 라면서 답안의 길이(문장의 수, 글자 수, 행 수 등)로, 즉 물리적으로 제한하는 문항이다.

2 【응답 제한형(내용 범위 제한)】 자유와 평등 간에 균형이 이루어지지 않을 때에 나타나는 현상을 국가적 · 경제적 및 정치적 측면에서 예를 들어 설명하시오.

응답할 내용범위에 제한을 가하는 문제 유형이다.

3 【응답 제한형(서술양식 제한)】 북한 경제의 침체 원인을 논하시오.

응답할 내용범위에 제한을 가하는 문항 유형이다.

4 【응답 자유형】 발전소에서 고전압을 송전할 수 있는 원리를 다양한 관점에서 설명하시오.

앞의 문항들과는 다르게 응답 자유형은 응답의 내용범위와 서술양식에 큰 제약이 없고 답안의 길이에 대한 제한도 명시되어 있지 않다. 답안의 최대 길이가 학생 개개인의 능력과 시험시간에 의해서만 간접적으로 제한받는 문항의 형태다. '응답 자유형' 문항의 대표적인 사례다.

5 【단독 과제형】 남녀 간의 임금격차와 업종에 따른 임금격차의 관련성을 논하시오.

단독 과제형 문항의 대표적인 사례로서 자료나 정보를 제시하지 않고 특정 질문에 응답하도록 하는 문항 형태다. 흔히 '논술형'이라고 불리는데, '응답 자유형'과 밀접한 관련이 있다.

6 【자료 제시형】

과학의 발달이 인간에게 도움을 주는 측면과 인간생활을 파괴하는 위험한 측면을 열거하시오(인류를 위한 과학의 발전 방향을 제시한 18절 4쪽 정도의 과학 분야 논문 또는 평론을 배부).

별도로 나누어준 글을 읽고 다음 물음에 답하라.
(1) 읽은 내용을 신문 문화란에 발표한다고 가정하고 간략히 요약하라.
(2) 자연개발과 생태계의 보전방안에 대한 구상의 타당성을 논하라.
(3) 유전공학을 잘못 이용하면 인간사회에 큰 혼란을 야기시킬 우려가 있다는 주장에 찬성하는 내용의 글을 실례를 들어 서술하라.

자료 제시형은 문항 속에 자료를 제시해 주고 그것을 바탕으로 응답하도록 하는 문항 형태다.

만약 여러분이 학생대표로 동남아 여러 나라를 여행할 기회가 생겼다고 가정하자. 각 나라의 어떤 점에 관해 어떻게 관찰, 조사해야 할 것인지에 대한 계획을 마련하는 일이 당신에게 맡겼다고 하자. 우리나라의 국가적, 사회적, 문화적 상황에 비추어 계획을 어떻게 마련할 것인가에 대한 개요를 제안해 보자.

7 【교과 관련 능력형】

교과 관련형의 문항 사례다. 문제의 내용이 어떤 특정 교과목 또는 중복교과 형식의 개념과 관련되어 있거나 범교과적인 성질을 띤 문항유형으로서, 주로 사고능력을 포함하도록 요구한다. 일반 쓰기능력형과 교과 관련 능력형 문항은 논리력과 사고력을 중점적으로 평가하고 범교과적 성격을 지니고 있는 만큼 다양한 배경지식에 대한 폭넓은 학습이 요구된다.

:: 서술형 · 논술형 평가 대비 학습법

서술형 · 논술형 평가의 목적은 선택형 일변도의 지필평가를 지양하고 사고력과 문제 해결력 신장을 통한 학력 신장에 있다. 즉 단순 암기교육을 지양하고 개념의 원리와 이해는 물론 실생활과 연관해 폭넓게 생각할 수 있는 학습능력 평가다. 서술형 · 논술형 평가를 대비하기 위해서는 개념의 원리를 정확히 숙지하여 완전히 자기 것으로 만들어 이를 실생활에 접목하고, 체계적으로 서술하는 형태의 학습이 필요하다. 평소에 준비할 수 있는 서술형 · 논술형 평가 대비 학습법에 대해 알아보자.

정확히 읽는 연습을 하자

서술형 · 논술형 평가를 대비하는 가장 기초적인 학습은 문제를 정확히 읽는 연습에서 시작한다. 앞서 본 것처럼 서술형 평가문제는 문제 자체에 설정을 가하는 경우가 많다. 단적인 예로 '논하시오', '설명하시오', '요약하시오' 유형의 문제가 있을 때 그에 따른 답변은 모두 다를 수밖에 없다. 그러므로 문제를 정확하게 읽어야 요구하는 답을 할 수 있는데, 흔히들 시험시간에 긴장하여 문제를 대충 읽고 엉뚱한 대답을 하는 경우가 많다. 이런 실수를 범하지 않으려면 평소에 글을 제대로 읽는 습관을 길러야 한다.

문제를 정확히 파악하는 또 다른 방법은 바로 '사실적으로 사고하는 일'이다. 사실적으로 사고한다는 것은 글에 나와 있는 내용을 있는 그대로 이해하는 것으로서, 간단한 문제인 것 같지만 사실 그리 간단하지 않다. 우리는 더러 같은 문장을 놓고도 서로 다르게 해석하는 경우를 보곤 한다. 해석이 틀리면 그에 따른 답이 틀려지는 것이 당연하다. 그러므로 사실적 · 보편적 사고를 하는 것이 문제를 정확히 파악하는 근원적인 처방일 것이다.

독서를 습관화하자

서술형 · 논술형 평가에 대비할 수 있는 학습법으로 가장 좋은 것은 독서다. 자신의 생각을 글로 펼치기 위해서는 다양한 책을 많이 읽는 과정이 선행되어야 하는데, 독서를 통해 사회의 다양한 관점을 이해하고 더 나아가 사고력, 논리력, 창의력, 문제해결력을 얻게 된다.

물론 많은 학생들이 바쁜 학교공부 때문에 책 읽을 시간이 없다고 토로한다. 그러나 이는 핑계일 뿐이다. 독서는 일종의 습관이다. 평상시 책 읽는 습관이 갖춰지지 않으면 아무리 공부 잘 하는 학생도 금방 습관을 들일 수 없다. 또한 일부 학생들이 독서는 교과공부와 별개라고 생각하는 경향이 있는데, 이 역시 잘못된 생각이다. 오히려 책을 통해 직 · 간접적으로 지식을 습득하고 사고력과 창의력, 문제해결력을 기르는 일은 모든 교과학습에 기본이 되는 중요한 일이다.

그렇다면 독서를 습관화하고 아울러 서술형 · 논술형도 대비할 수 있는 방법은 무엇일까? 우선 장문보다는 단문, 어려운 책보다는 쉬운 책부터 읽는다. 평소 관심이 있고 재미있는 책부터 읽는 것도 좋은 방법이다. 일단 독서에 흥미를 느끼면 다음 단계로 규칙적으로 시간을 정해 책 읽는 것을 습관화해야 한다. 한 주에 한 권 읽기 등과 같이 나름대로 목표량을 정하도록 한다. 또한 교과 관련 책 읽기를 권한다. 교과 관련 책은 학교에서 치러지는 서술형 · 논술형 평가를 준비할 수 있어 그야말로 시험도 준비하고 책도 읽는 일석이조의 효과가 있다.

쓰기 연습의 시작은 교과 개념을 활용하자

많은 학생들이 쓰는 것에 어려움을 느낀다. 특히 선택형 문제와 암기식 공부에 익숙한 학생들은 '논하시오' 식의 논술형 평가문제에 엄두를 못 낸다. 이는 평소 글쓰기가 생활화되지 않았기 때문인데, 독서 못지않게 중요한 것이 글쓰기다. 기초적인 글쓰기가 안 되어 있다면 수업시간에 배운 학습내용을 정리하는 일에서부터 쓰기 연습을 시작하자. 학교에서 배운 내용을 체계적으로 정리해서 자신만의 문장을 만드는 것이다. 학습내용의 요점정리를 통해 복습은 물론 논리적인 전개와 체계적인 문장구성까지도 연습할 수 있다.

교과서에 제시되는 지도 · 실험도구 · 도표 · 그래프 등을 완벽히 이해하자

중학교 과정에서의 서술형 · 논술형 평가 대비는 교과서로 시작해 교과서로 끝난다. 대부분의 서술형 · 논술형 평가문항이 교과서에서 출제된다는 얘기다. 따라서 교과서에 나오는 개념들을 정확히 이해해야만 문제들을 풀 수 있다. 개념뿐 아니라 도표, 그래프, 지도, 실험 등을 눈여겨봐 둬야 한다. 객관식문제에 길들여진 학생들은 교과서에 제시되는 다양한 이미지 자료를 그냥 훑는 선에서만 파악하고 넘어가는 경향이 있다. 하지만 이런 공부로는 서술형 · 논술형 평가에 대비할 수 없다. 교과서에 제시된 이미지들을 정확히 파악해야만 개념을 설명할 수 있고 자신의 생각을 체계적으로 정리해서 표현할 수 있다. 지도, 도표, 그래프 등 교과서에 나오는 이미지를 꼼꼼히 눈여겨봐 두고 머릿속에 체계적으로 정리해 두는 자세가 필요하다.

:: 서술형 · 논술형 평가 과목별 학습법

서술형 · 논술형 평가가 실시되는 주요 과목들은 암기로 해결할 수 없다. 개념의 원리 이해와 함께 깊이 있는 사고력이 필요하다. 주요 과목별 학습 포인트를 알아보자.

국어

국어는 교과서의 내용을 철저히 이해하는 것부터 시작해야 한다. 교과서의 기본을 익혔다면, 이제 교과서 내용과 관련된 여러 가지 글을 다양하게 읽어서 학습에 필요한 배경지식을 넓혀야 한다. 배경지식이 갖춰져 있다면 문제를 해결해 나가는 데 어려움이 없다. 기본적인 문법과 맞춤법, 원고지 사용법 등 서술과 논술을 위한 작문의 실전능력 향상이 국어과목 서술형 · 논술형 평가 대비의 핵심이다.

영어

영어과목에서는 문법에 관한 문제가 많은 비중을 차지한다. 그리고 영작의 중요성이 점점 커지고 있는데, 단어를 배열해 영작하거나 주어진 특정 단어를 활용해 영작할 수 있는지 여부를 평가한다. 또한 지문을 읽고 서술하는 문제도 출제되고 있으므로 독해와 단어에 대한 꾸준한 암기 숙지가 필요하다.

수학

공식과 풀이과정에 대한 이해가 필요하다. 단순암기와 반복적인 문제풀이를 통해 정답을 확인할 수 있었던 기존의 단답형 문제 유형과는 매

엠베스트 추천 도서 목록

	도서명	저자	출판사
문학	개(내 가난한 발바닥의 기록)	김훈	푸른숲
	고래	천명관	문학동네
	글 뒤에 숨은 글	김병익	문학동네
	나무	베르나르 베르베르	열린책들
	나무를 심은 사람	장 지오노	두레
	낙타풀의 사랑	곽재구	북폴리오
	당나귀는 당나귀답게	아지즈 네신	푸른숲
	당신들의 천국	이청준	문학과지성사
	성자가 된 청소부	바바하리다스	정신세계사
	쇼샤	아이작 B. 싱어	다른우리
	시가 내게로 왔다	김용택	마음산책
	신경림의 시인을 찾아서	신경림	우리교육
	옛날 옛적에 훠어이 훠이	최인훈	문학과지성사
	오렌지 소녀	요스타인 가아더	현암사
	올페는 죽을 때 나의 직업은 시라고 했이다	남진우	열림원
	우리 옛이야기 백가지1(우리가 정말 알아야 할)	서정오	현암사
	우리들의 행복한 시간	공지영	푸른숲
	정원 일의 즐거움	헤르만 헤세	이레
	흔들리며 피는 꽃	문경보	샨티
	흰 비너스 검은 비너스	이가림	문학수첩
인문	간디 자서전	간디	한길사
	다산 정약용 유배지에서 만나다	박석무	한길사
	더불어 숲	신영복	중앙M&B
	미쳐야 미친다: 조선 지식인의 내면 읽기	정민	푸른역사
	사유의 열쇠	박이문	산처럼
	소피의 세계	요슈타인 가아더	현암사
	역사에게 길을 묻다	이덕일	이학사
	일상으로 본 조선시대 이야기 1	정연식	청년사
	퇴계 달중이를 만나다	김은미 외	디딤돌
	풍요로운 가난	엠마뉘엘 수녀	마음산책
사회	2010 대한민국 트렌드	LG경제연구원	한국경제신문사
	난 두렵지 않아요	프란체스코 다다모	랜덤하우스중앙
	남기고 싶은 우리의 지리 이야기	권혁재	법문사
	녹색시민 구보씨의 하루	존 라이언 외	그물코
	당신들의 대한민국	박노자	한겨레출판사

	대중문화의 겉과 속	강준만	인물과사상사
	비만의 제국	그렉 크리처	한스미디어
	세계는 지금 어디로 가고 있나	이케가미 아키라	종문화사
	세계화의 덫	한스페터 마르틴 외	영림카디널
	세느강은 좌우를 나누고 한강은 남북을 가른다	홍세화	한겨레신문사
	아름다운 혁명가 체 게바라	박영욱	이룸
	유시민의 경제학 카페	유시민	돌베개
	이봐, 내 나라를 돌려줘!	마이클 무어	한겨레신문사
	정갑영 교수의 재미있는 두루누리 경제	정갑영	두산동아
	청소년을 위한 정치 이야기	도리스 슈뢰더 외	다른우리
	폰더 씨의 위대한 하루(한 사람의 인생을 바꾼 7가지 선물 이야기)	앤디 앤드루스	세종서적
과학	과학사 속의 대논쟁 10	핼 헬먼	가람기획
	다니	김용규, 김성규	지안출판사
	사람이 알아야 할 모든 것, 과학	존 그리빈	들녘
	생명은 답을 알고 있다	에모토 마사루	엔분의일
	수의 모험	안나 체라솔리	북로드
	아인슈타인도 몰랐던 과학 이야기	로버트 L. 월크	해냄출판사
	야생의 초원 세렝게티	최삼규	현암사
	에코 에너지	피터 호프만	생각의 나무
	인터넷 다음은 로봇이다	배일한	동아시아
	지구를 살리는 50가지 방법	지구를 위한 모임, 최열	현암사
	짚신벌레도 다이어트를 한다?	배정오 외	북로드
	파인만의 여섯가지 물리 이야기	리처드 파인만	승산
	하늘에 새긴 우리 역사	박창범	김영사
	환경의 역습	박정훈	김영사
예술	10대들이 꼭 알아야 할 똑똑한 돈 이야기	수잔셜리	가산출판사
언어	바른말 고운말	KBS 아나운서실	가산출판사
실용		한국어연구회	
	서늘한 미인	김지은	아트북스
	아주 특별한 인연	앙브루아즈 볼라르	아트북스
	여간내기의 영화교실 1, 2	김동훈	컬처라인
	옛 그림 읽기의 즐거움	오주석	솔
	용서	달라이 라마 외	오래된미래
	우리 문장 쓰기	이오덕	한길사
	우리대중 음악의 큰별들	임진모	민미디어
	한국 대표 만화가 18명의 감동적인 이야기 1, 2	장상용	크림슨

우 틀리다. 비록 답은 틀리더라도 풀이과정의 정확한 논리와 증명이 중요하다. 이런 식의 평가가 이뤄지는 것에 착안해야 한다.

과학

과학과목은 각종 도표, 그래프, 그림 등을 분석하는 자료 해석형 문제의 비중이 높다. 이 점을 고려하면 각 자료에 관한 폭넓은 이해가 반드시 필요하다. 교과서에 나오는 실험결과와 그림, 도표 등은 꼼꼼하게 정리하고 여러 개념들을 실생활과 연관해 보는 자세도 요구된다.

사회

사회과목은 단순암기를 통해서는 문제를 해결할 수 없다. 원리를 이해하고, 응용하고, 분석해야 답을 얻을 수 있는 것이 사회다. 특히 교과서의 도표나 그림 등 시각 자료가 많은 과목인 만큼 정확히 눈여겨보고, 이를 응용한 문제에 대한 답을 논리적으로 서술할 수 있어야 한다.

CHAPTER 19

수행평가는 최상위권 학생의 마지막 시험대다

:: 수행평가란 무엇인가?

기말고사를 앞 둔 은아는 고민이 많다. 특히 음악과목 수행평가는 노래 부르기다. 은아는 사실 엄청난 음치다. 1학년 때 친구들의 웃음거리가 된 것을 생각하면 지금도 쥐구멍에라도 들어가고 싶다. 은아의 성적은 전교 7등 이하로 내려간 적이 없다. 특히 영어, 수학 등 주요 과목은 만점에 가깝다. 그럼에도 불구하고 전교 등수가 나아지지 않는 것은 바로 예체능 과목 때문이다. 음악은 물론 체육까지 매번 '미'. 음치에 엄청난 몸치인 은아에게 예체능 수행평가는 너무 가혹한 형벌처럼 느껴진다.

중학교 성적은 지필평가와 수행평가가 합산돼 결정된다. 수행평가는

지필평가와 수행평가의 차이점

구분	지필평가	수행평가
평가 대상 (사고능력)	단순 암기력이나 이해력	비판적 · 창의적 사고력, 문제해결력
평가 범위	결과로서의 지식	과정으로의 지식 + 결과로서의 지식 (결과를 나타내기까지의 과정평가)
평가 방법	선택형 지필검사	다양한 방법
평가 성격	간접적(검사 위주)	직접적(관찰 위주)

예체능 과목 평가에 자주 시행되고 있어 실기에 약한 학생일수록 큰 부담이다. 특히 은아처럼 최상위권 공부벌레의 경우에는 전교 석차를 좌지우지하는 요소로 작용할 수 있다.

수행평가는 말 그대로 교사가 학생들의 과제수행 과정이나 결과를 직접 관찰, 평가하는 방식이다. 말하고, 듣고, 쓰고, 그리고, 만들고, 행동하는 모든 활동을 평가한다.

수행평가는 지필평가의 대안으로 1999년부터 초 · 중 · 고에 도입되었다. 중간, 기말고사 지필평가가 학생이 '무엇을 얼마나 알고 있느냐'를 평가한다면 수행평가는 '실제로 무엇을 어떻게 할 수 있느냐'를 평가하는 데 초점이 맞추어진다.

수행평가의 성적반영 비율은 학교마다 과목마다 차이가 있다. 일반적으로 전체 성적에서 선택형 시험(중간, 기말고사)을 70%로 하고 수행평가를 30%로 한다. 30%의 수행평가 점수는 수업시간 관찰 점수, 수업시간 또는 방과 후 과제물 점수, 학습태도, 노트 검사, 수업 참여도 등 학습과정인정평가에 해당하는 점수를 종합해 계산된다.

:: 수행평가 유형 알아보기

수행평가의 종류는 실기시험, 관찰법, 토론법, 구술시험 등 다양하다. 과목별로 유형을 알아두는 것이 대비의 지름길이다.

실기시험

학생들의 지식이나 기능을 직접 행동으로 나타내도록 하는 시험이다. 음악 · 체육 교과와 같은 과목에서 주로 활용된다. '단소로 민요 1곡 연주하기' 등의 형식으로 학생들의 행동을 평가한다.

실험 · 실습법

자연과학 교과 분야에서 많이 활용한다. 어떤 과제에 대해 학생들로 하여금 직접 실험 · 실습을 하게 한 후 그 결과보고서를 제출하게 한다. 예를 들면 실험기구를 활용해 '소금과 나프탈렌의 혼합물 분리하고, 분리의 원리를 정리' 하라는 식이다.

관찰법

관찰은 학생들의 지식이나 기능을 평가하기 위한 가장 보편적인 방법 중 하나다. 개별적으로나 집단 단위로 관찰해 평가한다. 예컨대 6~7명 내외의 조를 구성하고 '여러 가지 화성암을 관찰하고 기준을 세워 분류하기' 등의 모둠 평가가 대표적이다.

토론법

교수 · 학습 활동과 평가 활동을 통합적으로 수행하는 대표적인 방법

중 하나다. 특정 주제에 대해 학생들이 서로 토론하는 것을 보고 평가한다. 조별로 주제를 정해 실태를 조사하고 보고서를 작성하도록 한 뒤 발표자를 선정해 말하게 한다.

구술시험

구술시험은 종이와 붓이 발명되기 전부터 시행되어 오던 가장 전통적인 평가다. 학생들에게 특정 내용이나 주제에 대해서 질문한 다음, 의견이나 생각을 발표시킨다. 예컨대 영어과목의 경우 평소에 좋아하는 연예인과 스포츠 선수들의 사진을 스크랩해 영어로 소개(이름, 직업, 나이, 취미, 성격 등)하는 방법이다.

연구보고서법

각 교과별로나 통합교과로 특정 주제에 대해서 자기 나름대로 자료를 수집하고 분석 · 종합하여 연구보고서를 작성, 제출한다. '부모님 전기문 쓰기' 가 대표적인 사례다.

포트폴리오(Portfolio)법

자신이 직접 작성하거나 만든 작품을 지속적 · 체계적으로 모아둔 개인별 작품집 또는 서류철을 이용한 평가방법이다. '국제단위계(SI)의 MKS 단위계를 찾고 각 단위의 기준을 어떻게 정했는지 조사해 오기' 등이 이에 해당된다.

:: 수행평가 대비 학습법

많은 학생들이 수행평가 해결에 어려움을 느낀다. 그도 그럴 것이 수행평가는 결과가 아닌 과정 중심의 평가다. 또한 단편적인 영역에서 일회적으로 평가하는 것이 아니라 통합교과적인 성격을 띤다.

수행평가는 과목별, 교사별로 평가기준이 다를 수 있다. 예체능 과목의 경우 더욱 그러하다. 객관적인 기준과 채점의 공평성에 대해 이의를 제기할 수 있겠지만 그보다 앞서 평상시 수업에 충실하고 주어진 과제에 최선을 다하는 자세가 중요하다.

과목별 유형을 파악하고 대비하자

수행평가는 과목별 지도교사에 따라 특색이 있다. 모든 교과에 동일하게 적용하는 것이 아니라, 교과의 특성에 따라 특히, 교육내용과 목표에 따라 다양한 유형으로 평가된다. 예를 들어 국어는 '부모님 전기문 쓰기' 의 형식처럼 연구보고서 유형의 평가와 모둠별 토의주제를 선정해 평가하는 토론법을 강조한다. 과학과목은 실험과 실습법을 강조하고, 체육 · 미술 · 음악교과에서는 실기법을 강조한다. 과목별 수행 종류를 살펴본 후에 대비하는 것이 기본이다.

수업태도도 평가항목에 포함된다

좋은 점수는 좋은 수업태도에서 나온다. 많은 학교가 수업태도를 수행평가 항목으로 적용하고 있다. 평상시 수업태도, 발표력, 과제물의 충실도 등도 평가항목이 될 수 있음에 유의해야 한다. '한 번쯤 괜찮겠지' 하고 과제를 소홀히 하는 태도는 좋지 않다. 특히 미술과목은 준비물을 빠뜨리지 않아야 한다. 또한 수업시간 중 친구와 잡담을 나눈다든지, 다른 과목 숙제를 한다든지 아예 엎드려 잠을 잔다든지 등의 자세는 금물이다. 올바른 수업태도에서 좋은 성적이 나온다는 것을 반드시 기억하고 수업시간에 충실하자.

평소에 독서를 통해 문제해결력을 키우자

수행평가는 창의력, 사고력, 문제해결력을 중시한다. 이는 원래부터 타고 난다고 생각하기 쉬운데 그렇지 않다. 선천적인 영향보다는 꾸준히 키워온 학습에 의해 후천적으로 길러진다.

평상시 사고력과 문제해결력을 키울 수 있는 가장 좋은 방법은 독서다. 많은 책을 읽고 폭넓게 생각하는 과정에서 자연스럽게 길러진다. 특히 수행평가의 경우 정보를 수집하고 분석하는 능력을 요구하는 경우가 많다. 예컨대 인터넷에서 퍼온 자료를 그대로 제출해서는 좋은 성적을 기대할 수 없다. 정보를 효과적으로 정리하고 자신의 관점에서 재분석할 수 있을 때 더 나은 성적을 기대할 수 있다.

쉽게 얻어지는 것은 아무것도 없다

수행평가에 왕도는 없다. 실기평가나 연구보고서와 같이 장시간 노력이 필요한 만큼 꾸준한 노력이 정답이다.

중학교 시절 악기연주를 위해 밤새웠던 경험이 한 번쯤은 있을 것이다. 단소만 해도 그렇다. 리코더처럼 '후' 하고 불면 될 것 같지만 바람소리만 나고 당장 몇 일 뒤 시험 걱정에 한숨이 절로 난다. 그러나 방과 후 하루 이틀 두 번, 세 번 불다 보면 자신도 모르는 사이에 바람 소리는 청아한 단소 본연의 소리로 바뀐다. 악기연주만 그런 것이 아니다. 공부가 다 그렇지만 쉽게 얻어지는 건 없다. 수행평가는 끊임없는 노력만이 가장 좋은 방법임을 명심하자.

내가 최선을 다할 때 모두 좋은 결과를 얻을 수 있다

수행평가는 흔히 단체평가 형식을 취하기도 한다. 즉 6~7명이 한 조를 이루어서 해결하는 방식으로 조별로 점수가 매겨진다. 일부 학생들은 친구와의 경쟁을 의식해 '혼자 잘 해서 좋은 점수 따야지'라고 생각하기도 하고 또 어떤 학생은 '내가 안 해도 다른 친구들이 다 하겠지'라는 소극적인 자세를 보이기도 한다. 그러나 단체평가에서는 성적이 개인별로 매겨지는 것이 아니라 모든 사람이 동일한 점수를 받는다. '내가 열심히 해야 우리 조가 좋은 점수를 받을 수 있다'는 자세로 임해야 한다. 이렇듯 집단 의식이 중요시되는 것이 수행평가다.

효과적인 독서방법

1. 수준에 맞는 책을 골라라

서점에 가보면 베스트셀러들과 추천도서들로 책들이 넘쳐난다. 그 중에서 어떤 책을 골라야 할지 난감하다. 그럴 경우에는 자신의 흥미를 끄는 내용이면서 어렵지 않는 책을 고르는 것이 좋다. 무턱대고 두껍고 글씨가 작은 책을 고르면 안 된다. 금방 싫증이 나기 때문이다. 중학생 시절은 자아정체성이 형성되는 시기이기 때문에 생각의 깊이를 더해 주는 철학, 역사 등 다양한 분야의 책을 읽어야 한다. 각종 매체의 청소년 권장도서를 참고하면 책 선정시 어려움을 덜 수 있다.

2. 단어, 문장, 문단의 관계를 파악하면서 읽어야 한다

책의 단어, 문장, 문단의 뜻을 파악하고 문장들과의 상관관계를 파악하면서 책을 읽어야 내용이 어떻게 전개되는지 알 수 있다. 책을 읽다 보면 모르는 단어가 나오거나, 문장들과의 상관관계가 이해되지 않을 때가 있다. 그럴 때는 앞 문장과 뒤 문장을 통해 유추하는 과정을 거쳐 이해한 다음, 사전을 찾아 명확한 뜻을 알아보는 것이 좋다. 그러면 책에 대한 재미를 발견할 수 있고 능동적이며 자발적인 독서가 가능해진다.

3. 한자공부를 하자

우리말의 70% 이상이 한자로 이루어져 있다. 따라서 책에서 차지하는 한자도 많기 때문에 한자를 모르면 책 읽기가 쉽지 않다. 책을 읽는 도중 모르는 한자가 나오면 내용을 이해할 수 없어 책의 흐름이 끊기게 마련이다. 한자를 많이 알수록 우리말의 이해력이 높아진다. 한자를 많이 알면 어휘력이 풍부해지고 같은 책을 읽어도 의미가 훨씬 깊어질 뿐 아니라 복합적인 이해가 가능하다. 그러므로 한자공부를 틈틈이 해두자. 한자는 어휘력과 문장력 향상에도 큰 도움이 된다.

4. 독서시간을 규칙화하자

하루에 일정한 시간을 정해두고 책을 꾸준히 읽다 보면 독서습관이 길러진다. 아침 자율학습 시간이나, 점심시간, 방과 후 약간의 틈을 내서 규칙적으로 독서시간을 가지는 것이 좋다. 또한 규칙적인 독서습관은 사고력 신장에도 도움이 된다.

5. 토론활동을 하자

토론은 책을 읽고 난 후의 느낌이나 생각을 공유하는 활동이다. 토론을 하기 위해서는 책 내용에 대해 잘 알고 있어야 하므로 꼼꼼히 책을 읽어야 한다. 그래야만 자신과 다른 의견에 반박할 수도 있고, 자신의 주장을 당당하게 펼칠 수 있다. 토론하는 과정을 통해서 자신이 갖고 있던 고정관념을 깨고 논리력과 사고력도 키울 수 있다. 또한 토론활동은 깊이 있는 독서를 가능하게 해준다.

6. 독서노트를 이용하자

책을 다 읽었다고 덮어버리면 책의 내용을 오래 기억할 수 없다. 책은 읽는 것보다 책을 읽은 후의 감상이나 생각을 정리하는 것이 더 중요하다. 생각들을 정리하는 데는 독서노트가 효과적이다. 독서노트라고 해서 일정한 틀이 정해져 있는 것은 아니다. 제목, 작가, 출판사, 출판년도일, 줄거리, 읽다가 새로 알게 된 어휘나 읽고 난 후의 느낌 등을 쓰면 된다. 독서감상문이라는 부담감을 갖지 말고 자신의 생각을 편하게 쓰고 정리하면 된다. 독서노트를 활용하면 읽기와 쓰기는 물론 책 읽는 기술까지도 향상시킬 수 있다.

3

인생을 바꾸는 중학생의 진로 선택

CHAPTER 20

중학교 시절이 인생을 바꾼다

:: 성공적인 중학생활을 위한 두 가지 플랜

자신이 원하는 분야에서 성공하려면 흔히 학창 시절에 두 가지를 잘 해야 한다고 말한다. 그 두 가지는 다름아닌 '진로선택'과 '학업성취'다. 자신의 적성을 파악해서 자신에게 맞는 분야와 목표를 정해나가는 것이 진로선택이고, 자신이 선택한 분야에서 요구하는 학습 역량을 달성하는 것이 학업성취다. 이 두 가지 중 어느 한쪽에 치우침없이 잘 해나갈 때 비로소 성공하는 것이다. 지금까지 우리나라 교육은 신로선택의 중요성보다는 학업성취 쪽에 초점을 맞추는 교육이었다.

아이들에게 '직업경로 설정(career path design)'이라는 개념으로 진로상담을 하면서 가장 많이 듣는 질문 중 하나가 "진로설계는 어느 시기

한국의 공부벌레들 100명에게 물었다

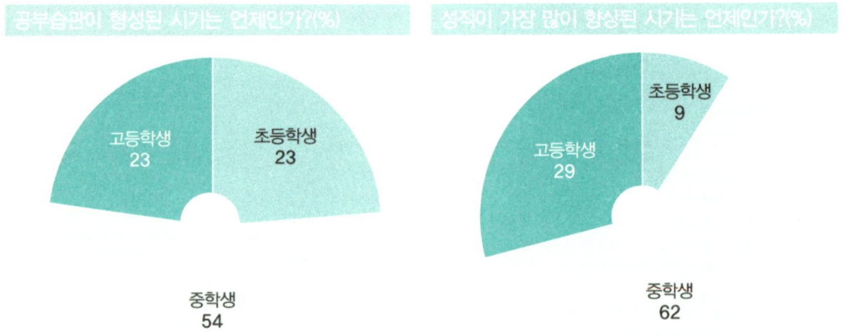

가 가장 적기인가?"라는 물음이다. 그런 질문을 받을 때마다 "진로는 늘 10년 후의 문제를 고민하는 것이기 때문에 나이마다 고민이 다르고 적기는 없다. 다만 한국의 교육 상황에서는 중학교 때의 진로설계가 중요하다"라고 말한다.

먼저 '학업성취' 측면을 생각해 보자. 《한국의 공부벌레들(한국경제신문사 발행)》이라는 책을 출간하면서 대한민국에서 공부를 제일 잘 한다는 공부벌레 100명을 심층 인터뷰한 적이 있다. 그들에게 '공부습관이 형성된 시기가 언제인가?'라고 물었더니 응답자의 54%가 중학생 때를 꼽았다. 공부 잘 하는 학생들의 공통된 특징은 성적이 향상된 것을 경험한 이후 공부에 재미를 느껴 더욱더 열심히 한다는 것이다. 그리고 '성적이 가장 많이 향상된 시기가 언제인가?'라고 물었더니 응답자의 62%가 중학생 때라고 답했다. 이처럼 학업성취 측면에서 중학교는 굉장히 중요한 시기다.

진로선택 측면에서도 중학교 시절은 매우 중요하다. 우리나라 교육

현실에서는 중학교 때 결정해야 할 것들이 무척 많기 때문이다. 일단 고등학교의 종류가 많다. 특목고를 가야 할지, 일반고를 가야 할지. 특목고를 간다고 결정해도 과학고인지, 외고인지를 다시 결정해야 한다. 특목고 외에도 자립형 사립고를 가야 하는지 그냥 지역 고등학교로 가야 하는지를 고민해야 하며, 또 성적과 흥미에 따라 특성화 고교를 가야 할지 말지도 결정해야 한다. 2008년부터는 국제고도 신설된다 하고, 국제무역자유지구에 설립예정인 외국인학교에 내국인도 일정 입학을 허락한다고 하니 고민의 폭이 대단히 넓어졌다. 또 점점 일반화되어 가고 있는 유학 결정도 대부분 중학교 때 이루어져야 한다.

이처럼 진로선택, 학업성취 두 가지 측면 모두 중학교 때 결정해야 하므로 '중학교 시절이 인생을 바꾼다'는 말이 틀린 것은 아니다.

CHAPTER 21

문과가 맞을까? 이과가 나을까?

:: 문이과 결정을 위한 다섯 가지 선택 기준

외국과 달리 우리나라는 10학년까지는 교육과정이 같지만 고등학교 2학년 때 문과와 이과 계열로 학생들을 나누어 각기 다른 수업내용을 지도한다. 많은 학생들이 문과와 이과를 선택할 때 많은 고민을 한다. 그만큼 고려할 것들이 많기 때문이며 그 기준은 매우 다양하다. 수학을 잘 하면 무조건 이과라고 생각하는 반면, 수학을 못해 어쩔 수 없이 문과를 가야겠다고 생각하는 학생들이 많다. 또 문과는 여자들을 위한 학문이 많아 남자라면 이과를 가야겠다는 학생도 있고, 물리는 도저히 하기 어려워 문과를 가거나, 외우는 공부가 싫어 이과를 가겠다고도 생각한다.

이렇게 다양한 기준들이 존재하는데, 과연 문이과를 나눌 수 있는 기준은 무엇일까? 문이과 계열 선택시 중점적으로 생각해야 할 몇 가지를 알아보도록 하자.

수학 잘 한다고 무조건 이과 계열을 선택해선 안 된다

수학은 문과에서도 공부 잘하는 학생이라면 소홀할 수 없다. 금융계통 등 문과에서 진출할 수 있는 분야에서 수학적 사고력이 많이 사용되기 때문이다. 사실 문이과를 선택하는 기준으로 수학을 잘 하느냐를 삼지만, 이것은 잘못된 방법이다. 대학의 입시전형이 선택과목 체제로 되어 있는 상황에서 막연히 수학이 싫다고 비켜가는 것은 좋은 방법이 아니다.

과학은 문이과 결정의 가장 중요한 기준이다

고등학교에서 배우는 과목을 기준으로 문과와 이과를 나눈다면 수학보다는 과학과목에 대한 흥미와 적응성이 좋은 기준이 될 수 있다. 과학은 사고력을 요하는 과목이다. 과학탐구, 과학서적, 과학프로그램, 과학박물관 및 전시회 등 다양한 과학적 사실탐구에 관심이 많다면 이과를 선택하는 것이 좋다.

문이과의 학문 특성을 기준으로 판단한다

자연과학, 공학 등 이과계열의 학문들은 정확한 사실에 근거한 판단과 수치, 오차 없는 의사결정 등을 특성으로 한다. 반면 어문이나 인문학은 정확한 수치를 근거로 결론을 도출하기보다는 유동적인 사고력과 직관적인 판단력을 중요하게 생각한다. 이 두 가지 요소 중 자신이 어느 쪽 학문 특성에 더 잘 맞는가를 기준으로 문이과 계열을 선택하면 실수가 적다.

암기과목의 선호 여부가 계열 선택의 기준이 되면 안 된다

수리, 자연과학 등 이과적 특성의 학문들은 원리나 법칙을 통해 다양한 경우에 적용할 수 있으므로 상대적으로 암기할 내용이 적다. 반면에 사고력과 이해력, 응용력을 위주로 공부해 나가도록 되어 있다. 하지만 그러한 공부라도 대학교 또는 그 이후에 학위를 더 쌓으려면 어차피 암기하고 반복적인 공부에 적응해야 한다. 암기를 싫어한다는 것은 이과적 사고력이 강하다기보다는 공부를 싫어하는 이유가 대부분이다. 정도의 차이는 있으나 공부는 항상 반복과 암기가 수반되어야 하는 것이기에 암기가 싫어 이과 계열로 피해가자는 생각은 옳지 않다.

향후 진로를 고려한다

문이과의 계열 결정은 고등학교 공부만을 위한 것이 절대 아니다. 크게는 대학의 전공과 미래의 직업을 결정할 수도 있기에 단기적인 안목으로 접근해서는 안 된다. 대학입시만 고려해 내신 따기에 급급한 우리나라 학생들이 장기적인 안목으로 계열을 선택하기란 사실 쉽지 않다. 그러나 자신의 장기적인 목표를 염두에 둔 계열 결정이 현명하다.

이상에서 언급한 여러 가지 면을 종합적으로 고려해 자신의 진로를 선택해야 한다.

CHAPTER 22

내신의 압박, 비평준화 명문고 경쟁이 관건이다

:: 성격과 미래를 보고 선택하라

"저는 예전부터 OO고등학교를 희망했는데, 비평준화 명문고등학교라서 내신성적이 걱정입니다. 제가 원하는 대학에 가려면 어느 고등학교가 유리할까요? 제가 원하는 OO고등학교와 내신을 상대적으로 잘 받을 수 있는 일반 고등학교 중 어디가 더 유리할까요?"

2006년 현재 전국 인문계 고등학교의 45.5%가 비평준화 지역에 속해 있다. 이들 지역에서는 중학교 시절부터 고등학교 입시를 고민해야 하고, 내신성적과 고입연합고사 준비로 학생들이 골머리를 앓고 있다.

이런 와중에 2008학년도 대학입학 전형에서 내신 비중을 강화하겠다는 교육부의 방침이 발표되자 학생과 학부모들의 고민이 더욱 커졌다. 아무래도 비평준화 명문고로 진학하게 되면 내신성적에서 오는 불이익이 많지는 않을까 걱정하는 것이다.

그러다 보니, 기존의 지방 명문고들에서는 입학정원을 채우지 못하는 사태까지 벌어지고 있다. 이 같은 현상은 평준화 지역과 농어촌 지역에도 영향을 미쳐서 학력수준이 높은 평준화 지역(경기도 내에서는 수원, 안양, 부천, 고양 지역 등)에서도 학생들의 지원이 줄어 정원을 못 채우는가 하면, 인근의 농어촌 지역은 오히려 지원자가 늘어나는 현상까지 벌어지고 있다.

이렇듯 대입에서 내신성적이 차지하는 비중이 커져 비평준화 지역의 학생들과 학부모들은 과연 어느 학교로 진학하는 것이 대학 진학에 도움이 될지 고민에 빠져 있다.

결론적으로 말하자면, 이 문제는 모든 학생에게 일률적으로 적용 가능한 해답이 없다. 이에 대해서는 학생의 특성과 학습능력에 대한 판단을 기초로 각자가 결정해야 한다.

비평준화 지역의 명문고 입시 경쟁률이 낮아졌다 해도 우수한 학생들이 많다는 것을 감안한다면, 그 안에서 경쟁하는 것도 나쁘지 않다. 반대로, 경쟁하면 스트레스 받는 성격이고, 열심히 공부해서 최상위권의 성적을 거둘 자신이 있으면 일반 고등학교에 가는 것이 옳다. 그러나 세상 모든 일에는 얻는 것이 있으면 잃는 것도 있다. 내신만을 염두에 두고 일반 고등학교로 진학한다면 좋은 내신성적은 받을 수 있지만 학업 분위기나 시설, 좀더 높은 수준의 학생들과 어울리며 경쟁해 볼 수 있는 경험도는 상대적으로 떨어질 수 있다. 물론 좋은 학교로 진학할 경우에도 안 좋은 점은 분명히 있을 것이다.

결론적으로 고교 선택의 기준은 학생의 성격 특질을 고려하는 것이 중요하다. 경쟁을 좋아하는지, 경쟁의 스트레스로부터 자유롭고 싶은지를 고민하고, 고등학교를 선택해야 한다. 또한 본인의 흥미가 무엇이고, 향후 어떤 직업을 가질 것인지에 대한 고민도 해야 한다.

CHAPTER 23

공부 잘 한다고 특목고 · 자사고 가는 시대는 지났다

:: 특목고 · 자사고, 장단점 따져보고 선택하라

TV에서 고등학교를 자퇴하고 혼자서 검정고시 준비하여 대학에 진학하려는 학생들의 모습을 자주 볼 수 있다. 작년까지만 해도 이런 일들은 외고나 과학고 등 특목고 학생에게만 해당되는 이야기로만 알려져 왔다. 그러나 올해는 '내신성적 50% 이상 반영'이라는 각 대학들의 발표가 나오자 일반고 아이들까지 영향을 받는 모양이다. 이렇듯 새로운 대학입시제도에서 내신이 차지하는 비중이 올라가면서 우수한 학생들이 모여 있는 특목고로의 진학 결정에 많은 고민이 있을 것이다.

그러나 일선에서 학생들을 상담하며 갖게 되는 우려는 민사고, 과학고, 외고, 기타 자사고에 대한 선택이 진로설계와는 무관하게 다분히 성적을 기준으로 결정되고 있는 점이다. 즉 요즈음 중학생들은 공부에 자신이 있다고 생각하면 당연히 특목고나 자사고를 준비해야 하고, 합격해야만 자신의 실력을 인정받을 수 있다고 생각한다. 특목고 진학은 자신의 진로에 대한 진지한 고민 이후에 나와야 하는데, 그런 모습을 찾아보기 힘들다.

이런 내용은 엠베스트에서 실시한 설문조사에서도 잘 나타난다. 중학교 2~3년 학생 전체 응답자 847명 중 특목고나 자사고에 진학하기를 희망하는 학생은 46%(총 389명)에 이르지만, 이 중 특정 학교를 선택하지 못하고 막연히 이들 학교로 진학하겠다는 학생이 41%나 된다. 공부를 잘 하는 학생들도 이와 생각이 비슷하다. 자신들을 상위권이라고 평가하는 학생들의 경우 전체의 66%가 특목고 등으로의 진학을 생각하고 있으나, 이 중 32%는 "확실한 목표를 갖고 있지 않다"고 응답했다. 이들 학생이 특목고나 자사고를 지원하는 가장 큰 이유는 실력 있는 학생(31%), 실력 있는 선생님(25%), 좋은 시설(9%) 순으로 나타나고 있다.

이 문제에 대해서 와이즈멘토가 자체적으로 실시한 특목고 학생들의 만족도 조사결과를 눈여겨볼 만하다. 가장 특징적인 것은 과학고와 외고를 다니는 학생들이 말하는 자신들 학교의 장단점이 확연히 다르다는 점이다. 과학고 학생들은 심화학습이 가능한 교육과정(33%), 좋은 친구들(17%), 기숙사 생활(10%), 대학입학 유리(8%) 등을 장점으로 꼽은 반면, 폐쇄적인 환경(32%), 전공분야 외의 공부 부족(16%), 과도한 경쟁(12%)을 단점으로 꼽았다. 이에 반해 외고 학생들은 우수한 학습분위기(34%), 좋은 친구들(24%), 심화학습이 가능한 교육과정(16%), 좋은 교사(9%) 등을 장점이라고 했으며, 내신 및 대학진학 불리(30%), 자신감 하락(14%), 치열한 경쟁(10%), 과도한 학습량(10%), 먼 통학거리(10%) 등을 단점으로 꼽았다.

설문내용만 가지고 보자면, 과학고의 경우 대다수 학생들이 KAIST나 포항공대, 그리고 서울의 주요 상위권 대학에 합격하고 있으므로 내신이나 대학 진학에 대해서는 크게 걱정하지 않았다. 대신 자신의 흥미 분야에 대해 심화학습과 연구활동을 할 수 있다는 것을 장점으로 꼽았다. 하지만 최근에는 시도별로 과학고가 생겨나 대부분의 과학고 출신 학생을 수용하던 KAIST나 포항공대의 신입생 정원보다 많아 대입 경쟁이 치열해지고 있다.

외고는 세계 무대에서 활약할 수 있는 인재양성이라는 본래 설립 취지에서 벗어나 명문대 진학 실적이 곧 좋은 학교라는 인식이 팽배하다. 이런 분위기를 반영해서인지 설문에서도 교과과정보다는 우수한 학습 분위기나 좋은 교우관계가 외고의 장점으로 부각됐다. 그러나 외고의 경우는 동일계열 특별전형이 신설되어 내신의 불이익이 덜해진다 하더라도 이는 어문계열에 국한된 것이므로, 내신 비중이 커지는 이후의 대입제도를 고려할 때 진학결정에 좀더 신중하게 접근해야 할 것이다. 외고로의 진학이 도움이 되는 진로를 나열하면, ① 해외진학반을 통해 대학 시절 바로 유학을 나가는 것, ② 외국어에 대한 관심이 많아 대학에서도 어문계열을 전공하고자 할 경우, ③ 우수한 학생들과 함께 공부하는 것이 실력향상에 도움이 될 것이라는 확신이 있을 때 등이다. 특히 외고로 진학해 이과로 계열을 선택할 경우에는 학교 내의 제도적인 뒷받침이 약할 수 있다는 점을 유념해야 한다.

결론적으로 외고나 과학고 모두 각각의 장단점이 분명하므로, 자신이 어떤 면을 활용할 것이냐에 대한 냉철한 판단이 필요하다.

:: 특수목적고등학교 – 외국어고등학교 · 과학고등학교 · 예술고등학교

우리나라는 평준화 교육과정을 채택하고 있기 때문에 특정 분야에 소질이 있는 학생들은 일반 고등학교에서 자신의 재능을 발전시킬 수 없다. 그래서 생겨난 곳이 특수목적고등학교다. 평준화로 인해 생긴 교육 획일화의 문제점을 보완하고 교육의 다양성을 얻기 위해 설립된 고등학교다. 특목고는 특정 분야에 소질 있는 학생을 선발해 특화된 교육과정을 운영하며 영재교육을 지향한다. 크게 외국어와 과학, 그리고 예술 분야의 학교로 분류된다.

외국어고등학교

외국어 구사능력 향상을 통해 국제화 시대에 대처할 수 있는 외국어 교육을 집중적으로 실시하는 곳이다. 학교에 따라 영어과, 독일어과, 러시아어과, 스페인어과, 일본어과, 중국어과, 프랑스어과 등이 있다. 학생들은 공통교과에 더하여 자신의 전공과목에 대한 심화교육을 받는다.

일반고의 제2외국어 수업과 외고에서의 수업이 다른 점은 외고가 회화에 더 많은 비중을 두고 있다는 점이다. 한국외국어대학교부속 외국어고등학교의 영어과에서는 국어와 국사를 제외한 모든 수업을 영어로 진행할 정도다. 외국에서 성장해 한국어보다 외국어가 더 능한 학생들도 많다. 우수한 경력의 원어민 교사를 채용해 전문 외국어 수업을 하기 때문에 유학을 준비하는 학생들에게 많은 도움이 된다.

기숙사 생활을 통해 외국어의 생활화를 꾀하는 곳도 많다. 국내 외고 중 처음으로 기숙사를 운영한 명지외국어고등학교에서는 원어민 교사들도 학생 기숙사에서 함께 생활한다. 학생들은 원할 때 언제든 그들에게 대화를 청해 회화학습을 할 수 있다. 부산국제외국어고등학교의 경우 기숙사생을 대상으로 방과 후 영어특강을 실시한다.

외고에서는 학생들이 좀더 외국어를 가깝게 느끼고 즐겁게 공부할 수 있도록 다양한 행사를 기획하고 있다. 미국 동부의 명문대를 돌아보는 아이비 리그 탐방이나 해외연수 등 일반고에서는 좀처럼 진행되지 않는 프로그램들이 많다. 또 대부분의 외고에서는 유학을 고려 중인 학생들을 위해 해외 유학반을 개설해 놓고 있다.

과학고등학교

과고는 과학영재의 조기 발굴을 목적으로 세워진 학교다. 1980년에 교육개혁 조치가 이루어지면서 영재교육이 부각된 이후 우리나라 최초의 영재교육기관으로 문을 연 곳은 경기과학고등학교다. 과학고등학교는 과학기술 인재가 국가 발전의 초석이 된다는 인식 아래에 과학교육을 매우 중요하게 여기고 있어 학생들이 다양한 실험을 병행할 수 있는 교육환경이 잘 마련돼 있다. 또 개개인의 요구와 능력, 적성을 인정하고 최대한 존중하기 때문에 학생들은 자유로운 분위기 속에서 자신의 능력을 맘껏 계발할 수 있다.

외고와 마찬가지로 공통교과목을 기본으로 하되, 수학과 과학과목은 심도 깊은 수업이 이루어진다. 경우에 따라서는 해당 분야의 박사급 전문가나 대학교수를 초빙해 수업을 진행하기도 한다.

과고 학생들은 연구 중심의 자기 주도적 학습을 하도록 교육받기 때문에 자신의 연구결과를 논문으로 발표하기도 한다. 학생의 역량에 따라서는 교육과정을 짧은 기간 내에 이수하고 조기에 졸업하거나 한국과학기술원(KAIST)의 학사과정으로 조기진학하는 것도 가능하다. 방학을 이용하여 과학 · 기술 분야에서 선두를 달리고 있는 해외의 이공계 대학교 및 고등학교, 연구소 등을 둘러보는 프로그램도 마련되어 있다.

예술고등학교

예고는 예술적 재능이 있는 인재들을 조기교육 시킬 목적으로 설립된 학교다. 대부분 무용, 미술, 음악, 연극 · 영화, 문예창작 등으로 분류되는 전공과정을 운영하고 있으며, 일부 특정 분야만 다루는 학교도 있다. 예고는 교과목 특성상 실기수업이 큰 비중을 차지한다. 학생들의 실력이 연습량에 따라 크게 향상되는 것을 고려해 개인 연습실을 갖추고 있는 학교가 많다. 예고는 학생들은 비록 고등학생 신분이지만 뛰어난 역량을 갖춘 아이들이 많기 때문에 일반인을 대상으로 하는 전시회나 공연을 개최하는 일도 있다.

특목고를 졸업한 학생들은 자신의 전공과 관련이 있는 대학으로 진학하는데, 예고나 과고에 비해 외고 학생들이 좀더 폭넓은 전공을 선택한다. 특목고의 가장 큰 장점은 좋은 시설과 학습 환경에서 대학 수준의 강의를 들을 수 있다는 것이다. 그러나 특목고의 좀더 큰 매력은 적은 인원의 학급에서 수준이 비슷한 학생들과 모여서 수업받을 수 있다는 점일 것이다. 자신과 같은 분야로 진출할 친구들과 모여 공부하는 것이 긍정적인 의미에서 자극이 되어 서로에게 좋은 경쟁자가 되어주는 것이다. 설립의도와 조금 다르게 특히 과고와 외고의 경우 고우 잘 하는 학생들이 다니는 명문고로 생각되는 면이 있지만, 특정분야의 전문인을 키우는 전문교육기관으로서의 역할을 다할 수 있도록 지속적으로 힘쓰고 있다.

:: 자립형 사립고

조선시대의 서원(書院)은 인재를 키우기 위해 세워진 일종의 사설기관이었다. 일제시대에 이르러서는 3·1운동과 6·10만세운동 등을 이끄는 주역이 되었고, 문자보급운동과 신사참배거부 등 항일구국 활동에서 국가조차 쉽사리 감행할 수 없었던 큰 역할을 수행하기도 했다.

현대적 의미에서 사학은 공학을 보완하는 기능을 담당하고, 공학이 수용하기 힘든 다양한 교육체제 및 운영방식을 시행하는 주체다. 하지만 현 평준화제도 하에서는 사학의 자주성과 자율성이 위축되어 사학과 공학의 기능이 분명하지 않다. 자립형 사립고(이하 자사고)는 이러한 평준화 정책의 문제점을 개선하기 위해 도입된 학교다. 재정적인 면에서 정부로부터 독립되어 있기 때문에 학교 운영 면에서도 자율성을 보장받는다. 교과과정의 편성, 학생과 교사의 선발, 수업일수 등에 대해 정부의 간섭을 받지 않기 때문에 학생들은 그들의 다양한 요구에 부합하는 신축성 있는 교육 프로그램을 제공받을 수 있다.

2002년에 자사고로 전환된 민족사관고등학교, 광양제철고등학교, 포항제철고등학교와 2003년에 자사고로 추가된 해운대고등학교, 울산현대청운고등학교, 전주상산고등학교 등 총 여섯 곳이 있다.

AP(Advanced Placement : 대학과목 조기이수 제도) 시험을 주관하는 컬리지 보드(College Board)가 발표한 2006 AP보고서에서 미적분학, 미시경제학, 거시경제학, 물리학 부문에서 세계 최우수 학교로 선정된 민족사관고등학교(이하 민사고)는 우리나라의 대표적 자사고다. 여섯 개의 자사고 가운데 1인당 장학금 지급액은 143만 원 가량으로 가장 높은 반면, 학급 당 인원수는 14.5명으로 가장 낮다. 민사고는 개교한 지 10년도 안 되었지만 국내는 물론 세계 어느 고등학교와 비교해도 손색이 없는 학교다.

영어가 선진 문화를 받아들이는 수단이라고 여기기 때문에 국어, 국사 등 일부 수업을 제외하고 거의 모든 학교 생활이 영어로 이루어진다. 원어민 교사가 원서를 가지고 수업하고, 숙제도 영어로 해야 하므로 학생들은 영어의 일상화를 자연스럽게 받아들인다. 교사가 일방적으로 전달하는 주입식 교육에서 탈피해 토론식 수업을 진행하고, 학업능력 우수자에게는 상급 학년으로의 진급도 허용한다. 민족 6품제라 하여 독서와 심신수련, 영어, 예술, 봉사, 한자 실력을 졸업 요건으로 정해놓았기 때문에 단순히 공부만 잘 하는 영재가 아니라 국가 자원으로서의 지도자를 길러내는 것을 목표로 한다.

물론 한때는 불리한 내신 때문에 대학 진학에 대한 불안을 떨치지 못한 학생들이 민사고를 떠나기도 했다. 하지만 민사고는 유학반 개설을 통해 이러한 고비를 넘겼다. 민사고 학생들의 진학을 국내 명문대에서 해외 명문대로 일찌감치 확장시킨 덕분에 1999년부터 2006년까지 총 430여 명의 졸업생 중 139명이 스탠포드, 프린스턴, 존스홉킨스, 예일, MIT, 하버드 등 해외 유수의 명문대로 진학했다.

2005년 교육인적자원부가 발표한 자사고운영 보고서에 따르면, 자사고에 다니는 학생들의 학교생활 만족도(5점 만점)는 3.5점으로 일반계 사립고 전체 평균인 2.9보다 훨씬 높은 수치를 보였다. 이것은 자사고가 입시기관으로서의 의미만을 지니는 것이 아니라는 뜻이다. 민사고의 AP과정, 청운고의 능력인증제, 광양제철고의 수준별 수업모형 등 학교 특성에 따른 다양한 교육과정과 뛰어난 학습 여건은 분명 평준화 정책이 감당하기 힘든 부분이다.

CHAPTER 24

특성화 고교는 대학 진학의 또 다른 대안이다

:: 특성화 고교의 인기가 높아진다

특성화 고교는 한때 실업계 고등학교라는 이름으로 불리던 학교들이다. 최근에는 직업탐구 영역의 신설, 실업계 특별전형 등의 다양한 대입제도가 생겨 특성화 고교가 단순히 직업훈련기관에서 벗어나 대학 진학을 준비하는 또 다른 대안으로 떠오르고 있다.

특히 요즈음에는 조리과학고, 애니메이션고, 관광고, 인터넷정보고 등 특정 목적을 위해 신설된 학교들이 많은 인기를 누리고 있다. 그러다 보니, 일반 고등학교에 진학하기 위한 점수보다 훨씬 높은 점수를 받아야만 입학이 가능한 학교들도 생겨나고 있다. 최근 한 인터넷정보고에서는 해외진학반을 운영해 전원이 미국의 중위권 주립대학으로 진학하는 기염을 토하기도 했다.

이렇듯 중3 학생들은 특목고 · 자사고뿐 아니라, 특성화 고교도 대학 진학을 위한 여러 가지 선택지 중 하나라고 인식하고 있다.

현재 우리나라 특성화 고교에 설치되어 있는 과는 대략 150개로 추산된다. 이들을 크게 분류해 보면 다음과 같다.

- 공업 분야 : 건설, 건축, 자동차기계, 재료정보, 금속 등
- 디자인 분야 : 공예디자인, 시각디자인, 세라믹디자인, 웹디자인, 컴퓨터그래픽 등
- 농산업 분야 : 농업전산, 농업기계, 원예, 조경, 동물자원 등
- 경영사무 분야 : 금융정보, 웹마케팅, 회계정보, 통상정보 등
- 해양산업 분야 : 냉동, 항해, 수산전산 등
- 가정보건복지 분야 : 식품가공, 유아교육, 의상, 조리, 피부미용 등
- 정보통신산업 분야 : 멀티미디어, 인터넷, 정보통신, 컴퓨터 등
- 문화레저산업 분야 : 게임, 관광, 애니메이션, 레저스포츠, 실용영어 · 중국어 · 일본어 등

한 가지 유념해 둘 것이 있다면 단순히 내신성적을 잘 받으면 대학 진학이 쉬울 것 같다는 막연한 생각으로 특성화 고교 진학 여부를 결정해서는 안 된다는 점이다. 적어도 자신의 진로에 대한 고민과 현재 처해 있는 자신의 상황을 냉정하게 평가한 후, 가장 최선의 길이라는 확신이 설 경우에 선택해야 할 것이다. 다음과 같은 기준으로 특성화 고교 진학을 선택하라고 조언하고 싶다.

첫째, 나만의 전문 분야를 일찍부터 개발하고 싶다.

꽉 짜인 고등학교 시절을 보내기보다는 자신의 진로를 일찍부터 설계하고 자기만의 전문 분야를 조금이라도 일찍 개척하고 싶은 경우다. 디자인, 애니메이션 등이 있다.

둘째, 실무 중심의 업무지식이 나의 무기다.

대학에서는 배울 수 없는 현장의 업무지식을 미리 접하여 고교를 졸업하자마자 바로 산업인력으로 자리매김하고 싶은 경우다. 자동차기계, 농축산, 경리업무 등이 있다.

셋째, 나만의 특기를 살리는 실기 위주의 공부를 원한다.

어릴 때부터 남다른 소질과 관심이 한 분야에 쏠려 있고, 이 같은 학업을 인문계 고등학교에서 지원하지 않을 경우다. 요리, 미용, 게임 등이 있다.

넷째, 가정형편을 고려한다.

집안의 경제적인 이유로 저렴한 학비와 빠른 사회진출을 원할 경우다. 공립 특성화 학교의 경우 가정형편이 어려운 학생에게 수업료 면제나 장학금의 혜택을 제공한다. 또한 졸업 전에 취업이 가능하므로, 경제적인 보탬도 가능하다. 금속기계, 회계정보 등이 있다.

특목고와 특성화고는 특정 분야에서 재능을 보이는 인재를 조기에 발굴, 육성한다는 공통점이 있다. 그러나 특목고가 일반계 고교로 분류되는 데 반해 특성화고는 실업계 고교로 간주된다는 차이점가 있다. 특목고는 언어와 과학, 예술 등 전통적인 학문 분야를 다루지만 특성화고는 좀더 현대적이며 다양한 첨단 학문을 아우르는 경향이 있다. 특성화고는 기존 실업계 고등학교의 대안적인 학교모형으로 요리, 영상, 관광, 통역, 보석세공, 인터넷, 멀티미디어, 원예, 골프, 공예, 디자인, 승마 등 다양한 분야가 있다. 그 중에서도 학생들의 관심이 높은 애니메이션고, 관광고, 조리고, 정보통신고 등을 자세히 살펴보도록 하자.

:: 한국애니메이션 고등학교

미야자키 하야오의 애니메이션 〈원령공주(Mononoke Hime)〉가 전세계적으로 벌어 들인 총 수익은 4,000억 원이다. 문화산업은 산업연관 효과가 다른 산업에 비해 매우 크다. 생산 초기에는 많은 투자비용이 들지만 일단 생산된 후에는 이를 재생산하는 한계비용이 극히 낮은 창구효과(window effect)가 나타나는 것이다. 애니메이션은 원작 외에도 음반, 패션, 캐릭터 상품, 이벤트, 게임, 관광 등 다양한 관련 시장을 형성해 부가가치를 증대하는 산업으로서 그 중요성을 주목받고 있다.

한국애니메이션 고등학교는 어떤 곳일까?

한국애니메이션 고등학교는 21세기의 유망산업으로 떠오르고 있는 애니메이션을 비롯 영화, TV, 광고 등 영상 분야 전문인을 양성할 목적으로 2000년 3월에 문을 열었다. 이 학교에서는 학생 중심 교육을 지향한다. 현재 만화창작, 애니메이션, 영상연출, 컴퓨터게임 제작 등 4개 학과에 각각 25명의 학생이 소수 정예수업을 받고 있다.

무엇을 배우나?

1학년은 전공탐색 단계이기 때문에 여느 고등학교처럼 교과 중심으로 수업이 진행되지만 전공기초 이론과 실습을 병행한다. 2학년이 되면 전공선택 단계로 접어들어 전공 코스별 선택과목과 심화실습을 이수한다. 전공심화 단계인 3학년이 되면 실습과 워크숍을 중심으로 각 전공 간의 연계를 위한 공동작업이 과제로 주어진다. 전공과 상관 없이 3~4명의 학생이 팀을 만들고, 팀은 그 동안 쌓아온 실력을 발휘해 창작물을 제작한다.

학교만의 자랑거리가 있다면?

이처럼 대학교과 과정과 흡사한 학습 단계가 학생들의 전문성을 길러주는 소프트웨어로 작용하고 있다면, 한국애니메이션 고등학교의 하드웨어는 세계적인 수준의 교육 기자재다. 200평 규모의 작화실은 이 학교가 자랑하는 대표적인 시설인데, 한 학년의 모든 학생이 들어가 작업해도 충분할 정도다. 그 외에도 미니어처제작실, 믹싱룸, 디지털편집실, 3D실, 녹음스튜디오, 특수효과실 등 영상물 제작에 필요한 기자재와 공간이 학교 안에 모두 마련되어 있다. 그럼에도 불구하고 한국애니메이션 고등학교의 학비는 기숙사비를 제외하면 일반 고등학교와 거의 차이가 없기 때문에 학부형들로부터 큰 호응을 얻고 있다.

:: 관광고등학교

'트리플 골든 크로스(Triple Golden Cross).'

2005년 한국 관광 시장의 눈부신 성장에 대한 세간의 평가다. 국내 여행객 4억 1,000만 명, 내국인 해외여행객 1,000만 명, 외래 관광객

600만 명을 유치하며 사상 최대 기록을 세우자, 이를 두고 한국 관광 업계에서 주식 용어인 '골든 크로스'에 빗대어 '트리플 골든 크로스'를 달성했다고 한 것이다. 관광업은 국가 경제, 특히 고용에 미치는 영향력이 엄청나서 21세기를 대표하는 고부가가치 국가전략산업으로 손꼽히고 있다. 관광산업의 고용유발계수(매출액 10억 원 당 근로자 고용수)는 52~53명으로 평균 9.7명인 IT산업에 비해 5배가 넘을 정도다.

관광고등학교는 어떤 곳일까?

이러한 흐름을 읽어내고 관광 인적 자원을 양성하기 위해 설립된 곳이 관광고등학교다. 2000년에 우리나라에서 최초로 개교한 한국관광고등학교를 비롯, 제주도와 부산 등 관광도시를 거점으로 제주관광해양고, 제주관광산업고, 해운대관광고, 서울관광고, 대구관광고 등이 있다.

무엇을 배우나?

지역적 특성과 교육목표에 따라 조금씩 차이는 있지만, 관광고등학교의 수업은 고등학교 보통 교과에 더하여 외국어 교육과 관광실무 수업으로 이루어진다. 관광산업에서 요구하는 능력 가운데 외국어가 큰 부분을 차지하기 때문에 외국어 교육에 많은 중점을 둔다. 실제로 한국관광고등학교에서는 관광영어통역과, 관광일본어통역과, 관광중국어통역과로 학과를 구분해 집중 교육을 시행하고 있다. 기타 관광고에서 배우는 외국어도 이와 크게 다르지 않아 영어, 일본어, 중국어 중에서 학생들이 선택해 외국어를 배울 수 있도록 배려하고 있다.

관광 분야 전문교육은 대체로 관광 일반, 호텔, 여행, 레저 등으로 구성되어 있다. 그러나 해운대관광고의 인터넷여행정보과, 제주관광산업고의 관광조리과, 서울관광고의 관광홍보미디어과 등이 신설되면서 학생들이 선택할 수 있는 교육의 범위가 확대되었다.

학교만의 자랑거리가 있다면?

호텔실습실, 카지노실습실, 조리실습실, 응급처치실습실 등 관광 서비스에 필요한 다양한 시설들이 관광고에 구비되어 있다. 제주관광산업고의 경우 제주도라는 지역적 이점을 십분 활용, 실습실의 경계를 넓히고 있다. 제주관광산업고의 학생들은 인근 오조리 해수욕장에 설치된 해상공원에서 수상인명구조나 모터보트승선, 윈드서핑 등을 하며 바다 체험을 한다. 관광고의 학생들이 볼거리와 놀거리, 먹거리 서비스를 제공하는 기술을 익힌다고 해서 그들의 수업이 마냥 재미있고 신나게 놀기만 하는 것이라고 생각한다면 오산이다. 한국관광고는 관광 특성화 고등학교로서의 정체성과 경쟁력 확보를 위해 최근 대학에서 실시하고 있는 졸업인증제를 도입했다. 학생들은 빠듯한 이론수업과 실습 외에도 컴퓨터 활용능력 자격증을 취득해야 하고, 공인 외국어시험에서 특정 점수 이상을 받아야 한다. 부산해운대관광고의 조리 · 제과제빵부는 학내 기업인 '비즈쿨(Business와 School의 합성어)' 운영을 통해 자신들이 직접 만든 과자와 빵을 판매하고, 그 수익금을 모아 독거노인들을 돕는 봉사활동도 전개하고 있다.

졸업 후 학생들은 대학에 진학하거나 관광업계와 관련된 곳으로 취업한다. 대학에 진학할 경우 관광경영학과, 호텔경영학과, 관광통역과 등 관광과 관련된 학과에서 공부하거나 일본, 중국, 미국, 호주 등 관광 계열대학에 입학한다. 취업을 할 경우 호텔, 항공사, 여행사, 면세점, 카지노 등 관광업체에 입사하지만 전공에 따라 레크리에이션 강사, 해양경찰, 생활체육지도자, 조리사, 수상 안전요원 등 진출 범위가 매우 다양해지고 있는 추세다.

:: 조리과학고등학교

썩은 단무지로 속을 채운 만두, 색소를 덧칠한 조기, 철 가루를 넣어 반죽한 칡냉면…. 건강을 해치는 부정한 음식이 판치는 세상을 개선하고 자신이 만든 음식으로 인류의 번영까지 이룩하려는 이들이 있다. 바로 한국조리과학고등학교 학생들이다. 그들은 매 시간마다 '조리학도의 선서'를 한다. 이 선서를 실천하는 것이 한국조리과학고등학교의 핵심 교육이기 때문이다.

조리과학고등학교는 어떤 곳일까?

소득수준 향상, 핵가족화, 그리고 여성들의 사회 참여가 늘면서 우리나라의 외식산업은 크게 성장했다. 이러한 성장세에 힘입어 전문 조리인을 양성할 목적으로 1999년에 최초의 조리과학고등학교가 문을 열었다. 동원여상과 곡성실업고도 각각 2001년과 2006년에 부산조리고등학교, 전남조리과학고등학교로 이름을 바꾸며 조리 특성화 고등학교로의 발전을 도모하고 있다.

무엇을 배우나?

조리고에서의 수업은 여느 고등학교에서 배우는 보통 교과목에 한식, 일식, 양식, 중식, 제과제빵 등 실습 중심의 조리과 수업을 병행한다.

특별히 전공을 구분하지 않는 이유는 모든 종류의 조리과정을 익힘으로써 외식업체의 총지배인이나 총괄관리직으로의 승진까지 염두에 두고 있기 때문이다. 신라, 롯데, 프라자, 인터콘티네탈, 힐튼 등 특급호텔의 주방장 및 조리장이 현장 지도교사로 수업하기 때문에 학생들은 생생하고 유용한 기술을 익힐 수 있다.

경기도 시흥에 위치한 한국조리과학고는 전문적인 고급 조리인 양성에 힘쓰고 있다. 한국조리과학고 학생들은 'Beef ground(갈아놓은 고기)', 'Onion chop(다진 양파)' 처럼 영어로 표기된 레시피를 보며 조리실습을 한다. '외국어를 할 줄 아는 조리인' 을 목표로 하기 때문에 학생들로 하여금 '조리실무영어' 를 이수토록 수업이 진행되며, 그 외 수업에서도 외국어를 활용할 수 있는 방식으로 수업을 진행한다. 그 덕택에 아시안게임이나 유니버시아드대회 같은 국제적인 행사에서 한국조리과학고 학생들이 큰 몫을 할 수 있었다.

학교만의 자랑거리가 있다면?

조리고는 소풍이나 수학여행도 특별하다. 교육과정에서의 현장 경험을 무엇보다 중요하게 여기기 때문에 각 지역의 향토요리를 맛 볼 수 있는 요리 탐방을 가고, 수학여행은 국제 요리축제에 참관하는 것으로 대신한다. 조리과학고등학교는 조기에 진로를 결정한 학생들을 위해 졸업 후 바로 취업이 가능하도록 돕고 있다. 졸업 후 학생들은 호텔, 레스토랑, 양과점, 종합병원, 회사의 단체급식소 등의 조리사나 음식 관련 연구기관의 연구원, 요리강사 등으로 취업한다. 개인의 역량이나 환경에 따라서 전문음식점을 직접 경영하는 경우도 있다. 근래에는 프랑스나 스위스, 중국, 호주 등으로 유학을 가거나 국내 대학의 조리계열, 외식경영계열, 관광계열 및 식품가공계열로 진학하는 등 연계교육도 활발히 진행 중이다.

:: 정보통신고등학교(인터넷고등학교)

미국의 인터넷 기업인 '콤스코어 월드 매트릭스(ComScore World Metrix)'에 따르면, 2006년 3월 기준 한국인의 월평균 인터넷 사용 시간은 47.2시간으로 이스라엘과 핀란드에 이어 3위를 기록했다. 인터넷 사용 인구는 2,460만 명으로 전세계에서 여섯번째로 많은 것으로 나타났다. 2005년 한국의 휴대폰 수출은 273억 달러를 기록했고 전체 수출에서 차지하는 비중이 10%에 가깝다. 최근 들어 우리나라의 IT산업은 국내총생산(GDP), 설비투자, 수출 · 수입 등 국민경제에 미치는 영향이 점차 높아지고 있다. IT산업은 그야말로 한국경제의 성장 동력인 셈이다.

정보통신고등학교는 어떤 곳일까?

변화와 혁신으로 대변되는 한국 IT산업을 책임질 인재들이 더 큰 꿈을 가슴에 새기며 공부하고 있는 곳이 정보통신고등학교다. 인터넷고등학교, 미디어고등학교, 정보과학고등학교 등 교명과 학과구성에 조금씩 차이는 있지만 21세기 정보사회의 주역이 될 IT인재를 양성한다는 목표는 한결같다.

IT산업에 대한 국민적 관심과 기대가 높은 만큼 정보통신고등학교는 서울, 경기, 대구, 부산, 광주 등 여느 특성화 고등학교에 비해 지역적으로 고루 분포해 있고 그 숫자도 많은 편이다. 그 중 서울에 있는 선린인터넷고등학교는 국제전기통신연합(International Telecommunication

Union : ITU, 세계 각국의 전기통신에 관한 제반 문제를 다루기 위해 설립된 국제 연합으로 스위스 제네바에 본부를 두고 있다)에서 '한국의 교육 부문에 대한 IT 적용 및 투자 성공사례'로 꼽을 만큼 우수한 학교로 인정받고 있다.

선린인터넷고등학교에는 컴퓨터와 인터넷을 이용해 첨단 정보와 통신기술을 배우는 인터넷정보통신과, 소프트웨어 개발과 프로그래밍 기술을 배우는 웹운영과, 경영정보시스템이나 전자상거래에 관해 배우는 테크노경영과, 그리고 컴퓨터 그래픽 및 게임, 디지털방송 등 멀티미디어 콘텐츠에 대해 배우는 멀티미디어과가 개설되어 있다.

무엇을 배우나?

보통교과에 더하여 프로그래밍, 웹디자인, 컴퓨터보안, 네트워크 구축, 컴퓨터 그래픽 등 학과수업도 충실하게 진행되고 있으며, 게임개발반, e비즈니스반, 해커반, 그래픽 디자인반 등 학과 특성을 살린 동아리 활동이 활발하다.

학교만의 자랑거리가 있다면?

정보통신고등학교의 학생들은 졸업 후 정보통신컴퓨터 및 IT 관련 학과나 공학 계열로 진학하거나 취업한다. IT산업이 망라하는 분야가 매우 폭넓기 때문에 네트워크 설계사, 시스템 운영자, 정보검색관리사, 보안전문가, 소프트웨어 개발전문가, 웹디자이너, 웹마스터, 전자상거래관리사, 게임제작자, 애니메이터 등 진출할 수 있는 취업 분야가 매우 다양하다.

CHAPTER 25

조기유학은 구체적 목표를 세운 후 떠나라

:: 조기유학을 위한 점검사항들

서울 강남의 구정중학교 3학년 학급. 여기저기 빈자리가 눈에 띈다. "우리 반만해도 벌써 15명이 전학을 갔어요." 친구들이 많이 떠나버려 서운하다는 예진이(15세)의 말이다. 대한민국 교육특별시 강남구보다 더 좋은 교육환경이 있다는 말일까? 많은 학생들이 유창한 영어 구사를 위해, 그리고 넓은 세계를 배우고 다양한 경험을 하기 위해 미국이나 캐나다 등지로 조기유학을 떠나고 있다. 조기유학은 입시 위주 교육과 계속되는 교육비 증가에 지쳐버린 학생들과 부모님들의 선택이 되고 있지만 확실한 목표의식과 준비과정 없이는 오히려 시간과 돈만 낭비하는 결과를 가져올 수도 있다.

조기유학 갈까, 말까?

조기유학을 떠나기 앞서 생각해 보아야 할 점이 있다. 그것은 바로 진로선택이다. 만약 학생이 우리나라에서 의사나 변호사가 되고자 한다면 유학은 불필요하며 오히려 불이익으로 작용할 수 있다. 예를 들어 미국의 메디컬 스쿨의 경우 우리나라보다 입학과 졸업이 몇 배나 힘든 것은 물론이고 이 중 60여 곳은 아예 외국인의 입학이 허락되지 않는다. 대부분의 메디컬 스쿨의 입학 확률은 2~10% 미만이고 이 확률 또한 어디까지나 미국인 지원자들의 입학 확률이다. 결론적으로 미국의 아주 우수한 상위 10%의 학생들보다 더 월등한 실력을 가지고 있어야만 미국 메디컬 스쿨에 입학이 가능하다.

그러나 항공우주를 연구하는 과학자를 꿈꾸고 있는 학생이라면 얘기가 달라진다. 항공우주의 경우, 국내에서는 아직 관련 산업이 발달하지 않았기 때문에 배움의 기회가 외국에 비해 상대적으로 적을 수밖에 없다. 따라서 이에 관한 학문이 발달해 배움의 기회가 많은 외국으로 나가는 것은 당연하다. 이렇게 진로에 따라 유학의 필요 여부가 결정되기 때문에 자신의 진로와 적성과는 상관없이 무작정 유학을 떠나 시간과 돈을 허비하고 돌아오지 않기 위해서는 유학을 떠나는 동기와 뚜렷한 목표의식의 중요성을 먼저 깨달아야 한다.

조기유학 언제 가야 할까?

유학을 떠나기로 결심했다면 언제가 가장 적절한 시기일까? 사람마다 차이는 있겠지만 보통 자신의 미래를 그리면서 구체적인 목표를 세울 수 있는 중학생 시기가 적당하다. 이 시기의 학생들은 일반적으로 사춘기를 지나 어느 정도 자신과 가족, 그리고 사회에 대한 가치관이 형성돼 있다. 국어 능력 또한 완숙한 단계에 있다. 그러나 유학준비는 최소 1년 전부터 해야 하는 만큼, 중학교 1~2학년 시기는 준비 기간으로 삼고 3학년 때 본격적으로 유학을 떠나는 것이 바람직하다.

어떻게 준비할까?

조기유학을 결심했다고는 하지만 도대체 어떤 준비를 해야 하는 것일까? 많은 학생들은 영어학원을 열심히 다니면서 그것이 조기유학 준비의 최선이자 전부라고 생각한다. 그러나 조기유학에는 이보다 훨씬 많은 준비가 필요하다. 먼저 어린 나이에 집과 가족을 떠나 혼자 생활해야 하기에 외로움이라는 심리적 문제점과, 다양한 특별활동과 다양한 개성을 존중하는 외국의 열린 수업 분위기에 적응하지 못하는 문화적 문제점을 고려해야 한다. 많은 유학생들이 유학에 실패하고 돌아오는 이유 중 상당수는 공부나 언어의 문제 때문이 아닌, 이런 정의적 문제 때문이라는 것을 생각해 볼 때 이에 대한 아무런 준비 없이 조기유학을 떠나는 것은 용감하다 못해 위험하다고 할 수 있다.

조기유학 준비를 하는 학생들은 방학마다 개최되는 단기영어캠프나 명문대 탐방 프로그램에 참여하는 것이 도움이 된다. 짧은 기간이지만 이 시간을 통해서 독립심도 고취시키고 또한 자신이 정말 외국에서 공부하길 원하는지 생각해 볼 수 있는 소중한 시간이 된다. 실례로 유학에 생각이 없었던 준혁이는(가명, 16세) 겨울방학 동안 미서부 명문대 탐방 프로그램에 참가하여 우수한 대학들과 열심히 공부하는 학생들의 모습에 학습동기를 부여받아 유학을 결심한 경우다.

미국학교에서는 교과과정 외에 특별활동이 중요하되므로 취미활동이나 봉사활동 등 다양한 경험을 하는 것이 좋다. 이는 학교입학시 학생선발에 중요한 기준이 될 수 있으므로 학업 외 활동에도 많은 관심을 가지고 참여한다면 도움이 될 것이다. 예를 들어 학교에서 줄곧 1등을 도맡아왔으며 수학, 영어경시대회에서 수상경력이 풍부한 혜미(가명, 15세)보다 공부는 중위권이지만 로봇 만들기라는 특별한 취미를 가지고 있으며 각종 봉사단체에서의 활동 경험이 풍부한 민우(가명, 15세)가 입학사정관의 마음을 사로잡을 수 있다.

정보는 생명이다

많은 학생들이 유학원이나 인터넷을 통해 잘못된 정보를 얻어 피해를 보는 경우가 있다. 조기유학을 결심했다면 직접 그 학교의 홈페이지를 방문하거나 그 학교에 재학 중인 학생을 통해 정확하고 실질적인 정보를 얻는 것이 중요하다. 이를 통해 학생에게 맞는 학교를 찾을 수 있고 또 잘못된 정보 때문에 겪을 수 있는 시행착오를 줄일 수 있다.

영어를 배우는 데 가장 효과적인 것이 조기유학인 것은 사실이다. 그러나 외국생활에 대한 환상이나 막연한 기대로 무작정 떠나는 것은 정말 무모한 도전이다. 본인의 의지와 목표에 따라, 또 준비 기간에 따라 성공 여부가 결정될 수 있다는 사실을 명심하기 바란다.

우리나라 중학생들이 취할 수 있는 조기유학 형태는 사립기숙학교를 가거나 공립학교에 교환학생으로 가는 경우, 그리고 홈스쿨링으로 나눌 수 있다. 그러나 학교에 가는 대신 일반 가정에서 교육받는 홈스쿨링은 많이 이루어지고 있는 형태가 아니므로 사립기숙학교와 공립학교의 특징 및 교육과정, 그리고 각 학교를 선택할 때 유념해야 할 사항들에 대해 살펴보겠다.

:: 사립기숙학교는 더이상 '그림의 떡'이 아니다

깔끔한 교복, 엄격한 기숙사감선생님, 진지한 수업 분위기. 흔히 '특별한 사람들을 위한 학교' 라고 인식되고 있는 미국의 사립기숙학교는 몇 년 전만 해도 외국인 학생을 받지 않았으나 최근 미국사립학교법 개정으로 유학생의 입학이 가능해졌다. 따라서 유학을 고려 중인 한국의 청소년들에게 미국 사립기숙학교는 더 이상 '그림의 떡'이 아니다. 사립기숙학교의 한해 등록금은 3만 3,000달러에서 3만 7,000달러 내외이며, 아이비리그 대학입학만큼이나 까다로운 절차를 거쳐야 하지만 해마다 입학하려는 학생들은 줄을 선다.

엘리트 교육을 지향하는 미국의 사립기숙학교에서는 소수의 학생을 선발해 미래 사회의 지도자를 육성한다. 따라서 사립기숙학교 입학은 아이비리그 학교에 들어가는 것만큼이나 많은 노력과 시간을 들여야만 가능하다. 세계를 향한 꿈이 있거나 미국의 특별한 교육제도를 경험하고 싶은 학생들이라면 도전해 보자! 자신의 인생을 업그레이드할 수 있는 기회가 될 것이다.

높은 명문대 진학률

사립기숙학교는 교육적인 면과 문화적인 면 모두에서 공립학교보다 많은 장점을 가지고 있다. 그래서 많은 학생들의 마음을 사로잡고 있는데, 이 중 가장 큰 장점은 높은 교육수준이다. 그러나 명문 사립기숙학교에 입학하기 위해 해마다 몰리는 수많은 지원자들 가운데 실질적으로 입학이 허락되는 한국학생의 비율은 100명 중 2~3명 꼴이다. 이러한 학생들이 서로 경쟁하면서 공부한다고 상상해 보자. 진지한 수업 분위기는 물론이고 학생들의 태도는 항상 준비되어 있어 그 자체만으로도 좋은 교육적 영향을 끼칠 수 있다.

다양한 특기적성교육

사립기숙학교 학생들이 우리나라 학생들처럼 책상 앞에서 공부만 한다고 생각하면 오해다. 사립기숙학교의 또 하나의 장점이 바로 다양한 특별활동이기 때문이다. 학교 특별활동 프로그램은 음악, 미술은 기본이고 골프, 승마, 펜싱, 라크로스, 보트타기 등 우리나라 중고등학생들이 쉽게 경험할 수 없는 다양한 스포츠 활동을 제공한다.

적극성, 독립심 고취

모든 학생이 기숙사에서 생활하기 때문에 많은 친구를 사귈 수 있다. 또한 미국문화를 자연스럽게 접하고 익힐 수 있다. 집을 떠나 혼자 생활하기 때문에 스스로 모든 일을 알아서 하는 적극성도 배운다. 더불어 우리나라 학생들의 경우에 보통 공립학교에 비해 영어를 빨리 익힐 수 있는 장점이 있다. 그러나 모든 일에는 일장일단이 있는 법, 사립기숙학교의 장점만 생각해 신중한 고민 없이 진학을 결정하는 것은 성급한 판단이다. 집안에 여유가 있는지, 학생이 공부를 잘 하는지 등 고려해야 할 것들이 있다.

노는 물이 다르다

사립기숙학교는 특별한 사람들을 위한 교육환경이다. 여기서 특별한 사람들이란 공부를 잘 하는 것은 물론이고 중상층 이상의 가정환경에서 자라 다방면의 예술과 스포츠활동에 익숙하며 세계를 향한 꿈을 가진

학생들을 말한다. 따라서 이러한 학생들과 다른 환경에서 자랐거나 자신이 원해서 입학하지 않은 학생이라면 오히려 열등감을 느끼거나 극심한 스트레스에 시달릴 수 있다.

또한 똑같이 특별활동수업을 받더라도 수준 차이가 많이 난다는 것도 감안해야 한다. 대부분의 사립기숙학교 지원자들은 풍족한 환경에 익숙하기 때문에 상대적으로 공부하기에 바빠 특별활동이 익숙하지 않은 한국 학생들에게는 하나의 스트레스가 될 수도 있음을 염두에 두어야 한다.

우수한 영어실력은 기본

사립기숙학교에 입학하기 위해서는 우수한 영어성적이 필수적으로 요구된다. 한국학생들의 경우 수학에 비해 영어실력이 현저히 모자라는 것이 일반적인데, 스탠다드 테스트에서 영어가 적어도 상위 10%는 되어야 명문 사립기숙학교에 도전장이라도 내밀 수 있기 때문에 영어 실력을 키우는 것이 중요하다.

외로움과 부적응

사립기숙학교의 특별한 점이라고 할 수 있는 기숙사생활 또한 집 떠난 학생들에게 독립심과 적극성을 기를 수 있는 장점을 제공하는 동시에 학생에 따라서 외로움과 부적응이라는 부정적인 영향을 줄 수도 있다. 우리나라처럼 부모가 자녀의 생활을 많이 통제하는 방식에 익숙해 있는 학생들의 경우 중도 탈락률이 70%가 넘을 수 있다.

어떻게 준비할까?

사립학교의 모든 장단점을 고려한 후 진학을 결심한 학생이라면 적어도 2년 전부터 준비해야 한다. 입학 절차는 일반적으로 5~6명의 입학사정관이 학생들을 세밀하게 평가하는데, 보통 사립기숙학교 지원자들은 내신성적이 뛰어난 것은 물론이고 토플점수는 270점 이상, SSAT점수는 상위 5% 이상이다. 이와 동시에 학생들의 심성, 학업능력, 집안교육 및 배경 등 정의적 요소들도 함께 평가한다. 때문에 각 학교에서 선호하는 기준을 조사해 그에 알맞은 소양을 기르기 위해서는 생각보다 많은 시간이 든다. 사립학교에 원서를 낼 때는 2 : 2 : 2의 비율로 지원하는 것이 안전하다. 본인의 실력보다 조금 높은 학교 2군데, 본인의 실력과 알맞은 2곳, 그리고 안전하게 입학이 확실시되는 2곳, 이렇게 총 6곳의 학교에 지원하는 것이 바람직하다.

:: 값싸게 유학체험이 가능한 공립학교 교환학생

교환학생에 대한 관심이 많아 지고 있다. 흔히들 조기유학보다 저렴하고 어학연수보다 효과적이라고들 하지만 이것도 일반적인 생각일 뿐이다. 많은 것들을 심사숙고해 결정하지 않으면 큰 낭패를 볼 수도 있다.

교환학생의 자격은 만 15세 이상, 만 18세 6월 미만이어야 한다. 이것은 미국 공립고등학교 교환학생 기준이다. 미국 교환학생으로 가길 원한다면 먼저 나이 자격이 되는지 알아봐야 한다. 한국에서 중3이면 미국에서는 고1, 즉 9학년이다. 우리나라는 6-3-3 제도지만 미국은 일반적으로 6-2-4 제도이기 때문이다. 또 9월부터 각 학년의 새 학기가 시작이 되니까, 교환학생을 신청하려는 해의 8월 31일을 기준으로 만 15세가 넘어야 된다. 그러니까 중3이 되어 생일이 8월 31일 이전이라면 교환학생 자격이 있다.

전학년 성적이 평균 미 이상이고 바로 직전 학기 모든 성적이 미 이상이어야 한다. 그리고 SLEP 시험을 봐야 하는데, 이 시험에서 45점 이상을 맞아야 한다. 그 외에 인터뷰를 하므로 어느 정도의 영어회화는 필수다. 미국에 도착하자 마자 영어로 진행되는 수업을 소화해 내야 한다. 자신의 정확한 영어 실력을 가늠 할 수 있는 테스트도 중요하고 영어능력도 더 없이 중요하지만 새로운 생활과 문화에 대한 적응력도 고려해야 한다.

미국의 거의 모든 학교에서는 수업이 끝난 후 각 학생들의 취향에 맞는 특활활동을 실시한다. 기본적으로는 본인이 평소에 즐겨 하던 운동을 하면 된다. 각 학교마다 조금씩 다르지만 일반적으로 수영, 트랙, 테니스, 축구, 농구, 배드민턴, 배구 등등 많은 종목이 있으니 평소에 즐겨 했던 운동을 하면 된다. 또 각 학교마다 밴드부가 있는데, 거의 모든 악기를 다룬다고 볼 수 있다.

교환학생의 취지는 각 나라의 학생들과의 만남을 통한 문화교류에 있다. 교환학생으로 미국의 호스트 패밀리와 생활한다면 그 학생은 한국을 대표하는 문화대사나 마찬가지다. 항상 대한민국과 우리나라 학생들의 우수성을 알린다는 긍지를 갖고 행동해야 할 것이다. 호스트 가정은 순수하게 한국을 배우고 체험하기 위해 교환학생에게 머물 곳과 식사를 정해진 학기 동안 제공하는 것이다.

미국에서 한국식 학원교육과 학습법을 꾸준히 이어가는 것도 나쁜 생각은 아니다. 그러나 미국 고등학교에서 배우는 과목의 난이도를 달리해서 공부하는 것이 많은 도움이 될 것이다. 예를 들어 미국 고등학교 교과목을 보면 대학에서도 학점을 인정해 주는 AP 과목들이 있다. 이들 과목을 이수하는 고등학생에게는 특별 가산점이 부여되고 대학에서 학점 인정은 물론, 미 대학 진학시 입학전형에 가산점이 된다.

교환학생을 떠나기 전에는 영어회화와 영어 에세이 준비를 꾸준히 하기 바란다. 한국 학생들이 가장 힘들어하는 부분이 바로 영어 에세이다. 영어 에세이는 단순히 글을 쓰는 것이 아니라 정해진 형식에 따라서 논리적으로 자신의 생각을 표현하는 글이므로 되도록 많은 연습을 하고 첨삭 지도를 받아야 한다.

교환학생 프로그램 후에는 미국 기숙사학교에서 미국 대학입시를 준비하거나 국내에 돌아올 경우엔 고1 과정부터 다시 시작하여 내신을 준비하는 것이 일반적이다.

CHAPTER 26

대학 · 직업까지 멀리 내다보라

:: 대학 선택시 고려할 사항들

같은 학교를 졸업하더라도 성공하는 사람과 그렇지 않은 사람이 있게 마련이다. 하지만 누구나 좋은 학교에 진학하기를 원한다. 인생에서 출신 학교는 항상 따라다니는 중요한 경력사항이다. 학과는 제쳐두더라도 무조건 명문대학과 이름이 알려진 대학을 가야 한다고 생각하는 것도 출신 대학으로 그 사람의 많은 것을 판단하는 사회적 분위기 때문이다. 그만큼 대학선택은 학과선택 못지않게 중요한 일이다. 따라서 평소에 자신이 꼭 진학하고 싶은 대학을 하나쯤은 생각하고 있는 것이 좋다. 공부를 하기 위한 동기부여 역할도 되기 때문이다. 그럼 이제부터 대학 선택시 고려해야 할 것들에 대해 살펴보겠다.

대학은 한번쯤 꼭 방문하라

자신이 4년 동안 몸담을 대학이기 때문에 지원하기 전에 꼭 한번 방문해 보기를 권한다. 학교의 주요 시설들이 어떻게 생겼는지, 학교 앞 거리가 어떤지, 기숙사 시설은 편안한지, 도서관 크기는 어느 정도인지 등을 생각해 볼 수 있는 계기가 될 것이다. 학교에서 배우는 내용도 중요하지만 자신이 과연 어떠한 환경에서 생활하게 될지 가늠해 보는 것은 더욱 중요한 일이다. 요즘은 대학의 경제력 여부에 따라 학생들의 실력이 달라진다고 한다. 그만큼 지원이 잘 되는 학교의 학생들이 공부를 열심히 하는 것이다. 편안한 환경과 면학 분위기를 만들어주는 대학 선택이 무엇보다 중요하다.

사회 변화에 따른 대학의 변화를 주시하라

사회는 날로 전문화, 세분화되어 가고 있다. 예전에는 들어보지 못한 학과들이 자꾸 생겨나고 기존의 학과들도 명칭을 바꾸는 경우가 많다. 예전에 '농업'과 관련된 학과들은 대학홈페이지에서 많이 사라졌고 '생명공학', '생명과학'과 같은 학과들이 새로 등장해 대학 학부의 형태를 바꾸어놓고 있다. 아울러 기존의 학문에서 특화된 학과들도 생기고 있다. '호텔(컨벤션)경영', '언론정보영상학', '지구환경학' 등은 사회의 변화와 시대의 요구사항에 발맞춰 더욱 실용적인 학문을 탐구하고자 하는 대학의 의지를 반영한 학과들이다. 많은 대학들이 이러한 변화를 위한 노력을 계속하면서 우수한 학생들을 유치하기 위해 노력한다. 학생들도 자신이 지원하는 대학이 과연 사회 변화에 발맞춘 실용적 가치관을 가지고 있는지를 고려하기 바란다.

대학별로 중점적으로 육성하는 학과를 살펴보라

대부분의 대학들은 인문, 상경, 사회, 이학, 공학, 의학 등 모든 계열의 학과를 개설하고 있다. 물론 명문대학에 개설된 모든 학과는 상위권에 자리하고 있겠지만 그렇지 않은 학교라 해도 일부 학과를 중점적으로 육성해 우수한 학생들을 유치, 배출하는 학교들이 있다. 그렇게 되면 같은 학교라 해도 학과별로 입학기준에 차이가 난다. 높은 점수를 받아 좋은 학교를 지원할 수 있다면 모르지만, 그렇지 않은 경우 특정한 분야에 강점을 가지고 있는 학교를 선택하는 것도 좋은 대안이 될 수 있다. 이것은 학과선택시 고려할 점과도 어느 정도 관련 있는 사항이다.

그 학교의 분위기와 이미지를 고려하라

모든 대학은 그 학교 나름대로의 이미지와 분위기를 갖고 있다. 학교의 상징물에 따라, 학교의 지역과 위치에 따라, 학풍과 역사에 따라 분위기는 많이 달라진다. 에컨대 연세대와 고려대는 그 설립자가 외국 사람과 우리나라 사람으로 각기 다르기 때문에 자유롭고 감각적인 이미지와 민족주의적인 이미지로 달리 인식되어 왔다. 또 여대는 학생들의 학교생활이 남녀공학과는 현저하게 다르다. 여대에 가면 여성스럽고 세심한 분위기를 많이 익히지만 남녀공학은 남녀 모두 똑같이 경쟁하고 성취하는 가치관을 많이 배운다. 사회에서 자신이 어떻게 인식되는가는 출신 대학과 밀접한 관련이 있는 것이다. 따라서 지원하는 학생들도 과연 이 학교가 자신이 원하는 이미지와 성향에 잘 맞는지 고려하고 결정해야 한다.

:: 목표직업을 먼저 생각하고 나서 학과를 정하라

학과 선택은 누구에게나 중요하다. 그러나 안타깝게도 많은 학생들이 학과를 선택할 때 도대체 그 학과에서는 무엇을 배우며 졸업 후 진출분야가 어디인지조차 잘 모르는 경우가 많다. 학과를 결정할 때에는 이러한 기본 정보를 꼭 알아야 한다. 사회가 날로 전문화되면서 전공 분야가 더욱 중요해지고 있기 때문이다.

다음은 학과를 선택시 고려할 사항들이다.

좋아하는 분야와 잘 맞는지 고려한다

우선 자신이 좋아하고 잘하던 과목이 도움이 되는 학과인지 알아야 한다. 수학을 잘하는지, 과학을 좋아하는지, 언어에 자신이 있는지 등을 고려해 그와 관련된 내용을 공부하는 학과를 선택하는 것이 좋다.

공부하는 내용이 나에게 적합한지 고려한다

대학은 학과별로 활동이 저마다 다르다. 발표를 많이 하는 학과가 있는가 하면 실험실습이 많은 학과가 있다. 또 자료조사가 많은 학과, 책을 많이 읽어야 하는 학과, 컴퓨터 활용도가 높은 학과, 조별활동이 많은 학과, 돌아다니면서 공부하는 일이 빈번한 학과, 외울 것이 많은 학과 등 특색이 다양하다. 입학 전에 생각했던 것과 대학 시절의 공부내용이 달라 초반에 적응을 잘 하지 못하는 사례가 많은 것은 바로 이러한 특색을 고려하지 않았기 때문이다.

졸업 후 진출분야에 대해 고려한다

가장 현실적으로 졸업 후 어떤 분야로 진출해 무슨 일을 하는지 알아야 한다. 전체적인 취업률과 향후 전망, 구체적으로 어떤 회사들이 있으며 자신이 어떤 일을 하게 될지 가늠해 보는 것이 좋다. 그러한 자료는 대학의 학과소개 페이지에 보면 나와 있다. 장기적으로 자신의 커리어를 생각했을 때 과연 어떤 모습으로 사회활동을 할 수 있을까에 대한 개략적인 이미지를 그려보는 것도 좋다.

전공서적을 읽어보고 전공을 선택한다

적어도 학과에 지원을 할 때에는 그 학과에서 배우는 전공과목들이 무엇인지 알아보는 것이 좋다. 심리학은 자연과학과 수리적 사고력이 상당히 중요한 문과 학문이며, 응용통계학 역시 수리능력과 전산활용 능력이 중요함에도 불구하고 문과에 속해 있다. 산업공학은 공학임에도 불구하고 비즈니스와 경영과 같은 주제를 많이 다룬다. 단편적인 예를 들었지만 실제로 학과의 이름만 보고는 실제로 무엇을 배우는지 알 수 없는 경우가 많다. 만일 개론 정도 수준의 책을 읽고서 학과에 지원할 수 있다면 그 사람은 학과 선택에 실패하지 않을 것이다.

4년간 배울 전공과목의 리스트만 한번 읽어보는 것으로도 많은 정보를 얻을 수 있다. 자신의 앞길을 결정하는 데 이 정도의 노력도 들이지 않는다면 책임 있는 자세라고 보기 어렵다.

:: 시대의 흐름을 반영한 유망 학과를 눈여겨보라

사회가 변화, 발전하고 이에 필요한 인재들의 역량이 달라짐에 따라 대학에서 가르치는 학문의 분야도 나날이 진화를 거듭하고 있다. 시대의 흐름을 반영하지 못한 학과들이 없어지기도 하지만, 기존의 학과가 개편을 거쳐 이름을 달리하거나 시대의 요청에 따라 새로이 신설되기도 한다. 때로는 지나치게 시류에 영합하는 학과들이 개설된 지 얼마 지나지 않아 사라지기도 한다.

그렇다면 어떤 학과가 유망한 학과이고 어떤 학과가 시류에 영합하는 학과일까? 트렌드와 유행을 비교해 보면 이해가 빠를 듯싶다. 얼핏 보면 비슷한 현상처럼 보이지만 자세히 들여다보면 유행은 수명이 짧은 반면 트렌드는 수명이 길다. 유행과 트렌드를 구분하지 못해 학과를 잘못 선택한다면 한 사람의 일생에서 커다란 실수로 작용할 수도 있다.

수많은 학과 중에서 유망 학과를 정확히 골라내기 위해선 21세기를 대비해 새롭게 생긴 학과 중에서도 장래성을 인정받는 학과인지 꼼꼼히 살펴봐야 한다.

학과 분석을 철저히 한다

최근 유망 학과로 부상한 부동산학과와 노인복지학과를 예로 들어 유망 학과를 분석하는 방법을 살펴보자.

실용적인 공부를 하고자 하는 학생들이 늘어나면서 실용 분야를 다룬 학과가 인기를 얻고 있다. 이러한 현상은 최근 신설되는 학과의 두드러진 특징이다. 역사가 짧은 학과나 신설학과일수록 학과 분석을 철저히 해야 한다. 특히 요즘에는 이름도 새로운 학과들이 부지기수로 생겨나 학과 선택에 신중을 기할 필요가 있다.

부동산학과는 실용 분야 학과 중에서도 인기가 단연 으뜸이다. 대학원과정의 경우 학생은 물론, 직장인들까지 합세해 유명학교의 경우에는 경쟁률이 8 : 1까지 치솟을 정도로 인기가 높다. 왜 이렇게 부동산학과의 인기가 높은 것일까? 우선 부동산학과는 졸업 후 진출 분야의 폭이 넓으면서도 취업이 비교적 잘 되는 편이다. 공인중개사나 감정평가사와 같은 자격증을 취득하는 데도 유리하고 은행이나 건설회사, 공기업으로 진출할 수도 있다. 게다가 부동산이 투자 대상으로 점차 많은 관심을 얻게 된 것도 부동산학과의 인기가 높아진 이유 중의 하나라고 볼 수 있다.

부동산학과의 역사가 생각보다 짧지 않다는 것도 이 학과를 유망 학과로 꼽을 수 있는 대목이다. 1985년에 건국대가 처음으로 부동산학과를 설치한 이후 여러 대학들이 뒤따라 관련 학과들을 개설했고 수많은 부동산학과 출신들이 사회에 나와 활발한 활동을 펼치고 있다는 점은 여타 신설학과와 대비되는 강점이다. 미국을 비롯한 선진국의 경우에도 부동산학과가 여러 명문대학에 설치되어 있을 정도로 이 학과에 대한 신뢰도는 높은 편이다.

노인복지학과 역시 장기적 관점에서 볼 때 유망한 학과 중 하나로 꼽힌다. 우리나라의 고령화 속도는 다른 나라들과 비교했을 때 매우 빠른 편에 속한다. 이는 아이를 적게 낳는 '저출산' 문제와 함께 '우리 사회 최대의 문제'로까지 부각되고 있다. 노인의 수가 늘면 여러 가지 새로운 사회 현상과 문제들이 생겨날 수 있으며 그에 따른 노인복지 전문인력의 수요가 절실해지게 된다.

노인복지학과는 노인복지 전문가를 양성하기 위한 학과로, 크게 볼 때 사회복지학에 속하는 학문이다. 따라서 배우는 과목도 사회복지 정책론이나 행정론과 같은 사회복지 분야의 기본 학문에서부터 시작하여 노인심리학, 노인상담학, 노인주거 및 시설복지론, 사회재활학, 노인음악예술치료학, 노인간호학처럼 실질적이고 세부적인 것까지를 포함한다. 따라서 노인복지학과의 경우 이론뿐 아니라 실습을 통한 학습이 매우 중요하다. 가령 노인복지 시설로 견학 및 탐방을 가거나 상담 및 재활 치료에 필요한 훈련을 받기도 한다.

노인복지학을 전공하면 여러 가지 자격증을 취득할 수 있는 자격이 생기는데, 그 중에서도 사회복지사 및 케어복지사 자격증이 가장 대표적이다. 진출 분야도 꽤 다양한 편이어서 노인교육기관이나 노인전문병원, 실버산업 기업 등에서 노인복지 전문가를 필요로 하며 사회복지 관련 공무원으로 진출할 수도 있다.

문이과 계열 선택은 목표학과에 맞춘다

고등학교에 진학하면 문과와 이과 중 하나를 선택해야 한다. 이때 목표한 학과와 맞는 계열을 선택하는 것이 대학진학은 물론, 대학에 가서도 후회 없이 학업에 정진할 수 있는 원동력이 된다.

부동산학과를 가려면 문과를 가야 할까, 이과를 가야 할까? 이러한 궁금증은 부동산학과에서 공부하는 내용을 살펴보면 쉽게 알 수 있다. 부동산학과에서는 땅이나 건물처럼 움직이지 않는 재산과 관련된 여러 활동들에 대해 공부한다. 즉 부동산과 관련 있는 법이나 제도를 비롯해 사업성 있는 부동산을 개발하고 효율적으로 이용할 수 있도록 하기 위한 공부를 배운다. 보통 1학년 때에는 부동산학 개론을 비롯한 기본 교양을 익히며, 2학년부터는 부동산법, 부동산금융, 부동산개발, 부동산마케팅과 같이 본격적으로 부동산에 관련된 공부들을 배운다.

결국 부동산학의 많은 부분은 법, 경제, 통계, 지리, 경영학 같은 사회과학 분야의 학문들과 겹치게 되므로 고등학교에서는 사회탐구 계열인 문과로 진학하는 것이 좋다.

대학 진학시에는 인지도가 있는 대학으로 진학하는 것도 좋지만 부동산의 성격상 지역에 대한 충분한 이해를 바탕으로 할 때 좀더 유리한 측면이 있으므로 자신이 살고 있는 지역의 대학을 고려하는 것도 나쁘지 않은 선택이 될 수 있다.

노인복지학 역시 대학에서 사회과학 또는 인문학 계열에 속한다. 따라서 고등학교에서는 문과 계열로 진학하는 것이 가장 좋다. 노인복지학은 아직까지 사회적 인식이 부족해 기반이 잘 갖춰져 있는 것은 아니지만 사회가 발전할수록 더욱 필요할 수밖에 없는 학문이므로 현재보다 미래에 더욱 유망한 분야다. 사람에 대한 관심과 이해를 바탕으로 현실적이고 실용적인 학문 연구를 통해 국가와 사회발전에 이바지하고 싶다면 노인복지학과에 관심을 가져도 좋을 것이다.

:: 직업 선택시 고려할 사항들

직업 선택시에는 우선 직업환경과 일의 내용이 자신의 성격에 맞는지 고려해야 하며, 자신이 과연 그 일을 잘 해낼 수 있는지 적응성을 고려해야 한다. 가장 중요한 것은 직업생활 속에서 보람을 느끼고 재미있게 할 수 있는 일을 선택하는 것이다. 예전부터 그래왔지만 요즘에도 자신의 적성에 따라 직업을 선택하는 것이 아니라, 사회적 가치에 따라 직업을 선택하는 경향이 짙다. 학생들에게 익숙한 직업은 대부분 대중매체를 통해 좋은 이미지로 그려지는 몇 가지에 불과하다. 직업에 대한 정보도 부족하고 몇몇 직업 외에는 별로 알려고 들지도 않는다. 대학을 졸업한 사회 초년생들이 첫 직장에서 실패하는 이유가 바로 이 때문이다. 사회에 실제로 진출해 보면 눈이 많이 트이기 때문에 그때 자신의 선택에 대해서 되짚어보는 일이 가능해지기 때문이다.

자신의 적성을 이해하려면 수많은 세상의 직업 가운데 자신에게 맞는 일이 무엇인지 생각해 보아야 한다. 예컨대 우리나라의 변호사는 영화에 나오는 것처럼 법정에 나가서 사람들을 설득하고 멋지게 판결을 이끌어내는 일을 하지 않는다. 재판에 계류 중인 건들은 대부분 서면질의, 응답서를 통해서 심리가 이루어지며 판결시에만 사실 확인작업을 한다.

호텔리어라는 직업은 TV에서 보는 것처럼 화려하고 멋있는 일만 하는 것이 아니라, 손님의 요구사항에 성실히 답해주고 호텔식당에서 음식을 나르며 손님들이 가고 난 객실을 깨끗하게 정돈하는 궂은 일도 처리해야 한다. 이처럼 직업인의 실생활은 우리가 아는 것과 많이 다르다.

진로 선택은 아는 만큼 잘할 수 있다. 물론 공부를 열심히 하는 것이 가장 중요하다. 그러나 진로의 방향을 잡는 것도 무시할 수 없는 일이다. 대부분의 학생들이 자신에 대한 이해는 잘 하지만 직업에 대한 이해는 부족한 편이다. 자신의 적성을 어떻게 활용할 수 있을지 직업에 대한 이해를 통해 가늠해 보기 바란다.

사회의 변화와 전망을 고려한다

향후 사회 변화를 고려해 전망 있고 유망한 직업이 무엇인가를 생각해 보는 것이 중요하다. 예를 들면, 외국 회사들이 한국에 많이 들어오고 있으므로 해외유학자들에 대한 수요가 늘어날 것이라고 예상할 수 있다. 또 주5일 근무제가 활성화되면서 각종 레저, 스포츠, 휴양, 웰빙 관련 산업이 호황을 누릴 것이라고 짐작할 수 있다. 사회가 다원화되면서 개인주의적 가치관과 다양한 문화생활의 요구가 늘어나면 연예, 문화 관련 산업이 발전할 것이라고 예상할 수 있다. 지금 가지고 있는 꿈은 약 10년 정도 지나야 이루어질 수 있는 거시적인 목표다. 그때 가면 자신이 원하는 직업이 과연 계속 존재할지, 존재한다면 얼마나 유망한 일인지를 생각해 보는 것이 중요하다. 직업 선택은 이렇게 미래의 일을 예측하는 일인지라 신중해야 함을 명심하기 바란다.

가치관과 경제적 성취를 고려한다

직업 선택에 있어 또 하나 놓치지 말아야 할 것이 있다면 그것은 경제적, 사회적 성취의 정도다. 지금은 단순히 자신의 흥미와 자아실현만을 생각할지 모르나 향후에는 생각이 달라질 수 있다. 나중에 사회에 진출하고 나이가 들면 경제적 여유나 사회적 명성과 같은 것이 매우 중요하게 다가올 것이다. 크게는 이 사회를 책임질 일꾼이 되고 작게는 자신의 가정을 꾸려나갈 의무를 제대로 수행하려면 경제적 성취가 꼭 뒷받침되어야 한다. 그 밖에 얼마나 꾸준하게 안정적으로 직업생활을 꾸리며 살아나갈 수 있는가를 고려하기 바란다.

부록 1 인기 직업군 집중 분석

노동부 발표에 따르면, 2000년대 우리나라 직업수는 1만 2,000여 개에 달한다. 수많은 직업들이 사라지거나 변화하여 살아남았고, 때로는 새롭게 생겨났다. 여기에서 소개하는 직업들은 와이즈멘토 사이트에 올라온 학생들의 질문 중 빈도수가 가장 높은 것만 골라 추린 것이다. 요즘 학생들의 선호도가 가장 높은 직업들인 셈이다. 각 직업의 정의, 장단점, 준비과정, 미래성 등을 고찰해 보며 자신의 꿈을 더욱 구체화하기 바란다.

부록 2 인터넷에 자주 올라오는 중학 공부 1문 1답

경영컨설턴트

경영컨설턴트는 어떤 일을 할까?

경영컨설턴트는 기업의 경영에 관한 문제점을 분석하고 문제해결을 위한 대책을 연구하며, 이에 관한 상담과 자문을 하는 사람으로 한마디로 표현하면 기업의 해결사라 할 수 있다.

컨설팅 업무의 영역은 경영전략, 인사 및 조직관리, 재무 및 회계, 생산 및 제품개발, 전산 및 정보시스템, 물류, 설비 등 기업경영에 관한 모든 분야와 연관되어 있다. 전략 전문 컨설팅은 회사의 전략을 세워주는 일로, 기업의 나아갈 방향, 신규 사업 추진, 부실사업 정리 등 최고경영자의 의사결정을 도와주는 역할을 한다. 운영 전문 컨설팅은 기업 내부의 효율성을 높이기 위한 일을 주로 하고, IT 전문 컨설팅은 고도로 발달된 컴퓨터와 인터넷 기술을 회사의 실정에 맞게 적극 활용할 수 있도록 도와주는 일을 한다. 경영컨설턴트는 전문적인 컨설팅업체에 고용되거나 개인 컨설팅업체를 창업해 일을 할 수도 있고, 대학교수나 연구소의 연구원으로 근무하면서 해당 분야의 컨설팅 업무를 수행할 수도 있다.

이 직업의 장점과 단점은 무엇일까?

경영컨설턴트는 자신의 조언에 따라 기업이 발전할 경우 큰 보람을 느낄 수 있다. 또한 대부분의 컨설팅회사가 세계적인 기업들이어서 외국에서 일하거나 교육받을 기회가 많다. 보수도 다른 직업에 비해 상대적으로 많고 사회적으로도 인정받는 직업이라는 장점이 있다.

하지만 업무량이 많다는 것이 가장 큰 단점이다. 프로젝트 일정에 맞추어 작업을 마쳐야 하기 때문에 일정이 촉박하거나 예상치 않은 문제가 발생할 경우 초과근무나 야간작업을 하는 경우가 많다. 경영컨설턴트는 컨설팅을 의뢰한 회사에서 근무하는 경우가 많다. 거주 지역에서 멀리 떨어져 몇 개월 또는 1년 이상 출장근무를 하기도 하며, 컨설팅 분야에 따라 공장의 생산현장을 방문하거나, 판매코너 · 대리점 등 영업현장에 대해 조사할 때도 있고, 일반 사무실에서 서류작업을 처리하기도 한다. 또한 창의력과 논리, 설득력에 대한 정신적 압박감도 많이 받는 편이다.

경영컨설턴트가 되기 위한 방법은 무엇일까?

경영컨설턴트가 되기 위해서는 일반적으로 경영 · 경제학, 산업공학, 컴퓨터 및 정보 관련 분야, 기계공학 등의 학위가 요구된다. 하지만 컨설팅 분야가 다양하기 때문에 전공에 구애받지 않아도 된다. 특정 분야의 전문가로서 3년 또는 5년 이상의 경력이 있는 경우는 학사학위로도 채용될 수 있으나, 일반적으로는 석사 또는 박사학위 소지자가 많고, 일반 기업체에서 3~4년 경력을 쌓은 후 경영학 석사(MBA)학위를 취득한 사람들도 많이 진출하고 있다. 사업체에 따라서는 경영지도사 자격증이나 관련 컨설팅 자격증을 요구하기도 한다.

앞으로의 전망은 어떨까?

점점 복잡해지는 경영환경 속에서 효율적이고 선진적인 경영기법을 찾기 위해 경영컨설팅이 필요하다는 점에는 기업들도 공감한다. 또한 중소기업을 중심으로 컨설팅에 대한 인식이 확산되어 가고 있다. 외환위기를 거치면서 기업환경을 분석하고, 비즈니스 전략을 제시하는 경영컨설팅은 우리 기업에도 필수가 되었다. 최근 은행들도 기업 고객에게 컨설팅 서비스를 제공하는 등 컨설팅의 시장이 확대되고 있어, 경영컨설턴트의 전망은 밝다고 할 수 있다.

고급 공무원

고급 공무원은 어떤 일을 할까?

고급공무원이란 행정고등고시를 통해 선발된 사무관(5급 공무원) 이상을 말한다. 행정고등고시는 단순한 전문지식만의 평가가 아닌 공무원이 갖추어야 할 전인격적 자격의 평가를 목적으로 하는 시험인데, 행정고등고시에 합격하면 5급 행정사무관이 된다. 5급 행정사무관에서 4급 서기관으로 승진하는 데에는 보통 12년에서 15년 정도 걸린다. 사무관과 서기관은 정부조직에서 정부정책수립, 집행의 주체 등 실무자로서 중추적인 역할을 담당한다. 중앙부서에서는 국가정책을 수립하고 중요한 정책의 집행을 하고, 일선부서에서는 부서를 관리해 업무에 대한 결정을 하고 하위직 공무원들에 대한 관리감독을 한다. 일반적으로 대민업무(민원업무 등)는 하지 않는다. 2급 이사관과 3급 부이사관은 행정부 각 국의 국장이나 실장으로, 정책의 입안보다는 각 정책 간의 조정기능을 더욱 중점적으로 수행한다. 최고위직이라 할 수 있는 1급 관리관은 대개 각 부처의 차관보 및 기획관리실장으로, 각 국이나 과 간 정책의 연계성과 우선순위를 조정하고, 국 · 과의 이해가 얽힌 정책추진 결과를 평가하며, 장기적이고 폭넓은 시각에서 정책의 파급효과를 조명하는 역할을 한다. 실무의 총괄 지휘자이면서 장 · 차관 역할을 대행하기도 하는 1급 관리관은 내부 승진과 더불어 개방형으로도 운영되고 있다.

이 직업의 장점과 단점은 무엇일까?

고급 공무원은 다양한 경험을 쌓으면서 나라와 국민에게 봉사하는 직업이다. 국가를 운영하는 책임이 있어, 한 개인이 사회에 참여하는 과정에서 가장 보람된 직업 중 하나라고 볼 수 있다. 많은 돈은 아니지만 돈에 너무 개의치 않고 살 수 있으며, 퇴직 후에도 안정적인 생활을 유지하면서 사회에 기여할 수 있는 직업이라 할 수 있다. 무엇보다 신분보장이 어느 직장보다 철저하며 봉급과 복지후생도 최근 일반 기업 수준에 가깝게 개선되었다. 공무원 시험은 응시기회가 모든 국민에게 개방되어 있고, 선발과정에서 객관성과 공정성이 철저히 보장된다는 점도 공무원의 또 다른 장점이라 할 수 있다.

반면 공무원 조직이 상명하복이 철저한 계급사회의 모습을 지니고 있어 혁신이나 변혁이 쉽지 않아 개방적인 성향의 사람은 답답함을 느낄 수도 있다. 안정성이 보장되는 대신 급여나 복지 등은 아직도 사기업에 비해 부족한 수준이다. 또 성과와 관계없이 정년이 보장되기 때문에 공무원 개개인의 혁신에 대한 노력도 아직은 부족한 실정이다.

고급 공무원이 되기 위한 방법은 무엇일까?

고급 공무원이 되기 위해서는 공무원임용 시험령에 의거하여 국가가 시행하는 고등고시의 일종으로 5급 공무원을 선발하는 행정고시에 합격해야 한다. 현재 행정고시는 1차 객관식, 2차 주관식 시험과 3차 집단 및 개별면접으로 이루어지는데, 2007년부터는 1차 시험이 공직적성시험(Public Service Aptitude Test : PSAT)으로 대체될 예정이다. 영어시험은 2005년부터 TOEFL, TOEIC, TEPS, G-TELP, FLEX 등 민간영어능력검정시험으로 대체되었다.

PSAT는 공직수행에 필요한 자질과 능력을 검정하기 위한 것으로 정상적인 학교교육을 통해 습득한 종합적 사고력을 측정하는 평가방식이다. 현행 고등고시제도가 시험과목 위주의 암기식 지식평가방식이어서 시험부담이 과중하고 종합적인 자질 검정이 미흡하다는 등의 문제점을 해결하기 위해 도입되었다. PSAT는 2004년부터 부분 적용되고 있는데, 2006년에는 시험의 75%가 반영되고, 2007년부터는 PSAT와 영어능력 검정만으로 1차 합격자를 선발할 예정이다.

PSAT에서는 1차시험 합격자 수가 최종 합격자의 10배수 범위까지로 확대되며, 1차시험 면제제도는 폐지된다.

2차시험은 대개 7월경에 1주일 간에 걸쳐 치러진다. 2차시험은 전문지식을 평가하기 위한 것으로, 시험과목은 기존 6과목에서 5과목(필수 4과목, 선택 1과목)으로 축소될 예정이다. 3차시험은 면접시험으로 개별면접과 집단면접 방법이 활용된다.

행정고시는 크게 공안직군과 행정직군으로 나누어 인원을 선발한다. 따라서 행정고시를 치르는 사람은 직군 및 직종을 선택한 후 각각 해당하는 직종의 시험과목을 치러야 하는데, 선택한 직종별로 배치되는 부서가 달라진다.

공안직군에는 교정, 소년보호, 보호관찰, 검찰사무, 마약수사, 출입국관리, 철도공안직렬이 포함되고, 법무부나 교도소, 출입국사무소 등에 배치된다. 행정직군은 행정(일반행정, 법무행정, 재경, 국제통상), 교육행정, 사회복지, 노동, 문화, 공보, 통계, 감사, 사서직렬이 포함된다. 일반행정직이나 법무행정직의 경우 행정부 전 부처에 배치될 수 있다. 재경직은 재정경제부(경제부처), 산업자원부, 농림부, 해양수산부, 건설교통부, 과학기술부, 통계청, 조달청, 국세청, 관세청에 배치된다. 국제통

상직은 재정경제부, 농림부, 해양수산부에 배치되며, 교육행정직은 교육인적자원부에, 사회복지직은 보건복지부와 국가보훈처에 배치된다.

또한 행정고시는 공직 내 양성평등을 제고하고 분야별 남녀성비 균형을 이루기 위해 양성평등채용목표제를 도입하고 있다. 이는 공무원 채용에 있어서 여성의 채용 비율을 미리 설정한 후 여성 합격자가 목표 인원에 미달할 경우 하한성적 이상의 여성 중에서 성적순에 따라 목표 미달 인원만큼, 합격 예정 인원을 초과하여 합격 처리하는 제도로 여성 수험자들에게 유리한 제도다. 또한 이르면 2007년부터 행정고시와 외무고시 등 5급 고시 합격자의 20%를 지방대 출신으로 뽑는 지방인재채용목표제를 도입할 예정이어서, 앞으로 지방 출신 수험생들이 행정고시에서 유리한 지위를 차지할 수도 있다.

고급공무원에게 필요한 능력은 무엇일까?

공무원은 국민에 대한 공공 서비스를 제공하기 때문에 책임감이 많고 무엇보다 국가와 국민에게 봉사한다는 사명감, 청렴함 및 애국심이 필요하다. 국가의 정책을 입안하고 실행해 나가는 만큼 해당 분야에 대한 전문지식은 물론 다양한 계층의 사람들에게 미치는 영향까지 고려하며 사고할 수 있는 능력과 자세가 요구된다. 어느 특정 정책에 대해 여러 부처 간의 이해가 맞물리는 상황이 많이 발생하므로 부처 간의 이해와 공감을 이끌어낼 수 있는 의사소통능력 및 유연한 사고와 설득력도 필요하다. 또한 조직 내의 한 일원으로 근무하므로 조직에 대한 적응성과 친화력이 요구되며, 직급이 올라갈수록 부하직원들을 잘 챙기고 타부처와 조율을 잘 하는 외향적인 성격도 요구된다.

앞으로의 전망은 어떨까?

공무원의 수요는 기본적으로 행정서비스의 사회적 요구 수준과 정부의 인력수급 계획에 영향을 받는데, 앞으로의 전망은 현재와 비슷한 수준을 유지하거나 조금 더 나아질 것으로 예상된다. 하지만 일반 기업에서 공직으로 진출하는 개방직 공무원의 수 증가 및 공무원 사회의 변화가 지속되고 있으므로, 경쟁력을 갖추기 위해서는 자신의 분야에서 전문 지식을 쌓아나감과 동시에 관리 및 정책실행 능력을 배양해 나가는 것이 필요하다.

초 · 중등학교 교사

교사는 국공립 · 사립 초등학교나 중 · 고등학교에서 교육과정에 따라 학생들에게 한 과목 또는 그 이상의 교과목을 가르치고, 학생들의 생활을 지도하는 사람이다. 초등학교 교사의 경우 전 교과목을 가르치는 반면, 중 · 고등학교 교사는 전공과목에 따라 국어교사, 수학교사 등 다양하게 나뉜다.

교사의 주요 업무는 학생들에게 수업을 지도하는 것이다. 제7차 교육과정이 시행되면서 학생들의 적성과 능력에 맞고 자율적이며 특성 있는 교육을 위해 많은 수업준비와 연구가 필요해졌다. 이에 따라 교사들은 다양한 교습방법을 시도하고 끊임없는 자기계발에 힘써야 한다. 과거처럼 노력 없이 자리만 지키려는 태도는 통하지 않는다.

교사들은 수업지도 외에도 다양한 업무를 수행한다. 대부분의 초등학교 교사는 학급담임을 맡고 있어, 반 아이들 학습지도와 교우관계지도 및 생활 전반에 대한 지도와 책임을 맡고 있다. 과제를 부여하고 점검하며, 시험을 출제하고 평가하여 아이들의 학습수준을 진단하기도 한다. 각종 사무처리와 부진아 지도, 특별활동반 지도, 학생단체 지도 등 교과 외 활동도 지도하며, 그 밖에 안전관리 지도, 체력검사, 급식지도, 건강관리 지도, 생활기록부 작성, 상장수여, 오락 지도, 학교통신문 배포 등의 업무를 수행한다. 교직원 회의에 참석하고 방학 중에는 교사연수교육에 참여하기도 한다.

이 직업의 장점과 단점은 무엇일까?

교사는 다른 직장보다 오래 보장되는 정년과 방학 기간을 활용해 여행, 취미 및 개인시간을 충분히 활용할 수 있으며, 급여와 복지수준도 많이 현실화했고, 업무성과에 대한 스트레스가 높지 않다는 장점이 있다. 반면 출산율의 저하 현상이 계속되고 있어 미래에는 교사의 직업안정성도 담보하기 힘들다. 또한 공립학교 교사의 경우 전근하는 경우가 많아 거주지를 자주 옮겨야 하는 불편함이 따르기도 한다.

교사가 되기 위한 방법은 무엇일까?

중 · 고등학교 교사가 되기 위해서는 한국교원대학을 졸업하거나 일반 대학의 사범계열학과나 교직과정을 이수하면 된다. 일반 학과 졸업 후 교육대학원에 진학해 석사학위를 취득해도 2급 정교사 자격증이 주어진다. 1급 정교사는 2급 자격증을 가진 사람이 3년 이상의 교육 경력을 가지고 소정의 재교육을 받으면 취득할 수 있다. 교사의 채용은 국 · 공립학교의 경우 공개임용시험을 통해 이루어지고, 사립학교의 경우 추천과 공개채용이 병행되며 최종적으로 학교장의 제청에 따라 이사회의 의결을 거쳐 선발하는 것이 보통이다. 중 · 고등학교 교사들은 경력이 쌓임에 따라 상위자격(1급 정교사 자격증)을 취득할 수 있고 교육전문직이나 교감, 교장 등으로 승진할 수도 있다.

초등학교 교사가 되기 위해서는 교육대학, 한국교원대학, 대학교 초등교육과를 졸업해 초등학교 2급 정교사 자격증을 취득한 후, 교사임용시험에 합격해야 한다. 초등학교 교사는 2급 정교사부터 시작하여 근무연수 및 근무 실적에 따라 1급 정교사, 교감, 교장으로 승진할 수 있다. 최근에는 직무능력 향상을 위해 대학원 진학을 많이 하는 추세다.

교사에게 필요한 능력은 무엇일까?

교사는 가르치는 것이 주 업무이므로 가르치기, 학습전략, 교육 및 훈련에 대한 능력과 지식이 요구된다. 또한 아이들의 생활지도에서 오는 어려움을 극복하기 위해 자기통제, 인내심 및 리더십이 요구되기도 한다. 중 · 고등학교 교사들 중에는 보직을 맡거나 학급담임을 맡는 경우가 많은데, 이들은 초등학교 교사에 비해 상대적으로 많은 수의 학생들을 가르치고 생활지도를 해야 하기 때문에 육체적 · 정신적 부담이 큰 편이다. 한편 초등학교 교사들은 한창 성장과 발달이 왕성한 아이들을 대상으로 수업 외의 인성교육 · 생활교육을 해야 하기 때문에 스승으로서의 소양과 인품이 요구된다.

앞으로의 전망은 어떨까?

교사의 수요는 앞으로도 계속 늘어날 것으로 보인다. 교사의 고용에 영향을 미치는 요인으로는 학생 수 및 학급 수의 변화와 교육정책의 변화 등을 꼽을 수 있는데, 학생 수는 매년 감소하는 추세이지만 학급당 학생 수와 교원 1인당 학생 수가 계속 감소하고 있어 초 · 중등 교원의 수요는 지속적일 것으로 예상된다. 특히 초등교사의 경우, 2004학년도 초등학교 교사 충원율이 93.9 %에 이르고 있지만, 여전히 교사 부족 현상이 지속되고 있고 학교 및 학급의 신 · 증설이 늘어남에 따라 수요는 앞으로 계속 늘어날 전망이다.

중 · 고등학교 교사의 고용은 현 상태를 유지하거나 소폭 증가할 것으로 전망된다. 중등교사의 고용창출은 매년 2,000~5,000명 이상 발생되는 정년 · 명예퇴직자의 대체수요에 의해서도 이루어질 수 있다. 그러나 이미 교사자격증 취득인원이 과다하게 배출되어 있어 취업하는 데는 상당한 어려움이 예상된다. 매년 공급되는 중등교원자격 취득인원은 약 2만 5,000명인데 이 중 임용시험에 합격해 신규 임용되는 인원은 5,000명가량에 불과하고, 교직은 한번 몸담으면 이직이 드문 편이어서 고용창출이 쉽게 일어나지 않는다. 최근 중등 임용시험 경쟁률이 평균 7~8 : 1을 기록하는 것은 취업을 위한 치열한 경쟁을 보여주고 있다.

변호사 · 검사 · 판사

사회가 복잡하고 진화함에 따라 여러 가지 문제와 분쟁들도 함께 증가한다. 이런 분쟁들이 당사자들 간에 원만하게 해결되면 아무런 문제가 없지만, 실제로는 그렇지 않은 경우가 더 많다. 이럴 때 찾는 것이 법이다. 법은 사회 질서를 유지하고 사회정의를 실현하기 위해서 실생활의 구석구석을 규율하지만, 그리 간단하게 이루어져 있는 것이 아니어서 전문적인 법적 소양을 가진 사람들이 필요하다. 이 일을 담당하는 사람들이 변호사, 판사, 검사다. 이들은 모두 풍부한 법적 지식을 바탕으로 법률로 조정, 해결하는 일을 하지만 각자 담당하는 부분이 조금씩 다르다.

변호사 · 검사 · 판사는 어떤 일을 할까?

변호사는 당사자나 관계인의 위촉 또는 관청의 선임에 의하여 소송에 관한 행위, 각종 행정처분에 대한 행위를 대리수행하는 사람을 말한다. 변호사의 주된 업무는 재판업무의 소송 대리다. 민사, 가사, 행정 소송에서 변호사는 의뢰자의 대리인으로 변론을 하고 사무실에서는 법률상담과 서류작성, 증거자료 수집 등을 한다. 형사소송에서 변호사는 법정에서 피고인신문, 증인신문, 증거제출 등 피고인을 위한 변호활동을 하고, 법정 밖에서는 구속된 피고인 또는 피의자를 경찰서 유치장, 구치소 등에서 접견한다. 또한 변호사는 법률문제의 각 분야에 대한 법률상담, 법률관계 문서 검토 및 계약서 작성, 기업의 고문, 재판 외 화해업무, 등기 및 세무업무, 공증업무 등을 담당한다. 변호사의 업무도 여타 전문직과 마찬가지로 전문화되는 경향이 있다. 예를 들어 지적재산권, 회사법, 기업인수합병, 국제거래, 해외투자, 의료분쟁 전문 등 한 분야만을 전담해 법률서비스를 제공하기도 한다.

검사는 범죄를 수사하고 공소를 제기하며 각종 소송과 형벌의 집행을 지휘 · 감독하는 일을 하는 국가기관이다. 검사의 업무는 범죄를 수사하고, 사법경찰관리를 지휘 · 감독하며, 공소를 제기하거나 유지하고, 재판의 집행을 지휘하며, 국가를 당사자 또는 참가인으로 하는 소송을 수행하거나 행정소송의 수행을 지휘 · 감독한다. 수사 및 기소 외에도 검사는 UN이나 국제기구에서 한국을 대표해 각종 회의에 참석하기도 하고, 국회에서 입법을 하고자 할 때 법안을 구성하거나 조언하는 역할도 한다. 검사의 업무도 점차 전문화되어 가는 경향이 있어, 실제 컴퓨터공학 전공자가 컴퓨터 수사부로 배치되고, 생물학전공자가 줄기세포 사건을 수사하기도 하며, 영어를 잘 하는 검사가 외국계 기업의 회계자료 분석에 투입되기도 한다.

판사는 단순한 법적 의문이 아닌 구체적이고 현실적인 권리 · 의무관계에 관한 분쟁이 있고 이와 관련된 당사자들의 소송제기가 있는 경우, 무엇이 법과 부합하는지 판단하는 일을 한다. 판사는 법률로 조정하고 해결하는 역할을 하면서 국가의 통치조직과 사회질서를 유지하고, 동시에 재판의 권위를 통해 약자의 인권이나 권리를 보호하는 역할을 수행한다. 판사의 주요 업무는 민사, 형사, 가사 등 재판업무다. 민사재판은 국민의 사생활에서 생기는 권리 또는 법률관계에 대한 분쟁을 해결하기 위해 제기되는 민사소송사건에 대한 재판이고, 형사재판은 검사에 의해 기소된 피고인의 유 · 무죄를 가리고, 유죄로 인정되는 경우에는 형벌을 가하는 형사소송사건에 대한 재판이다. 판사는 재판 절차를 통해 우리 사회의 각종 분쟁과 갈등을 최종적으로 심판함과 아울러, 검사가 기소한 사건에 대해 유 · 무죄와 적절한 형량을 결정함으로써 법치주의를 완수하는 일을 수행한다.

이들 직업의 장점과 단점은 무엇일까?

변호사는 다른 직업보다는 출퇴근 및 근무에 있어 훨씬 자유롭고 매일 새로운 일들을 해볼 수 있으며, 다른 직장인에 비해 보수도 많다. 무엇보다도 사건의 실체에 근접하여 억울하거나 부당한 일로 고통받는 사람들에게 도움을 줄 수 있다는 장점이 있다. 반면에 몹시 바쁘고, 소송결과에 따라 의뢰인과의 관계가 불편해지기도 하며, 또 소송결과에 대해 많은 스트레스를 받는다는 단점이 있다. 또한 사법시험 합격자 수의 증가와 로스쿨의 도입, 법률시장의 개방 등으로 예전과는 비교할 수 없을 만큼 경쟁이 치열해졌다는 것도 단점이다.

검사는 공무를 담당하는 사람으로서의 자긍심을 느끼며 일할 수 있다. 검사로서의 생활은 검사 개개인에게 자신이 사회에서 필요한 존재라는 생각을 하게 한다. 반면 검사로서의 일은 정신력과 체력 모두를 요구할 만큼 업무시간이 길고 업무량이 과중하다. 또한 다른 사람들의 인생에 중요한 영향을 미치는 결정을 해야 하므로 이에 대한 스트레스도 많다. 또한 거의 매일 피의자를 조사해야 하기 때문에, 사람 만나기를 꺼리는 사람은 검사 일을 제대로 해내기 어렵다.

판사는 헌법과 법률, 그리고 양심에 따라 공정한 재판을 해야 하므로 헌법에 의해 정년에 이르기까지 그 신분이 철저하게 보장되고, 적지 않은 보수도 받는다. 재판을 통해 당사자의 하소연과 억울함을 들어주고 원만한 해결책을 제시했을 때 큰 보람을 느낀다. 선례가 없는 사안에 대해 새로운 기준을 제시하거나 그 동안의 잘못된 관행을 시정하는 판결을 할 때면, 판결이 세상을 바꿀 수 있다는 사실에 한없는 책임감과 동시에 긍지를 가질 수 있다. 반면 우리 사회의 어두운 측면을 볼 수 있는 기회가 상대적으로 많아, 억울하고 가난하고 소외된 사람을 충분히 구제할 수 없는 한계를 많이 느끼게 된다. 수시로 인간으로서의 한계에 부딪히면서도 개개의 구체적인 사건에서 선과 악, 옳고 그름을 판단해 답을 내놔야 하고, 어떤 경우에도 이를 회피할 수 없다는 점이 가장 큰 직업적 스트레스다. 판결은 어차피 양쪽 모두가 이기도록 할 수 없기 때문이다. 또한 다른 직업에 비해 대인관계의 폭이 상대적으로 좁은 것이 흠이라 할 수 있다. 판사는 외부인들을 만나는 것을 부담스러워하는 경우가 많고, 외부 사람들도 판사를 어려워하여 만남의 기회가 적은 편이다. 특히 사건과 관련이 있는 경우는 가까운 사이라도 만날 수가 없다.

변호사 · 검사 · 판사가 되기 위한 방법은 무엇일까?

변호사, 검사, 판사가 되기 위해서는 국가에서 시행하는 사법고시에 합격한 후 2년 간의 연수를 마치고 사법고시 성적과 연수원 성적 및 변호사, 검 · 판사가 되고자 하는 본인의 의사에 따라 결정된다. 하지만 앞으로 사법시험을 대체할 새로운 법조인 양성제도인 법학전문대학원(미국식 로스쿨)이 오는 2008년부터 각 대학에 설치될 예정이다. 기존의 사법시험은 로스쿨 시행 후 5년 간 병행 실시되다 2013년부터 완전히 폐지될 예정이다.

법학전문대학원 및 법조인 자격시험에 따른 법조인 선발 과정

4년제 대학 졸업 → 로스쿨 입학 → 법조인 자격시험 → 지역별 분리연수 → 임용
(전공불문, 3년 과정, 총정원 1,200명, 2011년 첫 시험, 2008년 첫 입학)
(2004년 10월 16일 국정 브리핑 참고)

앞으로의 전망은 어떨까?

사회 전반의 법률 서비스에 대한 수요가 증가하면서 매년 사법시험 선발인원이 증원되어, 현재는 한 해에 1,000명이 넘는 사시 합격자가 배출되고 있다. 법률시장이 개방됨에 따라 국내 변호사들의 업무영역이 축소되고, 대형 로펌의 확장세가 저조하며, 인터넷 등을 통한 법률지식의 대중화로 본인소송이 쉬워지면서 변호사의 고용환경이 위축될 가능성이 있다. 그러나 변호사는 고급 전문직이고 업무영역이 포괄적이어서 직업으로의 유망성은 계속 유지될 것으로 전망된다. 국민들의 법에 대한 인식, 분쟁의 합법적 해결에 대한 의지, 분쟁예방의 중요성에 대한 인식이 증가하고, 경제 성장으로 인한 내수 · 서비스업의 비중 증가로 법률 컨설팅 수요가 증가하고 있다. 변호사 숫자가 증가하고 전문화되면서 새로운 업무영역의 등장과 시장확대도 이루어지고 있다. 뛰어난 외국어 실력과 특정 분야에 대한 전문적인 지식을 겸비해 이른바 '전문변호사'로서 자신만의 영역을 개척한다면 충분히 전문인으로서 긍지를 갖고 활동할 수 있을 것이다.

그 어느 때보다 법치주의가 강조되고 모든 사회의 분쟁이 최종적으로 법원에서 해결되고 있는 것이 오늘날의 현실이다. 이에 비추어보면

앞으로도 판사 및 검사라는 직업에 대한 사회적 수요는 점증할 것이고 그 역할의 중요성도 커질 것이다. 특히 사회 발전에 따라 민사분쟁이 다양화되면서, 환경이나 식품, 노동, 컴퓨터 등 전문 분야에 대한 인력 수요가 커질 전망이다.

의사

의사는 어떤 일을 하는 사람일까?

의사의 기본적인 업무는 질병의 원인을 찾아내서 치료하는 일이다. 그 영역은 계속 확장되고 있는데, 예방접종이나 조기검진 등을 통해서 질병을 예방하는 일, 손상된 신체를 복구하거나 재활시켜서, 사회에 복귀하여 적응할 수 있도록 하는 일까지 도와주고 있다.

의사는 종합병원이나 개인병원에서 임상을 맡아보거나 의약품 개발과 의학기술 개발 등의 연구분야에 종사한다. 공중보건의로서 보건소에 근무할 수도 있고, 부와 명예를 뒤로 한 채, 멀리 낙도나 아프리카 오지까지 찾아가 인술을 실천하기도 한다. 일반적으로는 연구의(의대교수)와 개업의로 나뉜다.

연구의는 전문의 과정을 마친 후 학교에 남아 본인의 전공분야와 관련해서 지속적인 연구를 수행하고 후학을 양성하며, 동시에 대학병원에서 환자들을 돌본다. 근무시간에 일만 하는 것이 아니라 공부도 할 수 있어 첨단의학에 뒤쳐지지 않고 앞서 갈 수 있다는 장점이 있다. 또 노력여하에 따라 학문적으로 존경받는 세계적인 의학도가 될 수도 있다. 하지만 강의와 진료를 겸하여 하기 때문에 주말이나 평일 야간에도 일을 하는 경우가 있는 등 매우 바쁜 생활을 한다.

개업의는 의사 면허를 받은 후 혼자 또는 다른 동료와 함께 병원을 개업해 일반일을 대상으로 진료를 한다. 연구나 교육과 같은 일보다는 환자의 질병 진단 및 치료에만 집중하기에 아픈 환자를 치료한다는 보람을 연구보다 더 크게 느낀다. 또한 병원이 있는 지역의 주민들과 자주 만나고 그들의 아픈 곳을 해결해 줌으로써 지역 사회에 공헌한다는 보람을 느끼기도 한다. 하지만 다른 직업에 비해 주당 작업시간이 길며 근무시간이 불규칙적이고 야근도 자주 해야 하는 등 어려움이 많다. 또한 과거 인구대비 의사수가 적었던 때에 비해 현재 의사수도 급격하게 증가하고 있고 경쟁도 치열해 지고 있어 24시간 운영하는 병원이 늘어남에 따라 근무시간이 더 길어지고 있는 추세다.

이 직업의 장점과 단점은 무엇일까?

연구의든 개업의든 아픈 환자를 치료하는 보람이라든가 안정적인 수입 및 전문직으로서의 사회적인 인정 등은 공통적인 장점에 속한다. 하지만 인간의 생명을 다루는 업무특성상 책임과 의무가 다른 직업에 비해 큰 만큼 중압감에 시달릴 수 있으며, 항상 긴장해야 하는 직업이기 때문에 많은 스트레스를 받을 수 있다.

의사가 되기 위한 방법은 무엇일까?

의사가 되기 위해서는 의과대학을 졸업하거나, 대학 전공과 관계없이 학사학위를 취득한 후 4년 과정의 의학전문대학원에 입학하여 의무석사 학위를 취득한 후 의사 국가면허시험에 합격하면 된다. 의학전문대학원에 입학하기 위해서는 학사학위를 취득한 후 의사 자질에 대한 적성 및 인성 검사 유형 시험인 MEET(Medical Education Eligibility Test)에 합격해야 한다. 의사 면허를 취득한 후 인턴 1년, 레지던트 4년(가정의학과, 결핵과, 예방의학과 3년) 과정을 거친 후 전문의 자격시험에 합격하면 전문의가 될 수 있다. 2006년 현재 전국 41개 의과대학 중 17개 대학이 2007년까지 의학전문대학원 체제로 전환할 예정이다. 2009년까지 대학의 자율에 따라 도입한 후 2010년경 우리나라에 적합한 의사 양성체제에 대한 정책 방향을 최종적으로 확정할 예정이다.

연구의가 되기 위해서는 동일한 과정을 통해 전문의 자격을 획득한 후, 전임의라고 불리는 펠로우(fellow) 과정을 하면서 석사 및 박사과정을 거쳐 학위를 취득한다. 펠로우로 근무하면서 강의를 나가기 시작하는데, 시간강사로 출강하기 시작해서 전임교원으로 발령이 나면 임상교수, 즉 연구의가 된다.

의사에게 필요한 능력은 무엇일까?

의학의 아버지라 불리는 그리스의 의사 히포크라테스의 선서는 "이제 의업에 종사할 허락을 받으매 나의 생애를 인류봉사에 바칠 것을 엄숙히 서약하노라"는 말로 시작된다. 이처럼 의사는 소중한 인간의 생명을 다루기에 다른 분야 종사자보다 높은 도덕성과 투철한 사명감이 요구된다. 또한 생명을 존중하고 인류의 건강을 책임진다는 직업의식이 있어야 한다. 수술에 필요한 정교한 손동작, 진단을 내리기 위한 논리적 분석 능력과 기억력 등도 요구되는 자질들이다.

환자의 생명은 잠시의 방심도 허락하지 않는다. 방금 수술을 끝냈는데, 또 다른 환자의 호흡기에 장애가 생겼다는 연락이 오면 숨쉴 여유도 없이 다시 수술실로 들어가야 한다. 이처럼 개인적인 시간이 거의 없고 업무가 과중하다. 이러한 부담을 이겨내기 위해서는 신체적으로도 건강한 사람이어야 한다.

또한 의사는 평생교육을 받아야 한다. 의학에서는 나날이 치료기술과 치료방법의 개선이 이루어진다. 새로운 의술을 습득하고 자신의 경험을 동료나 후배에게 알려, 시행착오를 최소화시키는 일은 치료만큼이나 중요한 일이다. 그만큼 끝없는 학구열과 학문적인 자질이 필요하다. 한편 의사는 타과 전문의, 간호사, 의료기사 등과 협력하며 일해야 하므로 좋은 대인관계를 유지할 수 있어야 한다.

앞으로의 전망은 어떨까?

급격한 의사수 증가로 인해 경쟁은 앞으로도 더욱 치열해질 전망이다. 사회적 인식 또한 의사도 서비스업의 하나라는 인식이 증가하고 있어, 과거에 비해 의사들이 느끼는 상대적 소외감 및 실망감은 지속될 것으로 보인다. 하지만 사회의 발전과 더불어 새롭게 요구되는 분야도 더 넓어지고 있다. 사람의 평균 수명이 늘어나고 웰빙을 추구하는 사람이 증가하면서 건강에 대한 관심이 점차 증가하고 있다. 또한 의학 기술의 발달 및 생활 환경의 개선으로 인해 질병 발생률이 줄어들었지만, 만성퇴행성 질환으로 고통 받는 사람이 계속 늘고 있어서 의사의 고용은 앞으로도 다소 증가할 것으로 보인다. 특히 노인 인구의 증가로 노인 관련 시설의 신설이 예상되면서 의사의 고용에 긍정적인 영향을 끼칠 것으로 기대된다.

한의사

한의사는 어떤 일을 하는 사람일까?

한의학은 질병을 국소적으로만 치료하지 않고 인체를 종합적으로 판단하고 질병의 근원이 무엇인지 판단하여 몸의 균형을 회복하려는 치료방법을 취하는 동양의학이다. 예전부터 치료나 질병예방적 차원에서 이용되어 왔다. 한의사는 한의학의 원리에 따라 한약과 침술 등 한방의료의 원리 및 기술을 적용하여 인간의 질병을 진단, 치료, 예방하는 사람이다. 의사와 마찬가지로 한의사 역시 분야별로 전문화되어 2000년부터 한의사 전문의제도가 실시되고 있다.

한의사는 환자의 질병과 장애를 환자를 통해 듣거나 물어보며, 진맥과 환자에 대한 관찰을 통해 병을 진단한다. 병을 진단한 후에는 환자의 체질에 따라 최적의 한약재를 처방하고, 경우에 따라 침술, 뜸, 부항, 물리치료, 수기요법 등의 치료방법을 사용하기도 한다. 최근에는 진단기계를 이용하여 맥(脈)이나 생체전류, 혈의 흐름을 측정하는 등 한의학 분야에서도 현대화가 이루어지고 있다.

이 직업의 장점과 단점은 무엇일까?

한의사는 주로 환자의 맥을 감별하여 진단을 하고, 침 등 아주 가벼운 기구를 사용하기 때문에 육체적으로 힘든 점은 그리 많지 않다. 같은 의료인인 의사, 치과의사에 비해 의료사고의 위험이 상대적으로 낮다.

또한 전문직으로서의 사회적 인정 및 안정적인 수입, 상대적으로 자유로운 여가시간 등은 한의사의 장점이라 할 수 있다. 한의사는 연륜이 쌓일수록 신뢰가 쌓이는 직업인 관계로 50대 이상의 비율이 다른 직업에 비해 높은 편이다.

하지만 IMF 이후 평생직업이라는 매력으로 인해 한의사 수가 급격히 증가하여 한의사 간 경쟁은 매우 치열해지고 있다. 의료시장 개방으로 중국 한의사의 진출이 가시화되면 경쟁은 더욱 심화될 것으로 보인다. 또한 한의학은 치료보다는 예방의학의 성격이 강해서 경기 변화에 따른 영향을 심하게 받는다는 점도 단점에 속한다.

한의사가 되기 위한 방법은 무엇일까?

한의사가 되기 위해서는 예과 2년과 본과 4년으로 구성되어 있는 한의대에 진학하여 한의사 자격시험을 통과해야 한다. 또는 보건복지부 장관이 인정하는 외국의 대학에서 한의학을 전공하고 외국의 한의사 면허를 받아도 한의사 자격시험을 치를 수 있다. 한의사면허 취득 후 한의원을 개원하거나, 개인한의원, 한방병원, 종합병원의 한방진료부에 취업하여 경험을 쌓거나, 군의관 및 공중보건의로서 군복무할 수도 있다. 전문의가 되기 위해서는 한방병원에서 1년의 인턴 과정과 3년의 레지던트 과정을 거친 후 한의사 전문의 자격시험에 합격해야 한다. 현재 한방병원에서의 수련의 선발인원은 한의대 졸업정원에 비해 상당히 부족한 편이어서 졸업생의 약 25% 정도만 전문의가 될 수 있다. 그 밖에도 대학원에 진학해 석 · 박사 과정을 이수하면 교수나 한의학자로 진출할 수 있다.

한의사에게 필요한 능력은 무엇일까?

한의사가 되기 위해서는 의학 분야에 관한 전문지식뿐 아니라 관찰이나 상담으로 환자를 진단하는 만큼 상담능력이 요구된다. 또한 환자의 체질을 감별해 이에 따라 처방을 하기 때문에 환자를 파악하는 능력도 요구된다. 한의학에서는 진맥이나 침술 등이 중요한 진료방법이므로 정교한 손동작도 한의사에게 필요한 자질 중 하나다. 개원한 한의사의 경우 병원 운영 및 재정 관리능력도 필요하다.

앞으로의 전망은 어떨까?

고령화 사회에 만성퇴행성질환이 증가하면서 그 동안 꾸준히 이용되어 왔던 한의학의 수요는 늘어날 전망이다. 우리 사회의 고령화, 웰빙과 예방의학적 수요 확산 등에 비추어볼 때 한방 수요는 지금보다 크게 늘어날 것으로 보인다. 한편 한의사전문의제도 시행으로 한의학의 세계화와 국제교류협력이 증대될 것으로 보여 한의사의 수요에 긍정적으로 영향을 미칠 것으로 보인다. 또한 미국의 유일한 침구사 자격시험 사설기관인 전미 침술과 한방자격 심사위원회(NCCAOM)에서 시행되는 한의사자격증을 취득하면 미국 등 몇 나라에서 한의원을 개원할 수 있으므로 해외에서의 고용창출도 기대해 볼 수 있다.

그러나 의료시장이 개방되면 중국의 한의사의 대거 유입으로 우리나라 한의사의 고용에 다소 부정적인 영향을 미칠 것으로 보인다. 또한 계속해서 증가하는 한의사 수에 의한 한의사 내부의 치열한 경쟁 역시 한의사의 전망을 어둡게 하는 요인이다. 하지만 양방에서 이루어지는 것처럼 한방 소아과, 한방 산부인과, 한방 재활의학과, 침구과, 한방 신경정신과 등으로 전문화하거나 치질 전문, 뇌졸중 전문처럼 특정 질환을 중심으로 특화한다면 충분히 경쟁력을 확보할 수 있을 것으로 보인다. 한의학의 영역 확대도 한의사의 위상을 높일 것으로 전망된다. 한방을 소재로 한 바이오산업, 한방 의약품, 식품 산업 등이 국내외적으로 미래 유망산업으로 떠오르고 있다. 이 경우 한의사 외에 연구직, 공무원, 경영직 등으로의 영역 개척이 활발해질 수도 있을 것이다.

Q 외고를 준비하는 중3 학생입니다. 반에서 2등 정도 하는데 외고에 갈 수 있을까요?

A 외고의 경우 일반전형과 특별전형으로 학생을 선발합니다. 내신성적이 우수한 학생들의 경우 특별전형에서 성적 우수자 전형에 지원할 수 있습니다. 대다수 외고에서는 교과별 성적 석차백분율 평균 상위 8% 이내인 학생들을 선발하고 있습니다. 한 반에 35명인 10개 학급인 중학교의 경우 전교 28등까지가 8%에 포함되므로 충분히 도전할 수 있을 것입니다. 하지만 실제 당락은 구술면접과 듣기평가가 좌우한다는 점을 감안해 더욱 노력하도록 하세요.

Q 영어과목에 편식이 심합니다. 문법과 독해는 성적이 좋은데 듣기는 공부하기도 싫고 성적도 안 오릅니다. 어떻게 해야 하나요?

A 영어듣기는 생활화해야 실력이 향상됩니다. 꾸준히 반복적으로 듣다 보면 안 들리던 문장이 귀에 들립니다. 영어듣기 공부가 싫고 부담된다면 먼저 영화나 애니메이션으로 가볍게 시작해 보세요. 재미있고 유익한 애니메이션을 매일 집중해서 듣고 받아쓰기 훈련을 하면 좋습니다. 들을 때는 스펠링 하나하나를 연상하지 말고 주어, 술어, 목적어 부분 등 굵직한 어구 형태로 해석하도록 시도하는 것이 좋습니다. 처음부터 의미 파악하는 것이 힘들다면 먼저 문장을 다 듣고 쓸 수 있는 단계부터 접근하면 됩니다.

Q 초등학교 4학년 아이를 둔 학부모입니다. 특목고를 가려면 초등학교 때부터 준비해야 한다고들 하는데 언제부터 준비해야 하나요?

A 초등학교 고학년부터 준비하는 것이 좋습니다. 특목고의 입시전형에서는 수학, 과학, 영어 심화학습과 영재교육원 수료, 경시대회의 입상 성적이 중요합니다. 예컨대, 초등 영재교육원의 경우 3~6학년 학생을 대상으로 선발하고 있으며 수학, 과학 경시의 경우 교과 수준 이상의 학습능력을 요구합니다. 특목고 시험문제의 경우 일반적인 학년 과정의 진도와 난이도로는 접근하기 어렵습니다. 이 점을 감안한다면 초등학교 고학년 때부터 적절한 선행학습과 심화학습을 준비하는 것이 좋습니다.

Q 논술이 중요하다고 하는데 저는 책 읽는 걸 굉장히 싫어합니다. 어떻게 하면 책과 친해질 수 있을까요?

A 체질적으로 책 읽기를 싫어하는 학생들이 있습니다. 이런 학생들은 책만 읽으면 잠이 오고, 읽는다고 해도 나중에 어떤 책을 읽었는지 기억이 나지 않는다고 말합니다. 즉 독서습관이 바로 잡혀 있지 않기 때문에 책을 싫어하는 것입니다. 독서와 친해질 수 있는 세 가지 방법을 추천합니다.

첫째, 처음부터 무리해서 책을 읽을 필요는 없습니다. 책을 좋아하지 않으면서도 흥미 없는 장편을 읽기 시작 한다면, 책에 질려버릴지도 모릅니다. 책을 좋아하지 않는 친구라면 글씨가 크고 자신이 흥미를 가지는 분야의 비교적 가벼운 단편부터 읽어나가도록 합시다. 그렇게 영역을 넓혀가다 보면 책이 부담스럽지 않고 장편 분량의 책들을 술술 읽어나갈 수 있게 됩니다.

둘째, 친한 친구들과 모여 책을 읽고 그 책에 대해 이야기하는 것도 좋은 방법입니다. 독서감상문을 써서 발표하는 등의 거창한 방법으로 시작하면 아무래도 부담을 느끼게 되니까 그냥 친한 친구들과 주인공에 대한 이야기, 느낀 점 등을 나누어보세요. 그렇게 하면 자연스럽게 책과 친해질 수 있을 겁니다.

셋째, 생활 속의 글들과 친해지는 것이 좋습니다. 시판되는 잡지를 보면서 글에 대한 부담을 없애다 보면 자연스레 책과 친해집니다.

Q 시험을 치면 아는 문제인데도 자꾸 틀려요. 어떻게 해야 하나요?

A 시험은 주어진 시간에 얼마나 정확하게 답을 구하는가를 측정하므로 그 시간만큼은 높은 집중력이 요구됩니다. 아는 문제인데 틀리는 경우는 대개 '옳지 않은' 것을 골라야 하는데, 문제를 끝까지 읽지 않고 '옳은' 것을 덜컥 고르는 경우가 많습니다. 즉 문제를 제대로 읽지 않는 것이지요. 수학, 과학의 경우에는 푸는 과정에서 부호나 숫자를 잘못 쓸 때, 단위를 바꾸지 않고 풀 때, 종종 실수를 범합니다. 이런 실수가 습관이 되면 고치기 힘들기 때문에 공부할 때 바른 습관을 들여야 합니다.

Q 경시대회 입상 성적이 과고에 입학하는 데 필요하다고 들었습니다. 어떤 경시대회에서 어느 정도의 성적을 거두어야 하나요?

A 과고에서는 특별전형을 통해 경시대회 성적 우수자를 모집합니다. 일반적으로 경시대회 선발의 경우 수학 · 과학 · 정보 한국올림피아드와 국제올림피아드 동상 이상의 수상 성적을 요구합니다. 경시대회의 기준은 학교별로 차이가 있으므로 반드시 사전 확인이 필요합니다. 특

히 사설기관에서 주최하는 경시대회 입상 성적은 인정되지 않는다는 점에 유의해야 합니다.

Q 지방 면 소재지 학교에 다니고 있습니다. 특목고를 준비하고 싶은데 학원도 없고 혼자 공부하기도 힘들어요. 방법이 없을까요?

A 인터넷 학습을 권장합니다. 외고나 과고 대비반 동영상 강좌가 잘 갖추어져 있는 사이트를 선정해 수강하면 시간적 · 공간적 제약이 없어 효율적으로 학습할 수 있습니다. 학원에서는 강의를 한 번만 들을 수 있지만, 인터넷 학습은 이해가 안 되는 부분을 여러 번 반복적으로 들을 수 있는 장점도 있으니 잘만 활용하면 좋은 효과를 거둘 수 있습니다.

Q 중학생입니다. 고등학교를 마치고 바로 유학 가고 싶은데요. 어떻게 준비하면 좋을까요?

A 외고 유학반 준비를 추천합니다. 외고에서는 유학반 프로그램을 운영하고 있습니다. 대원외고의 경우 6년째 유학반(SAP : study abroad program) 학생 전원이 해외 명문대에 합격을 하기도 했습니다. 무엇보다 외고에서는 현행 교육법에 의거한 모든 과목을 이수하고 추가로 해외 대학에서 요구하는 최소한의 과목을 이수할 수 있도록 운영되고 있습니다. 특히 외고에서는 미국 대학에 입학하기 위해서 고등학교 졸업생들이 보는 시험으로 성격상 우리나라의 대학수학능력 시험과 같은 시험인 SAT를 준비하는 장점이 있습니다.

Q 집에서 공부하면 집중이 안 돼요. 책만 펴면 잠이 오고…. 집중하는 방법 좀 알려주세요.

A 독서실이나 학교와 달리 집에서 공부하기가 힘들다는 학생들이 많습니다. 그것은 독서실과 학교에는 없는 관심거리(컴퓨터와 TV)가 가까이 있어 집중력을 잃어버리기 때문입니다. 또한 집이라는 공간의 편안함 때문에 독서실보다 더 쉽게 졸리고 피곤한 것입니다. 이럴 때에는 왜 집중하기 힘든지 원인을 파악하고 학습계획을 세우는 것이 좋습니다. 어떤 과목을 공부할지 정하고, 학습분량과 방법을 정하면 그 계획을 지키고자 하는 의지가 생기기 때문에 계획을 세우지 않았을 때와 비교하여 쉽게 집중할 수 있습니다. 계획을 세울 때에는 자신이 좋아하는 과목, 공부하기 수월한 과목을 우선적으로 학습합니다. 공부시간을 너무 길게 잡지 말고 '40분 학습, 10분 휴식' 등으로 계획을 세워 실행 가능하도록 계획해 보세요. 또한 늦은 시간까지 공부하려는 욕심에 과도한 카페인을 섭취하거나, 더러는 잠이 안 오는 약을 먹는 경우가 있는데, 건강에 해가 되므로 자제해야 합니다.

Q 수학, 과학은 성적이 좋은데 국어, 영어는 아무리 공부를 해도 성적이 안 나옵니다. 어떻게 해야 하나요?

A 국어와 영어는 언어라는 공통점이 있습니다. 언어는 자주 듣고 사용하는 것이 가장 큰 학습효과를 발휘합니다. 특히 국어는 시, 소설, 수필, 설명문 등 다양한 갈래의 글을 배우는데, 중학교에서는 상당히 긴 지문의 글을 접하게 되므로 그에 따른 올바른 학습법을 알아야 합니다. 효과적인 학습법과 지속적인 학습이 이루어지지 않는다면 상위권 학생이라도 학년이 올라갈수록 국어 성적이 쉽게 오르지 않아 큰 고민거리가 됩니다. 따라서 매일 꾸준히 교과서와 다양한 도서들을 읽고 문제에서 요구하는 답을 정확히 집어내는 훈련을 해야 합니다. 물

론 영어도 마찬가지 노력이 필요하므로 끈기를 가지고 즐겁게 학습에 임하는 자세가 필요합니다.

Q 방학 학습은 복습이 효과적인가요, 예습이 효과적인가요?

A 예습과 복습을 모두 열심히 하는 것이 가장 효과적인 방법이지만, 두 가지를 동일한 비중으로 학습할 수 없다면 교과 특성에 맞게 우선순위를 정하는 것이 좋습니다. 주요 과목(국어, 영어, 수학, 과학, 사회) 위주로 선정해 방학 중 매일 또는 2~3일 주기로 복습과 예습을 동시에 진행해야 합니다. 복습을 하느라 너무 많은 시간을 소비하지 말고 모르는 개념이나 잘 안 풀리는 문제 중심으로 압축적인 공부를 하는 것이 좋습니다. 수학의 경우에는 앞 단원의 내용을 모르면 다음 단원 문제를 푸는 데 힘들 수 있으므로 예습을 위해 복습을 완벽하게 해줄 필요가 있습니다.

Q 특목고에 중학교 1학년 내신성적은 안 들어간다고 하는데 사실인가요?

A 특목고에서는 2학년 1학기, 2학년 2학기, 3학년 1학기까지의 내신성적을 반영합니다. 그러나 자립형 사립고인 민사고의 경우 중학교 1학년 1학기부터 3학년 1학기까지 5학기의 성적이 반영됩니다. 학교마다 다르니 꼭 확인하시기 바랍니다. 2학년 때 갑자기 성적이 오르지 않고, 노력 없이 오르는 성적이 없다는 것을 감안해 중학교 1학년 시기부터 내신관리를 철저히 해야 합니다.

Q 논술 대비용으로 신문을 읽으라는데 신문사설이 왜 효과적인가요?

A 신문사설은 논술의 전개인 기, 승, 전, 결이 정확히 지켜진 대표적인

글입니다. 사회적인 문제에 대한 의견 제시와 함께 사람들을 설득할 목적으로 씌어진 글입니다. 그렇기 때문에 대부분의 논술에서 제시하는 통합교과적 논제에 가까운 성격을 지닙니다. 그래서 많은 사람들이 신문사설을 이용해 논술에 대비하는 것입니다.

신문사설을 읽고 논술 효과를 높이는 방법은 다음과 같습니다. 첫째, 사설을 읽고 기승전결을 나눠보고, 둘째, 사설의 논자가 펼치고 있는 논지가 무엇인지 밑줄을 그어보고, 셋째, 논자의 논지에 대한 자신의 의견을 두세 줄 써봅니다.

Q 초등학교 때는 무척 공부를 잘 했는데, 중1 때 성적이 바닥입니다. 머리도 좋은 편인데 도대체 무엇이 문제일까요?

A 초등학교 때 공부를 잘 했어도 여러 가지 환경이 바뀌는 중학교 생활과 학습에 적응하지 못하면 그 성적을 유지하기 힘듭니다. 중등 과목별로 효과적인 학습방법을 알고, 시험유형을 파악하면 중간, 기말고사 때 좋은 성적을 받을 수 있습니다. 무조건 공부만 많이 하는 것이 중요한 게 아니라 얼마나 계획성 있게 핵심 내용을 집중적으로 학습하는지가 중등 상위권으로 가는 비법입니다.

Q 암기과목은 시험 기간에만 공부해도 될까요?

A 중등 암기과목은 초등학교 때와 달리 깊이 있는 과목도 많고 학습량도 많아서 벼락치기 공부로는 좋은 점수를 기대하기 어렵습니다. 수업시간에 배운 내용은 교과서 읽기와 함께 꼭 복습해야 합니다. 특히 사회와 국사는 고등학교 교과의 기본이 되는 내용이 많기 때문에 잘 학습해 두면 대입 준비까지 도움이 됩니다.

Q '완벽주의가 공부를 잘 한다'고 하는데 맞는 말인가요?

A '한 권의 책을 완벽하게 본다'라는 말은 얼핏 들으면 좋은 습관인 듯 합니다. 물론 꾸준히 한 권을 공부하여 모두 자신의 것으로 소화하면 문제가 없습니다. 그러나 공부하기 위해 책상에 앉을 때마다 늘 첫 장부터 다시 펴서 공부를 시작하는 학생이 문제입니다. 완벽주의적인 성격을 지닌 학생은 완벽하게 학습하지 못했다고 생각하면 무조건 처음부터 다시 하고 싶어합니다. 예를 들면, 사회교과서 앞부분을 10장 정도 읽고 중요 내용을 암기했는데, 며칠 있다가 다시 공부할 때 앞부분이 잘 기억이 안 난다고 다시 맨 첫 페이지를 펴게 됩니다. 이런 학생은 매번 책의 앞부분만 반복하다가 결국 시험범위 뒷부분은 제대로 공부하지도 못하고 시험일을 맞이합니다. 완벽주의자가 공부를 잘 한다는 말은 옳지 않습니다.

Q '3당 5락'이 맞는 말인가요?

A 학생들 중에 밤 새워 공부를 하면 남보다 많은 시간 공부하게 되므로 좋은 성적이 나올 거라고 기대합니다. 그러나 공부는 몇 시간 했느냐보다는 얼마나 집중했느냐가 더 중요합니다. 그렇기 때문에 졸리지 않는 시간에 집중해서 공부하고 잠이 오면 충분히 자고 다시 아침 일찍 맑은 정신으로 공부하는 것이 좋습니다. 괜히 졸린 눈을 떠가며 머리 아픈데 참고 공부하다가는 시험 당일 몽롱한 기분에 알던 문제도 틀릴 수 있습니다. 고3 때 서너 시간만 자야 대학에 합격한다는 통설을 맹목적으로 믿으며 늦게까지 공부하는 것보다는 충분한 취침을 취한 후 집중학습 하세요.

Q 저는 머리가 나빠서 공부를 해도 성적이 잘 안 오르는 것 같아요. 공부 잘 하는 친구들은 IQ가 좋아서 공부를 잘 하는 건가요?

A 공부를 잘 하는 학생들이 모두 머리가 좋을 것이라고 생각합니다. 그러나 실제로 반에서 1, 2등 하는 학생들의 IQ 테스트 결과를 보면 반드시 그렇지는 않습니다. IQ가 좋다면 이해하고 응용하는 속도가 상대적으로 빠를 수 있지만, 좋은 성적을 얻는 것은 결국 얼마나 노력하느냐에 달려 있습니다. 남들보다 이해하는 속도가 늦고 응용력이 다소 떨어진다고 생각하는 학생들은 더욱 열심히 공부한다는 각오로 학습해 보세요. 처음에는 바로 인지할 수 없지만, 몇 달 후 확실히 향상된 이해력과 응용력을 갖춘 자신이 되어 있을 것입니다.

Q 참고서 고를 때 참 난감해요. 어떤 참고서가 좋은지 잘 몰라서 공부 잘 하는 친구가 보는 참고서를 샀어요. 제 성적이 올라갈까요?

A 상위권 학생들이 선택하는 참고서로 공부하면 좋은 점수를 얻을 수 있을 거라고 착각하는 경우가 있습니다. 물론 공부 잘 하는 학생들이 참고서를 고르는 안목이 더 높을 수는 있지만, 그 참고서가 공부 잘 하게 만드는 비법이라고 볼 수는 없습니다. 가장 중요한 것은 자신의 수준과 스타일에 맞는 참고서를 선택하는 것입니다. 자신이 70% 소화할 수 있는 난이도의 참고서를 택하는 것이 좋습니다. 좋은 교재 구성이 어떤 것인지는 상위권 친구들이나 과목별 선생님께 조언을 구해도 좋겠죠.

Q 수학시간에 열심히 수업 듣고 복습도 잘 하는 편이구요. 수학에서 중요하다는 원리와 개념을 충분히 이해했어요. 문제집도 2권 이상 풀었는데 점수가 안 좋아요. 뭐가

잘못된 것인가요?

Ⓐ 수업을 잘 듣고 문제집을 두 권 이상 풀었는데도, 시험문제를 보면 막히고 잘 풀리지 않는다는 학생들이 있습니다. 그런데 무조건 문제집을 많이 푸는 것이 좋은 건 아닙니다. 한 권의 문제집을 풀더라도 스스로 푸는 것이 중요한데, 문제가 안 풀린다고 바로 해설을 보고 참고하며 풀었는지 생각해 보세요. 수학은 두 개 이상의 원리와 공식을 적용해서 푸는 문제들이 많은데, 어떤 원리와 공식을 어떤 과정에 적용해야 하는지를 아는 것이 중요합니다. 대개 이런 부분에서 풀이가 막히는데, 이때 해설을 보면 스스로 생각해서 문제의 실마리를 구하는 방법을 배울 수 없습니다. 해설을 참고하면서 문제를 풀면 결코 스스로 문제집 한 권을 풀었다고 볼 수 없으며 한 문제도 못 푸는 실력만 남게 될 수도 있습니다. 충분히 생각하고 그래도 풀리지 않을 경우에는 풀이 중 힌트가 될 부분만 보면서 차츰 풀이를 시도하세요. 처음에는 힘들더라도 한 시간에 한 문제를 풀어낸다는 마음가짐을 가지고 풀다 보면 가속도가 붙을 거예요.

Ⓠ 국어 성적이 잘 안 나와요. 성적이 잘 안 나오니까 국어공부 하기가 싫어요. 못하는 과목과 싫어하는 과목은 동일한 것인지 궁금해요?

Ⓐ 좋은 점수를 받지 못한 과목은 어렵게 느끼고 흥미도 잃게 되어 결국 싫어하는 과목으로 방치하게 됩니다. 그러나 좋은 점수를 받지 못한 것은 학습법이 적합하지 않았거나 노력이 부족했기 때문입니다. 따라서 열심히 노력해 보지 않고 바로 싫어하는 과목으로 분류하는 것은 금물입니다. 특히 수학이나 영어는 다시 흥미를 가지고 차근차근 공부해 나가는 데 많은 시간이 걸리므로 섣불리 포기해선 안 됩니다.

Q 사회과목과 국사과목에서 친구랑 저는 성적 차이가 많이 나요. 그 친구는 암기력이 저보다 뛰어난 것 같아서, 어떻게 공부하냐고 물어봤더니, 한번 들으면 다 외워진다고 하더라고요. 정말 암기력은 타고 나야 하는 건가요?

A 아무리 개념과 원리를 잘 이해하고 있더라도 공식이나 지식을 충분히 암기하지 못하면 시험을 잘 치르기 어렵습니다. 시험이란 주어진 시간에 얼마나 정확하게 답을 내는가를 평가하기 때문에 암기력을 무시할 수 없습니다. 그러나 상위권 학생이라고 모두 천부적인 암기력을 갖고 있는 것은 아닙니다. 다만 나름대로의 규칙과 효율적인 습관을 들여 암기하는 것입니다. 예를 들어, 암기할 내용을 쉬운 노래나 랩으로 만든다거나 그림을 연상하듯 암기하는 방법 등이 있습니다.

중학교 1학년 공부습관 평생진로 결정한다

지은이 | 메가스터디 엠베스트 · 와이즈멘토
펴낸이 | 김경태
펴낸곳 | 한국경제신문 한경BP

제1판 1쇄 발행 | 2006년 11월 10일
제1판 2쇄 발행 | 2006년 11월 20일

주소 | 서울특별시 중구 중림동 441
기획출판팀 | 3604 553~6
영업마케팅팀 | 3604-561~2, 595 FAX | 3604-599
홈페이지 | http://bp.hankyung.com
전자우편 | bp@hankyung.com
등록 | 제 2-315(1967. 5. 15)

ISBN 89-475-2584-7 03370
값 10,000원